桑差集

杭侃 著

北京联合出版公司

目录

考古之思

003 "关""扃"和"仓""廪"
008 夏县东下冯的圆形建筑浅析
011 宋塔立面设计模数
015 胡同的本义
018 老北京的排水系统
025 中国古代城市的防洪排涝
036 大昌古城参观札记
040 地方考古工作者义不容辞的责任
　　——古今重叠型城址的研究方法
053 古今重叠型地方城址工作的几点思考
066 龟卜与畲田
069 桃形饰物＝扇子？
074 大黑天与十相自在
　　——释读梁庄王墓中的藏传佛教文物
078 云冈头像辨伪
085 延兴二年交脚弥勒像献疑

093　武林旧事

101　天宝荔枝道与驿站系统

108　马车是西方传入的吗？

113　天马的诱惑

118　伯乐相的是什么马？

124　学问即使远在中国

133　历史时期考古大有可为

136　考古手工测绘的学与用

141　十年辛苦不寻常
　　　——读王仁波先生主编的《秦汉文化》和《隋唐文化》

146　《徐苹芳北京文献整理系列》后记

150　夙夜孜孜沉潜贵，朝夕默默惟苦吟
　　　——记著名考古学家宿白先生

157　博学而详说
　　　——从《宿白未刊讲稿系列》看宿白先生的治学之路

171　宿白留下的考古学之思

从源到流

177 要关注生产性文化传承

181 活态传承需要普及和人才

185 激发内心的创造力

189 谁谓古今殊
　　——关于"源流运动"的思考

201 "让文物活起来"的一些思考

206 作为资源的文化遗产

209 从年度报告看国家考古遗址公园的展示问题

217 大遗址保护中的展示工作

220 公共考古学推动考古学发展

224 考古是人民的事业

227 我有一个梦想

232 考古,无用之用是为大用

源头活水

239　中国文明形成问题的一部新作

245　为有源头活水来

　　　——读《中国史前城址与文明起源研究》

250　补白之作

　　　——读《7—14世纪中日文化交流的考古学研究》

254　《武威行》导读

257　石窟寺考古报告的诸问题

　　　——读《莫高窟形》有感

269　教育乃养成人格之事业

272　六千岁，正青春

　　　——读《年方六千：文物的故事》

276　《云冈石窟的营造工程》专家推荐意见

279　《北宋西京城市考古研究》专家推荐意见

284　读《第五次开始——600万年的人类历史如何预示我们的未来》

287　读《古物的声音：古人的生活日常与文化》

291　什么样的展览是一个好的展览

297　《价值与权力：中国大遗址展示的观察与反思》序

301　后　记

考古之思

大昌古城街道人为的弯曲完全是当初城市规划时的原始设计。这种设计与平原地区宋元时期流行丁字街设计的思想是一致的，是出于军事防御上的一种考虑。弯曲的街道使人无法洞观全城的情况，即使攻入城市，敌人也不敢贸然前进，这种做法也就是《武经总要》"守城"条中所说的"惟偏开一门，左右各随其便"。

——《大昌古城参观札记》

　　"见缝插针，积少成多"，在大比例的城市地图上，及时将考古发现的各类遗迹标示于其上，长期积累，才有可能深化对当地城市演变的认识。因此，古今重叠型城市的研究最主要的还是要依靠当地考古工作者的努力。

——《古今重叠型地方城址工作的几点思考》

　　人是记忆的动物，历史就是人类的记忆，可是，人似乎又是很健忘的动物，更何况有的时候，我们在有意地选择遗忘。在"移民忍死望恢复"的企盼里，在"东南妩媚，雌了男儿"的扼腕中，有多少像辛弃疾、陈人杰、陆游、文天祥之类的志士仁人，蹉跎了岁月，流逝了韶华！

——《武林旧事》

　　在徐先生家的书房西墙上，悬挂着他录自《道德经》的一段话："为无为，事无事，味无味，大小多少，报怨以德。"他是一个忘我的人，2011年5月16日，徐先生病重入院，17日在病榻上，他还在坚持要修改文稿，他之所争，非为个人；他之所念，全在事业。一个人的生命是有限的，消失的是躯体，不灭的是精神。徐先生晚年奔走呼吁而未竟的工作，理应有后来者去完成。

——《〈徐苹芳北京文献整理系列〉后记》

"关""扃"和"仓""廪"

关作为动词"关闭"的意思大家都很熟悉，但关还可以作为名词，作为名词的关的含义，《玉篇》解释为"扃（jiǒng）也"。而扃是什么含义呢？《说文》对"扃"的解释是"外闭之关也"。按照《说文》的解释，"关"和"扃"都是"以木横持门户"，阻止人开门出入的门闩，所不同的是"关"是为防止外人进入，在建筑里面使用的门闩；而"扃"则是加在门扇外面的门闩。所以《吕氏春秋·君守》中说："中欲不出谓之扃，外欲不入谓之闭。"这里的"闭"也是门闩的意思。《管子·八观》里面就说："宫垣关闭不可以不修……宫垣不备，关闭不固，虽有良货，不能守也。"这里的"关闭"连用，皆指从内部插在门扇上的门闩，而不是动词的"关闭"意。

但是，作为门闩的关和闭，仔细区分还是有所不同的。"关"经常用于大门，如城门之上，这样的门闩自然体量大而分量重，《吕氏春秋·慎大览》里面说孔子很强壮，可以"举国门之关"；《汉书·杨恽传》记载汉昭帝死前"曾有奔车抵（触）殿门，门关折，马死而昭帝崩"；这里的"关"都是指大门上的门闩。"闭"作为门闩解释的时候是短小的门闩，所以常用于小门之上，这种区别实际上还保留在今人的语汇中，正因为关、闭作为门闩时有大小的区别,所以我们平时才说关门(指大门)闭户(指小门),而不说闭门关户。

"关"因为是大门的门闩,因此,后来被引申指在来往交通要道上设置的关隘、要塞,如函谷关、嘉峪关等等。而"肩"在《集韵》中又解释为"鼎肩"。"鼎肩"就是穿到鼎耳间用来抬鼎的木杠,不会很长,所以用到门上指"短关",与"闭"相似,只是和闭有门内使用还是门外使用的差别。"肩"是用在门扇外面的,所以又可以用于箱柜之类的闭锁,如《酉阳杂俎·语资》中有"见草中一柜,肩锁甚固"。

"肩"现在已经基本不用,它和关、闭的区分今人也不再在意,但是,它们的区分对于我们研究文物,甚至是考证题材还是有所帮助的。比如四川彭县出土的一方汉代画像砖,画面右方一个老人匍匐在地上,他的手中持着一根鸠杖,中间一个人正拿着一个盛器往老人面前的口袋里面倒米,画面左面席地而坐的那个

沂南汉墓中室南壁横额东段画像(《中国画像石全集·山东汉画像石1》,山东美术出版社、河南美术出版社,2000年,第153页)

养老画像砖 (《中国画像砖全集·四川汉画像砖》,四川出版集团、四川美术出版社,第106页)

舂米画像砖 (《中国画像砖全集·四川汉画像砖》,四川出版集团、四川美术出版社,第93页)

考古之思

人应该是会计一类的记账人员。画面上的建筑物建筑在台基之上，门扇上可以清晰地看到"扃"的形象。建筑上还有用于通风的气楼。所以，有的专家把这幅图考证为"养老图"是正确的。这种"扃"的形象，在山东沂南画像石墓中也能够看到。由于仓廪之类的建筑里面用于储藏实物，没有必要在门扇里面设置门闩，而需要的是从外面封门的"扃"，所以，汉代文物上所见有扃的建筑，可以判断为作为储藏使用的。现在所见文章中对这种类型的建筑也多考证为仓屋，这样的考证没有大错，但是如果再仔细区分一下的话，仓和廪还是有区别的。四川彭县出土的另一方汉代画像石上刻画了一幅"舂米图"，图上方的建筑为干栏式建筑，日本著名的正仓院采用的就是这种干栏式建筑，因为干栏式建筑下部通风状况较好，用于仓储建筑是合适的。但是，既然是"舂米图"，那么这幅画面上的建筑更确切地说应该称为廪，也就是"仓廪实而知礼节"的廪。仓是收藏脱过粒的谷物的，廪则是收藏舂出的米的。《礼记·月令》："（季春之月）命有司发仓廪，赐贫穷，振乏绝。"疏："蔡氏云：谷藏曰仓，米藏曰廪。"《汉书·五行志》："御廪，夫人、八妾所舂米藏以奉宗庙者也。"所谓夫人亲舂不过是象征性的，但这却说明了"廪"里收藏的是脱过壳的谷物。

现在再看养老图，图中的建筑如果仔细区分的话，也应该称为廪，因为老人是很难有体力再去舂米，不可能将谷子领回去。领回去的，应该是从廪里储藏的米。

这里的米，不是我们今天所认为的狭义上稻米的米。在古代，凡是去壳的粮食都称作"米"，这一点《正字通》讲得很清楚："凡脱肤壳者，如菰、菱、莲、茨之类皆曰米。"《周礼·地官·舍人》："［舍人］掌粟米之出入。"疏："黍、稷、稻、粱、瓜、豆六者皆有米，麻与小豆、小麦三者无米，故云九谷六米。"廪里的米是可以拿来直接做饭的,所以古代常用"廪食"这个词,《韩非子·内储说上》:"南郭处士请为王吹竽,宣王说(悦)之,廪食以数百人。""廪食"就是由国家粮库供给粮食。科举时代秀才有多种名目,其中资历较深的叫"廪生","廪生"是"廪膳生"的简称,即由府学、县学供给衣食的官费生员的意思,供应的主要是米。

原载《中国文物报》,2006年10月13日

夏县东下冯
的圆形建筑浅析

在山西夏县东下冯第Ⅴ期商代城址的西南角，发现了一组圆形建筑基址，横成列，纵成行，这个建筑群至少有7排，每排6座或7座，总数有四五十座。

这些圆形建筑，直径在8.5—9.5米之间，高出当时地面30—50厘米。每座基址的中心，都有一个直径1.2米左右的埋柱坑，坑的中央有一个较大的柱子洞，柱洞直径0.2—0.3米，基址面上有十字形或略呈十字形的埋柱沟槽，槽宽50—60厘米，深20厘米左右，十字形柱槽的交叉点即大柱子洞的所在。以大柱子洞为中心，将整个柱槽一分为四，每条柱槽现存柱洞数目多少不等，最多4个，最少1个。每座基址的周边，有比较密集的小柱洞，小柱洞的数目也不等，一般有30—40个，洞径9—15厘米，间距多数在85厘米，最窄的50厘米，最宽的110厘米。[1]

对这组圆形建筑物的功能和构筑方式，原报告没有进行阐述。但从十字形柱槽所揭示的柱子分布情况来看，柱与柱之间的间距不大，过密的柱群显然不方便人类的室内活动。同时，已揭露的几十座建筑基址内均未发现灶等生活设施，因此，这

[1] 中国社会科学院考古研究所编：《夏县东下冯》，文物出版社，1988年。

朝鲜族干栏式仓房

组建筑作为人类居址的可能性不大。另一个证据是，这些基址的周围均有路土，但路土较薄，如果是日常的居址，这种现象是不太可能出现的。偃师商城第Ⅱ号建筑群，发掘者认为"是当时国家最高级别的仓储之所"，其理由之一，是"遗址内踩踏的路土相对而言较薄，较纯净"[1]。综合以上因素，结合东下冯第Ⅴ期这组建筑在城中所处的位置及排列方式，这组建筑很可能也是商代的一处仓储遗址。

对于这组建筑的构造，原报告提出这样的疑问："门究竟开设在哪里？"当然，凡是边柱较宽的地方都有可能，但无证据，所以至今仍然还是一个谜。我们对绝大多数基址都曾细心清理和认真观察，但始终都没有找到任何迹象。

如此众多的建筑基址均没有发现地面上有门的痕迹，比较合理的解释是门可

[1] 中国社会科学院考古研究所河南第二工作队：《偃师商城第Ⅱ号建筑群遗址发掘简报》，《考古》1995年第11期。

开在地面以上，即圆形建筑的构造方式是干栏式的。

干栏式建筑不唯使用于南方地区，辽宁南部碧流河以东地区，近年仍然用钢筋等现代建材，构筑传统的干栏式仓储。在朝鲜族传统民居中，有一个非常有趣的现象，即不管是怎样的人家，盖房时总要同时建起干栏式的"仓房"[1]（附图），性质与东下冯圆形建筑相近。只是东下冯圆形建筑的直径较大，故需开设十字沟槽，增加柱子的数量以承托上部的荷载，并有可能用横向的构材加强柱与柱间的联系。同时，通过精心修整的基址来增加柱子的稳定性，这些都显示出它是作为高级别仓储，显然不是一般仓房所能比的。

原载《中国文物报》，1996 年 6 月 2 日

[1] 月朗：《朝鲜民族南来考——兼论日本与中国东南沿海远古文化关系》，《韩国学论文集》第一辑，社会科学文献出版社，1992 年。

宋塔立面设计模数

陈明达先生在《应县木塔》中曾经探讨了应县木塔立面的设计模数，陈先生的工作是从大量实测结果中去寻找线索的："这是一项需要耐心持久的工作，往往在图纸上探索终日，经过无数次反复推求而一无所获。"陈先生也曾经注意到文献中去寻找线索，他在书中引用了《营造法式》中"测塔高低，可量外塔盘外阶沿之周围总数，即塔总高数（自葫芦尖至地平）"这样一句话，来寻求应县木塔塔高的设计原则，结果认为"周围总数"只是一个概略的说法，而不是硬性的规定。陈先生的结论是应县木塔在设计时以第三层的面阔作为设计的一个主要模数（如下图）。

在宋辽对峙时期，曾经存在过一座堪与应县木塔媲美的木塔，这就是位于北宋都城开封中的开宝寺塔。"开宝寺塔在京师诸塔中最高，而制度甚精，都料匠预浩（即下文中的喻皓）所造也。塔初成，望之不正而势倾西北，人怪而问之。浩曰：京师地平无山而多西北风，吹之不百年当正也。其用心之精盖如此。国朝以来木工一人而已，至今木工皆以预都料为法。"喻皓来自东南，但他以自己的智慧，赢得了巨大的声誉，也为建筑史留下了佳话，所以，当时的笔记中也可以看到关于他的记载，其中《玉壶清话》中的一段记载，内容涉及宋塔立面的设计模数，兹引

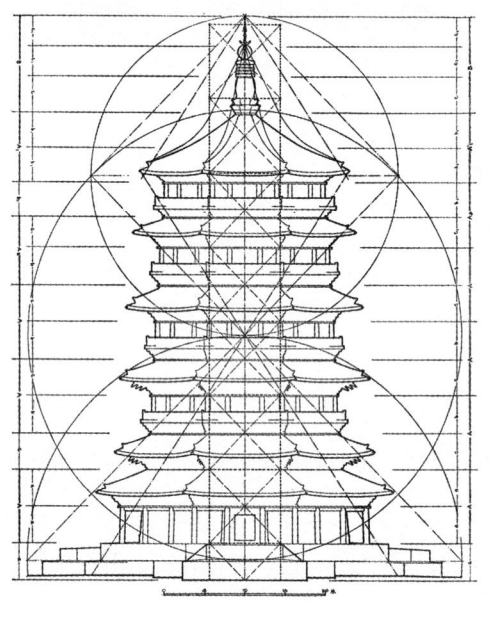

应县木塔立面构图分析

如下：

郭忠恕画殿阁重复之状，梓人较之，毫厘无差。太宗闻其名，诏授监丞。将建开宝寺塔，浙匠喻皓料一十三层，郭以所造小样末底一级折而计之，至上层余一尺五寸，杀，收不得（一作收杀不得）。谓皓曰："宜审之。"皓因数夕不寐，以尺较之，果如其言。黎明，叩其门，长跪以谢。

郭忠恕是北宋最著名的画家之一，尤其擅长绘制界画。《画品·楼居仙图》中说他的画"以毫计寸，以分计尺，以尺记丈，增而倍之，以作大字，皆中规度，曾无小差"。《图画见闻志》在论屋木题材时也说："画屋木者，折算无亏，笔画均壮，深远透空，一去百斜。如隋、唐、五代以前，洎国初郭忠恕、王士元之流，画楼阁多见四角，其斗拱逐铺作为之，向背分明，不失绳墨。"正是因为他有这种超人的技艺，他才能够让一代巨匠喻皓为之折服。

《玉壶清话》中最重要的一句话，是"以所造小样末底一级折而计之"，郭忠恕是根据"末底一级"的一个数据来校正整个塔身的，那么，这个数据是什么呢？陈明达先生对应县木塔立面设计模数的研究对我们有启发意义。根据陈先生的研究，这个数据不大可能是底层的面阔，在应县木塔中与塔高有关的面阔数值是第三层的面阔，那么，《玉壶清话》中提到的这个与全塔权衡有关的模数，更大的可能就是柱高。

对于以柱高作为塔的设计模数，傅熹年先生有过精辟的论述[1]，并认为这是盛唐以前的设计方法，"而自中唐以后，又出现以中间一层塔宽为扩大模数的新的设计方法"。这就是应县木塔以第三层的面阔作为扩大模数的由来，这样做是因为"塔的设计除以一层柱高 H 为扩大模数外，又增加以中间层每边通面阔 A 为扩大模数是因为 H 只能控制塔高，而 A 与每面之宽有关，可以控制塔身之宽，即控制塔之细长比，这表明塔的设计更为精密了"。

郭忠恕既然以第一层的柱高作为整个塔的权衡模数，就说明这个方法在当时是设计师普遍采用的方法，而不仅仅是运用在塔的设计上。傅熹年先生的研究也表明了这一点，在辽、宋、金、元四朝中，都不乏用下檐平柱之高作为立面模数的例子。究其原因，乃是"从设计和施工角度考虑，'材分''斗口'的尺度太小，用来控制构件的断面固然准确，但若用它为平面、立面大轮廓的尺度单位，则过于细碎，既不易掌握，实际上也难以达到这样高的精度"，而"由于下檐是建筑中最接近人的部位，

---

[1] 傅熹年：《中国古代建筑外观设计手法初探》，《文物》2001年第1期。

故下檐柱之高是决定建筑尺度和尺度感最重要的构件，用它做模数网格，涵盖整个立面，可对建立正确的尺度感起很关键的作用。同时，它又是正方形网格，以它为基准适当加以调整，也易于保证各间的开间和上下各层之间有较和谐的比例关系。在立面设计中运用柱高为扩大模数网格，既可简化设计过程，又可控制其比例关系，达到统一谐调，是很有效的设计方法"。《玉壶清话》中提到"以所造小样末底一级折而计之"的方法，也从文献上证明了傅熹年先生的研究成果是正确的。

原载《中国文物报》，2003年10月31日

胡同的本义

北京的胡同非常有名，一条条胡同充满了老北京的风土人情。但是，北京的街道为什么要叫胡同，却一直没有令人满意的解释，现在主要的三种说法都与蒙古人建立的元朝有关。

第一、二种说法都牵扯到蒙古语的语音。第一种说法认为蒙古语称城镇为"浩特"，如内蒙古的首府称为"呼和浩特"。蒙古人进入中原之后，便按照自己的习惯，将中原城镇街巷也称为"浩特"，后来被汉人转读成了"胡同"。第二种说法认为"胡同"本是蒙古语"井"的意思，其发音为"忽洞"。现在蒙古地区还有许多用"井"做地名的地方，如"赛因忽洞"（好井）、"哈业忽洞"（双井）。因为城镇居民生存离不开水井，所以"井"渐渐成为人们居住地的代称。蒙古人建立元朝以后，也将此语带入中原，并被转读成"胡同"。第三种说法是元朝灭亡以后约二百年，明朝的沈榜《苑署杂记》卷五中称："胡同本元人语，字从胡从同，盖取胡人大同之意。"

这几种说法中，第二种说法是最为学术界所接受的，语言学家张清常教授花了很大精力进行考证，并写出了《胡同及其他》《北京街巷名称史话》等多部著作，力主此说，但这个解释仍有无法令人满意的地方。

笔者以为如果想解决这个问题，还要从元朝的文献入手。元朝末年熊梦祥修撰的《析津志》一书，是最早记述北京的专志，史料价值极高。《析津志》对元大都"街制"的记述为："大街二十四步阔，小街十二步阔，三百八十四火巷，二十九胡同。胡同两字本方言。"笔者以为《析津志》所述的大街是通往城门的主要街道，小街是城内次要的街道，火巷即后来意义上的胡同。在元大都遗址的东北部发现了街道的遗迹，在南北主干道的东西两侧，等距离地排列着许多东西向的胡同，其中从光熙门大街至北顺城街之间，排列着二十二条东西向的胡同，这与现在北京内城中从朝阳门（元代称齐化门）到东直门（元代称崇仁门）之间排列二十二条东西向的胡同是相同的，如果照这个规律计算元大都的胡同总数的话，有七百条左右，但这只是理论上的一种推算，没有将宫城、皇城、衙署、寺院等大型建筑群和河流计算在内。如果将这些建筑群和河流所占的地方除去，则《析津志》所说元大都城内有三百八十四条火巷是比较符合实际情况的。朱一新的《京师坊巷志稿》也认为元《经世大典》将胡同称为火巷，并认为胡同是火巷的转音。

如果火巷是后来意义上的胡同，那么《析津志》中的"胡同"又是什么意思呢？首先，胡同不是水井的意思，元大都城内的井是很多的（确切数字不详，清光绪初年北京城内共有水井1245眼），如果胡同解释为井，我们无法理解为什么单单只有二十九座井被用来称呼街巷。笔者以为，胡同可能是元大都城内迁就高粱河、海子河、通惠河，以及沿着金水河、太液池等水道形成的斜街和其他原因形成的曲巷，这些斜街和曲巷在元大都内数量不多，但在绝大部分街道都是直街的元大都城内还是显得比较特殊。这些斜街至少有些地段险窄难行，赵孟頫曾经骑马经过皇城东北的通惠河河畔，一不留神便"跌坠于河"。这些斜街和曲巷取名胡同，是为了区别于那些直通的街巷。因为在《析津志》中胡同并不写成"胡同"，而是"衖通"，"衖"通"弄"，"衖通"还是汉人的称呼。所以，《析津志》中说"胡同两字本方言"，这个"方言"被一些学者解释为蒙古语。其实，明代的大才子杨慎在《升庵外集·六十四·字学类》中已经说："南方曰弄，北方曰徛徜。弄之反切为徛徜，盖方言耳。"南方的弄因为要随着水道进行分布，所以有许多是弯曲的，不像北方地区的平地城，城内基本上都是直街。杨慎已经说清楚了这个方言是南方的方言，而《析津志》的作者熊梦祥是江西丰城人，所以，熊梦祥所说的方言也是指的南方方言，而不是指蒙古语。

元代灭亡之后，直到明朝迁都北京，几十年间风雨沧桑，许多元大都城内的街巷已经失去了旧名，而打破原来大的建筑群后形成的不规则街道也大量出现，于是概括性比较强的胡同作为街巷称呼便延续了下来。所以，元大都中的胡同只有二十九条，到明北京城中一下子出现了四百多条胡同，从这些胡同取名比较随意、民间色彩比较浓重也可以看得出来，胡同本是一种权宜的叫法。当然，这也只是笔者的一种假说，但多一种假说总比少一种假说要好。

原载《中国文物报》，2001 年 10 月 12 日

老北京的排水系统

2011年6月22日的一场暴雨，将北京城里处处变成了"积水潭"。据报道，北京城区现有的排水设施至多只能抵御五年一遇的洪水。现在使用的排水系统相当一部分还处于雨水与污水管道合流、古代与现代排水沟渠并用的状况。那么，老北京城的排水系统是什么样的呢？

人们在谈论老北京城的排水系统的时候，都会上溯到元大都的城市建设上。元大都遗址在北京旧城的内城及其以北地区，始建于元世祖至元四年（1267年），在元世祖忽必烈时期，大都城的规模已基本定型。洪武元年（1368年）八月，明将徐达率兵攻下大都。为防御蒙古人的反攻，他仅用一个月的时间就仓促缩减了元大都的北城，在今西直门一线另修北城墙。永乐十四年（1416年），明成祖下令拆毁元大内宫殿，并把拆毁元大内的渣土堆在元大内后宫延春阁的旧址上，形成了今天的景山。永乐十七年（1419年）展筑南城墙，从今东西长安街往南展拓到今前三门。嘉靖二十九年（1550年），为防御俺答入侵而修筑了南城（即今外城），至此北京城形成了凸字形平面。清代则完全承袭了明北京城，街道系统也没有变动。以上是北京城演变的大体过程。

元大都的排水系统由城内的湖泊、河流、人工渠道、护城河，以及城外的自然河流组成。大都城的水源是比较缺乏的，从西北郊导引了很多小流泉来解决大都的给水问题。大都用水的水道有两条：一条是由高粱河、海子、通惠河构成的漕运系统；一条是由金水河、太液池构成的宫苑用水系统。金水河由和义门（今西直门）南124米的地方入城，高粱河由和义门北入城，汇为积水潭。两条河流最后都流入通惠河。根据吴庆洲先生的测算，元大都城内海子和太液池的水面宽阔，加上护城河（元代护城河的宽度不详，明清北京城的护城河宽度在30—50米之间）的宏观调控能力，"元大都水系蓄水总容量为1999.58万立方米，相当于一座中型水库"。

元大都在进行全面施工之前就预先安排了人工排水系统。根据《析津志》的记载，元大都建设之初铺设的主要排水沟渠有七条。这些排水渠道属于元大都整体设计的有机组成部分，它们的安排与地形、街道的关系密切。建国后在西四发现了用石条砌筑的元代明渠，在渠内的石壁上，还留有致和元年（1328年）五月石匠刘三凿刻的题记。这条明渠宽1米，深1.65米，在通过平则门内大街（即今阜内大街）时顶部覆盖了石条。徐苹芳先生认为它是大街两边的泄水渠，还不是上面提到的七条主要排水干道。所以，七条主要排水干道的尺寸，应该比西四发现的明渠要大。

考古工作中也曾发现过由城里排向城外的泄水渠。在大都东城墙中段、西城墙北段和北城墙西段的夯土墙基下，发现了三处石砌的排水涵洞，说明它们是在夯筑城墙之前就预先构筑的。其中北城墙西段的涵洞保存最好，涵洞的底和两壁都用石板铺砌，顶部用砖起券。洞身宽2.5米，长约20米，石壁高1.22米。涵洞内外侧各用石铺砌出6.5米长的出入水口。涵洞的石底略向外

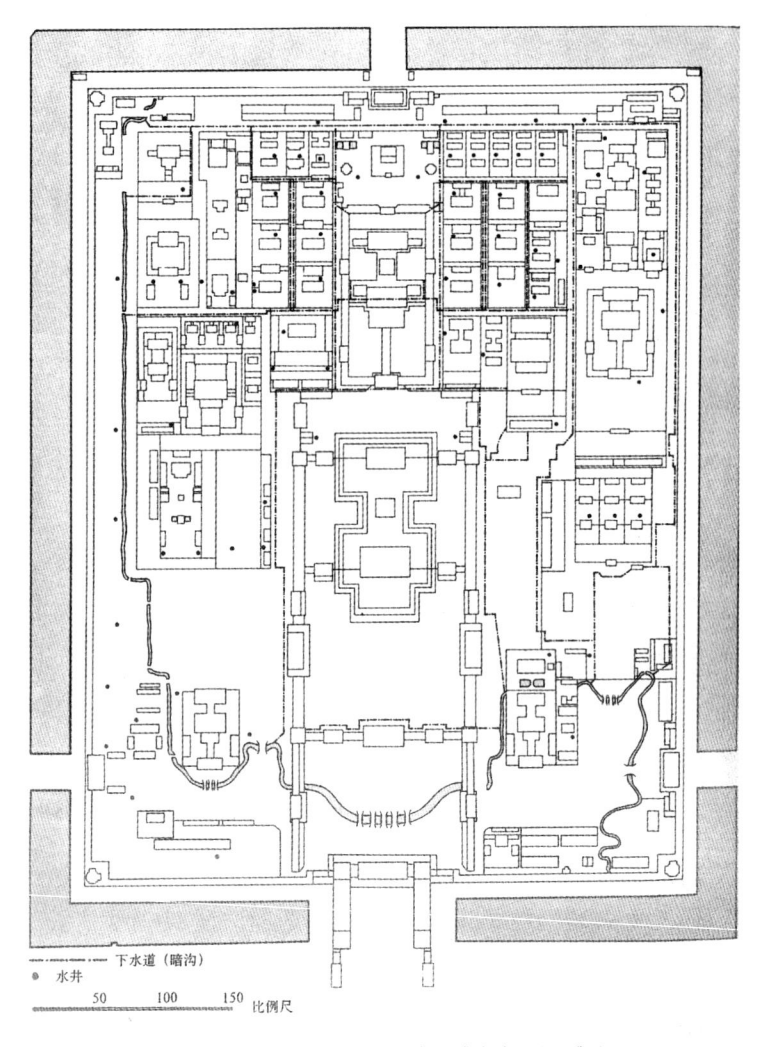

紫禁城排水干道图（选自于倬云《紫禁城宫殿》）

倾斜。整个涵洞的做法与《营造法式》上所记的"卷輂水窗"的做法完全一致。

明清时期，北京城内主要的排水系统沿用元代。不过，这些沟渠局部也有一些变化。比如元末元顺帝时期，对大都宫殿和苑囿区内做了比较大的改动。特别是对太液池西岸（今北海、中海西岸）的水道进行了改浚。明初参与拆除元朝宫殿的萧洵在其《故宫遗录》中，记载了一条"邃河"（暗河），这条暗河在《辍耕录》的"宫阙制度"条中没有，《辍耕录》中的"宫阙制度"是抄录元《经世大典》的原文，记述的是元代中期以前的情况。而《故宫遗录》记的是元代灭亡以后所见的情况。另外，主持元大都规划的刘秉忠在设计大都城里的官府坛庙的时候，大都是按星辰方位来布置的。中书省、枢密院、御史台、太庙、社稷坛等，都是南北长 5×50 步，东西宽 4×50 步，即南北占据 5 条胡同，东西占据 4 条胡同的范围，主要建筑群的变化，必然会引起周边道路和排水系统的变化。

明初修筑北城墙和拆毁元代宫城后，元代入城的两条主要水系都遭到了破坏。永乐重新建都时，由于明成祖于永乐七年就在天寿山营建陵墓，昌平东部的泉水不能穿越陵区而入高梁河，于是就集中把玉泉山的水引到宫城里面来。玉泉山的水经德胜门水关入城后，就以专有的水沟引入宫内，因此元代金水河的渠道就很快地堙废了。

不过，明代对北京城的改建也有其可取之处。侯仁之先生认为，只有在紫禁城南移之后，才有可能保持其在全城中轴线上主要位置的同时，又得以在宫城四面开凿宽阔的护城河（又称筒子河）。护城河与从紫禁城西北角引入的内金水河，以及紫禁城内密布的排水沟渠一起，保证了紫禁城几百年间没有内涝之灾。即使紫禁城内出现极端暴雨，日雨量达 225 毫米，而城外有洪水围困，筒子河的河水无法排出城外，紫禁城内的径流全部泄入筒子河，也只是使筒子河水位升高不足 1 米。

古人对于北京城自然河流、人工沟渠和护城河之间相互依托的重要性是很清楚的。乾隆七年圣谕："京城内外水道甚有关系，年来但值雨水稍骤，街道便至积水，消泄迟缓，此水道淤塞之故也。向来城内原有泡子河等水匮数处以资容纳，而城外各护城河道原以疏达众流使不停蓄，今日久未经修浚，皆多淤塞，而街道沟渠亦多阻塞，以致偶逢霖雨便不畅流，此亦应及时筹画者。"这次筹划得到了落实，但好景不长。

这样，老北京城里就形成了纵横交错、层次分明的排水沟渠。据清乾隆五十二年（1787 年）的统计，内城沟渠计大沟 30533 丈，小巷 98100 余丈，总计 128633 丈，折合约 411.63 公里长。这些沟渠在元、明、清三代都有相应的管理制度。如在元代，据《督水监纪事》的记载："金水入大内，敢有浴者、浣衣者，弃土石瓴甋其中，驱牛马往饮者，皆执而笞之。"蒋博光先生在《紫禁城排水与北京城沟渠述略》中，概述了明清紫禁城的排水系统和北京城的沟渠管理。从明代开始，每年的旧历二月至三月底，定期掏挖京师沟渠。每年淘沟时，污泥遍地，臭气熏天，有时引起瘟疫流行，行人多佩带大黄、苍术等以避秽气。这种制度为清代所延续，只是实行"官督民办"，沟渠掏挖工作由"沟董""沟张"两家垄断，两家对所掌握的沟道图样秘不外传。掏挖之后需要验沟，一个沟夫从沟的一头钻进沟内，再从沟的另一头钻出，以示沟中无泥。但实际多是仅将两面沟口附近掏清，沟夫并非真的钻入沟中通行，只是两头下去和钻出的沟夫是两个人。官商勾结导致市政管理不力的情况，皇家也不是不清楚，《光绪会典事例》载："京师修理沟渠向来承办之员，多不认真经理，甚或支领工料、钱粮，从中侵扣，以致渠道愈修愈坏，于宣泄全无实裨。"

类似的情况导致北京城虽然有上述那些长达400余公里长的排水沟渠和相应的管理制度，其排水效果并不佳。光绪十六年（1890年）农历五月，"至二十九日以后，大雨如注，历四昼夜尚未稍息，家家存水，墙倒屋塌，道路因以阻滞，小民无所栖止"，"外城之永定、左安、右安各门雨水灌注不能启闭，行旅断绝，一切食物不能进城，物价为之腾贵"。

城市的管理不善，沟渠长期没有维修是造成这种状况的主要原因。《燕京杂记》记老北京"人家扫除之物，悉倾于门外，灶烬炉灰，瓷碎瓦屑，堆积如山，街道高于屋者至有丈余，人们则循级而下，如落坑谷"。民国时期的北京城"大街上晴天布满灰尘，雨天遍地泥泞，而且到处是人畜粪便，露天的水沟散发出难闻的气味，地下阴沟里的臭水又浸满到街上来"。这种状况早在明代就有，《万历野获编》记载："街道惟金陵最宽洁，其最秽者无如汴梁。雨后则中皆粪壤，泥溅腰腹，久晴则风起尘扬，颠面不识。若京师虽大不如南京，比之开封似稍胜之。"北京比起污秽满地的开封，只是"似稍胜之"。

光绪十六年洪灾过后，周天霖奏称乾隆七年曾经大规模疏浚渠道，但至乾隆三十一年，外城一带沟帮多有坍塌，沟盖半皆朽坏，兼有沟底全无，以致大雨之后淤塞不通，行路居民深为苦累。乾隆三十一年距离乾隆七年的大修不过二十余年，外城沟渠情形已至于此。从那时到光绪十六年，再没有大修过，"五城所属沟渠半皆沟帮酥碱，损坏坍塌，甚且迷失处所，踪迹全无"。所以，清末民初，老北京城的城市排水系统状况是很差的。

地面的脏乱和沟渠的拥塞，又导致地下水的水质日益恶化，这种情况在古代就有。隋兴建大兴城而废弃汉长安城的原因之一，就是"汉营此城，将八百岁，水皆咸卤，不甚宜人"。当时的人就已经知道"京师地大人众，加以岁久壅底，垫隘秽恶，聚而不泄，则水多咸卤"。新中国成立前，北京城也有不少地区垃圾堆积如山，这些垃圾势必影响北京地下水的质量。《燕京杂记》说："京师之水，最不适口。水有甜苦之分，苦者固不可食，即甜者亦非佳品。"可见北京的地下水水质是很差的。根据史正明先生《走向近代化的北京城》，1919年北京市将近20万户居民中仅仅有5%左右的人能够喝上自来水。1938年曾有人分析北京地下水，在西单、西四和崇文门一带，10米以上的地下水的硝酸盐含量已达140—270毫升/升。暴雨过后，如何实现城市水资源的可持续利用，能否仿效美国加州的水银行，利用地下蓄水层形成大型蓄水库，控制雨洪与地下水回灌，改善城市用水质量都成为媒体热议的话题。

原载《中国文物报》，2011年7月22日

中国古代城市的防洪排涝

一、多难兴邦

翻开二十四史，各地灾荒和饥馑的年代几乎没有间断过。

中国以农立国，温饱问题是长期萦绕在中国古人心中的大事。农耕民族在古代只能靠天吃饭，于是，发展水利、抗旱排涝就成了弥补一些地区先天不足的最能动的手段。王安石变法期间，农田水利是他试图变法图强而采取的一项全国性措施，治水在统治阶级中始终是一件牵动国家命运的大事。北宋淳化二年（991年）六月，汴河在开封附近决口，宋太宗率领文武百官前去查看，"车驾陷泥淖中，行百余步，从臣震恐。"于是文武百官争先恐后，禁军奋不顾身，终于堵住了缺口。史书中《河渠志》之类水利文献的大量存在，从一个侧面反映了中国古人对水利事业的重视。

尽管如此努力，洪涝依旧是中国人频繁遭遇的灾害。1949年以来，平均每年出现影响范围较广的洪涝5.8次，平均每年的受灾面积0.08亿平方公里。1998年我国南方长江、北方松花江、嫩江洪水泛滥，直接经济损失1666亿元，死亡3300人。与这种自然灾害频发的状况相对应的，是我国城市的抗洪标准普遍偏低。1994年底，全国共有城市622座，其中531座有防洪任务，设防标准达到50年一遇及其以上的只有93座，占总数的18%。城市内部的排洪标准，一般只有5—10年一遇。

物竞天择，在长期的生活实践过程中，古人逐渐形成了一些明确的思想，来指导建造人类的聚居地，以尽量趋利避害。《管子·乘马篇》上说："凡立国都，非于大山之下，必于广川之上。高勿近旱而水用足，下勿近水而沟防省。因天材，就地利，故城郭不必中规矩，道路下必中准绳。"强调"错国于不倾之地"，"择地形之肥饶者，乡山，左右经水若泽"。对于城市的沟渠排水系统，"地高则沟之，下则堤之"，"内为落渠之泻，因大川而注焉"。在幅员广阔的中国大地上，各地自然条件相差甚大，山区、丘陵、平原、低地，有的甚至处于海平面以下的"锅底"，古人根据不同的地理环境，因地制宜地建造水利设施，其中既有区域性的宏观调控，也有针对不同城市特点建造的具体工程，这些水利事业有宝贵的经验值得总结，也有惨痛的教训需要吸取，但是，不论是经验还是教训，都是留给我们今天的财富。

二、福寿千年

> 郁孤台下清江水，中间多少行人泪。西北望长安，可怜无数山。青山遮不住，毕竟东流去。江晚正愁余，山深闻鹧鸪。

辛弃疾一首郁结愁肠的千古名篇，让赣州郁孤台名扬天下。而郁孤台附近的高地，就是赣州城市最初的生长点。

赣州位于江西省南部章、贡二水汇合处，赣州之赣字，就得自于章、贡二水的合字。赣江是北通内地的唯一航道，而章、贡二水沟通闽粤。章江逆流而上，可直达大庾岭下，过南岭山脉隘口——梅岭关，赣州城因此而成了"南抚百越，北望中州"，据

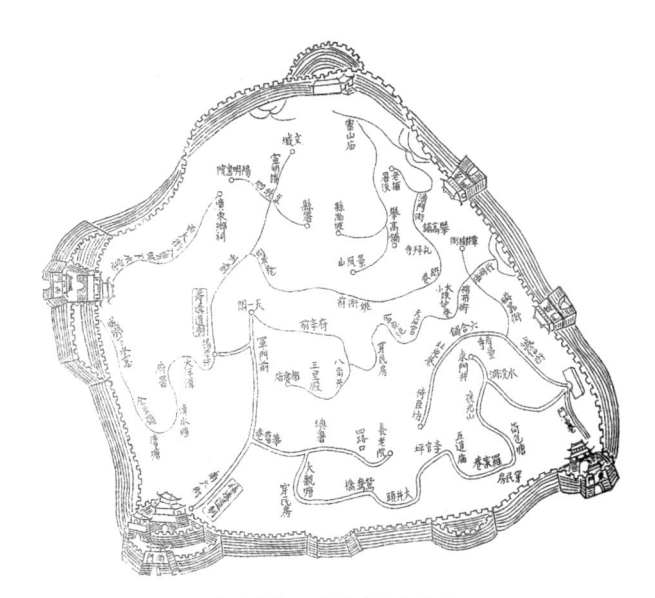

清同治年间绘制的福寿沟图

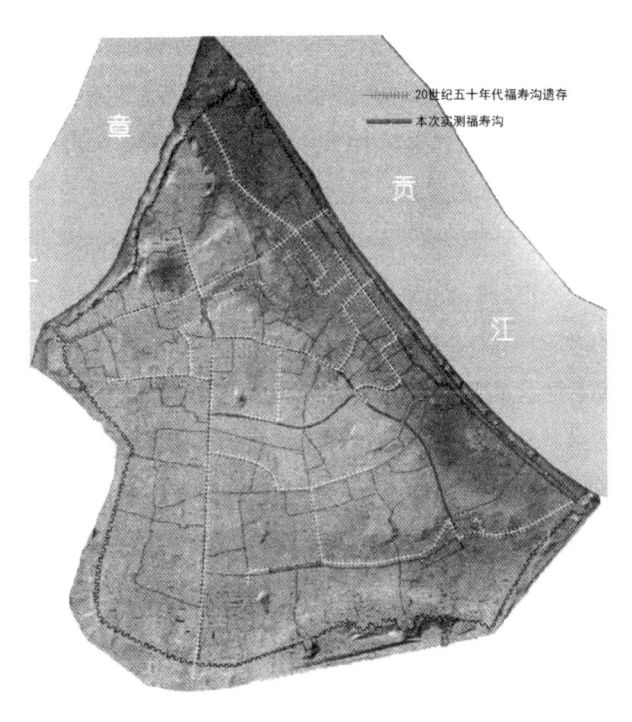

赣州城区福寿沟现存走向示意图

五岭之要会，沟通赣、闽、粤、湘的重镇。赣州城区三面临水，"山为翠浪涌，水作玉虹流"，城区内地势有起有伏，层次递升，为构成优美的自然和人文景观提供了基础。

赣州市区外围多是200—300米的低山丘陵，全市水系呈辐射状从东、南、西三面汇聚入章、贡二水，合为赣江北流。赣州具有典型的亚热带丘陵区湿温季风气候，四季分明，雨量丰沛，冷暖变化显著，降水变率大，境内降水强度大，降水量年内分布不均，4—6月降水量约占全年降水的42%，春夏之交的雨季，各方河流之水汇向赣州盆地，章江和贡江的年过境水量为277.1亿立方米，经常形成洪涝灾害。

适应这样的地理条件，赣州城建史上经历了三个大的发展阶段。第一个阶段是南朝萧梁时期，城址经过不断的选择，最终选定在章、贡二水交汇处。在五代之前，城西北最高峰田螺岭和向东绵亘的百家岭一带建有子城，今射箭坪东北、东溪寺仍保存东西宽40.3米，南北最长100米，北倚城墙呈三角形，总面积2000余平方米的台地。这一区域即赣州的子城所在，在这块台地的南部，保存着南宋嘉定年间知军留元刚改建的军门楼，军门楼呈长方形，墙基上还有"嘉定八年""嘉定十年""军门楼砖"字样的宋砖。这样的地形上修筑子城，在当时的条件下已经能够满足基本的抗洪需要。因为这块台地是城内地势最高的地方，它与邻近的八境路的高程相差12米。大雨时节，这块台地上的水可以很快下泻到江中。

五代后梁防御使、五岭开通使卢光稠统辖虔、韶二州期间，扩建赣州城的东、西、南三面，建起了一座城周13里、高3丈、门5座的赣州新城，奠定了今天赣州旧城区的基础。城区面积扩大到3平方公里。这是赣州城市发展史上的第二个阶段。南方城市在唐代后期经济重心南移之后，曾经经历了一个普遍的城市扩张期，许多南方城市都是在五代两宋时期扩建的。这样扩建后的赣州城，已经将许多相对低洼的地方包括在了城区之内，城市的防洪排涝就成为了现实的问题。

北宋时期，赣州城的地位更加重要，赣州的城市建设也迎来了第三个高潮，这个高潮的标志性工程有4个，分别是城墙、街道、福寿沟和浮桥。北宋嘉祐年间（1056—1063），权知虔州军孔宗翰"因贡水直趋东北隅，城屡冲决，石当其啮，冶铁锢基，上峙八镜台"，将原来土筑的城墙加砌砖石，在提高军事防御能力的同时，城市的抗洪能力明显提高。另一个标志性的工程就是在赣州排涝中发挥重要作用、沿用至今的福寿沟。

北宋熙宁年间（1068—1077），刘彝任虔州知军时期，主持规划建设了赣州城区的街道，并根据街道布局和地形特点，建成了排水干道系统——福沟和寿沟，主沟完成以后，又陆续修建了一些支沟，形成了古代赣州城内"旁支横络""纵横行曲，条贯井然"，主次分明、排蓄结合的排水网络。这些沟渠"纵横纡折，或伏或见"，形似篆书"福寿"二字，福寿沟由此而得名。其集水范围大致以文清路为界，文清路以东即城东南之水流入福沟，排入贡江；文清路以西即城西北之水流入寿沟，排入章江。由于赣州城区两面临江，排水口直通章、贡二江，洪水期间，江水倒灌，容易造成水患。刘彝于是又在出水口处"作水窗十二，视水消长而启闭之，水患顿息"。宋代的福寿沟为矩形断面，砖石结构，断面尺寸很大，"广二三尺、深五六尺，以砖，复以石"，水窗闸门的门轴装在上游方向，当江水低于水道水位时，下水道的水力就会冲开闸门，而当江水高于下水道水位的时候，江水就会关闭闸门，这样就可以防止江水倒灌。

赣州城内原有众多的水塘，福寿沟将这些水塘串联起来，形成城内活的水系，雨季可以调蓄城内径流，在城内雨水无法及时

在原址改成铁质的水窗

南越国木构水闸遗址

水闸遗址全景

外排时避免涝灾，并且可以发挥养鱼、种菜、污水处理等综合效益，其原理与今天市政规划中的防洪措施相符合。刘兴昌主编之《市政工程规划》在"城市防洪的一般措施"中，列举的防洪堤布置之一："只沿干流筑堤，支流和地面水则在支流与干流交接处设置暂时蓄洪区，洪水到来时，闸门关闭，待河流退洪后，再开闸放出蓄洪区的洪水，这个方案适用于支流的流量小，洪峰持续时间较短，堤内又有适当的洼地、水塘可作蓄洪区的情况。"

福寿沟建成后，由于管理不善，年久失修，到明天启年间已经是"居民架屋其上，水道浸失其故"，清末更是出现"春夏之交，雨潦时降，潢污停休，疾病易生，民患苦之"的情况，同治八年（1869年）时终于对福寿沟进行了一次较彻底的治理，并绘制了福寿沟的地图，这次维修后的福寿沟总长126公里，至今依旧是赣州旧城区的主要排水干道。

三、历史的经验值得记取

中国古代城市排水系统起源甚早，距今4300多年的河南淮阳平粮台古城在南门门道路土之下就发现有铺设的陶质排水管道。这些排水系统不断完善，在一些城市中还发现了水关（水闸）遗址，经过科学考古发掘的有广州南越国时期的水闸遗址、北京金中都的水关遗址和北京元大都的水关遗址。南越国水闸时间早，采用的是全木结构。金中都水关遗址和元大都水关遗址属于同一个系统。以大都水关为例，涵洞底和两壁都用石板铺砌，顶部用砖起券。洞身宽2.5米，长约20米，石壁高1.22米。涵洞内外侧各用石铺砌出长6.5米的出入水口。涵洞的地基满打"地钉"（木橛），在"地钉"上横铺数条"衬石枋"（横木），地钉间掺用碎砖石块夯实，并灌以泥浆，在此基础上，铺砌涵洞底石及两壁。整个涵洞的做法与《营造法式》所记"卷輂水窗"的做法完全一致。其实类似的水关在许多古城中都有，只是各地根据实际需要，做法上有所不同，如元大都整个涵洞的石底略向外作倾斜，涵洞的中心部位装有一排断面呈菱形的铁栅棍。又如福寿沟为了保证水窗内沟道畅通和有足够的冲力，利用地势的落差，并采取了改变断面比例，加大坡度以增加流速的办法以更好地防洪排涝。再如度龙桥宽 4 米，高 2.5 米，水窗断面尺寸为宽 1.15 米，高 1.65 米，从而使通过度龙桥的水进入水窗时，流速增加了 2—3 倍，水窗沟道的坡度也比一般下水道的坡度增大 4—10 倍。因此由度龙桥的水进入水窗内形成了强大的水流，足以冲开闸门，将泥沙等固体物质排入江中。这些因地制宜的措施，保证了古代城市在一定时期防灾减灾的成效。

但是，中国古代城市在排洪防涝方面，也并非都是成功的经验，也有许多教训需要记取。如隋唐洛阳城在这方面就是一个不成功的例子。经历过魏晋南北朝长时期的动荡，许多旧城已经是满目疮痍，604 年隋炀帝即位之后，即以镇守东方为由，在"伊洛之间"新建东京（后改东都）洛阳城，每月役使 200 万人，历时仅 10 个月就完成了洛阳城的营建。东都在汉魏洛阳城之西，它北倚邙山，南有伊水，东有瀍水，西有涧水，洛水则自西南而东北流，穿城而过。宫城、皇城居于整个城市的西北，其余地区布置坊市。皇城前临洛水，有浮桥与全城最主要的街道定鼎门大街相连，形成全城的中轴线。"洛水贯都"的设计，古人认为"有河汉之象"，这种设计可以充分发挥洛阳漕引东南的区位优势，隋代临洛水的通远市附近为"天下之舟船所集，常万余艘，填满河路"，洛水南的丰都市"榆柳交荫，通衢相注，市四壁有四百余店，重楼延阁，互相临映，招致商旅，珍奇山积"。但是，从隋唐 300 年间东都的历史来看，"洛水贯都"并不是成功的规划,原因是洛水变化无常,不断泛滥,如唐如意元年(692年),"洛水溢,损居人五千余家"。洛水的泛滥对东都,尤其是洛河北岸的坊市造成严重破坏,有的时候已经到了官方"倦于缮葺"的地步,足可证明"洛水贯都"的设计在防止城市水患方面的缺陷。

需要强调的是,中国古代的防洪措施,许多是针对某个特定的区域系统,何驽在《荆江特大洪灾的考古学启示》中,分析了江汉平原新石器时代聚落的分布规律后认为,在距今5000—4600年的屈家岭文化时期,江汉平原上的人们已经懂得建筑城垣,以躲避洪水的侵袭。江汉平原是一个第四纪强烈下沉的陆凹地,受亚热带气候带的控制,夏季冷暖气流场在这里对峙,带来长时间持续性的降水,如果这时长江发生大水,加上汉水、洞庭湖、鄱阳湖洪水的顶托,江汉平原就势必水位居高不下。因此,江汉平原的洪灾主要以浸泡型为主。所以,江汉平原屈家岭石家河文化聚落的位置尽量避开海拔26—30米的平原腹地,呈半月状盘踞在40—50米的平原北部、西北、西南边缘和山前丘陵,并通过堆筑的形式建造城垣,这样堆筑起来的城垣坡度较缓,可以起到防洪堤坡的作用。而且,当时的人们似乎已经知道在更高的山坡地带利用自然陇冈结合人工围堰的形式建造小水库,截流部分山洪,人居于堤上,水塘蓄水以备生活和灌溉之用,这样区域性有组织的防洪体系,显示出当时社会复杂化的进程。这个现象说明早在新石器时代,中国古人在防洪方面已经意识到区域系统的重要。如果这个系统产生了破坏,仅就一个城而言,原有的水利系统就可能失灵,皮之不存,毛将焉附!如朱长文在《吴郡图经续集》记载苏州城在北宋时期"城中众流贯州,吐吸震泽,小浜别派,旁夹路衢,盖不如是,无以泄积潦,安居民也。故虽名泽国,而城中未尝有垫溺荡析之患",但是到了南宋之后,吴淞江的淤塞，加之城市人口增多对原有河道的侵占，使得苏州频遭水患。

古人在与自然长期的相处过程中，逐步摸索出了一些适宜当地的防洪措施，可是这些措施在建国后普遍遭受比较大的破坏，使得我们遭受到许多原本可以避免的惨痛损失。吴庆洲在《中国古城防洪研究》一书中举陕西安康城为例，安康城因地势低洼，历史上水患频繁，常受洪水袭击。明万历十一年（1583年），古城遭灭顶之灾，溺死5000多人。清康熙二十八年（1689年），安康修筑了一条万柳堤，作为城内居民在特大洪水灌城时的安全转移的道路，在历史上救过许多百姓的生命。然而，这条历史上起过重要作用的避水通道，竟于1958年被拆。1983年7月31日，安康城又遭到特大洪水袭击，全城被淹。由于万柳堤被毁，城中居民的生命财产遭到更大损失（死亡1000多人，5亿元财产被毁）。

即便是我们在文中引以为豪的福寿沟，也早已是今非昔比。按照刘彝当初的设计理念，福寿沟仅是整个赣州排水防洪体系中的一环。修建于宋代的坚固城墙是最好的防洪堤坝，城内原有的数百口水塘与福寿沟相连通，增加了城市暴雨时的雨水调节容量。北京大学冯长春教授早在1984年详细考察了赣州的水塘之后，就发表了题为《试论水塘在城市建设中的作用及利用途径——以赣州市为例》的论文。当时，赣州城的水塘面积约0.6平方公里，占整个城市用地的4.3%。而今水塘已经寥寥无几，护城河也早已被填平，我们的后代只能通过荷包塘、蕻菜塘、清水塘这些残留的地名，去遥想当年那座被水环抱的江城了。这些填塘建房的行为，实际上已经大大削减了福寿沟作为城市排涝干道的功能。类似的现象在各地普遍发生着，据吴庆洲的研究，无锡古城在明代其河道密度高达11.36公里/平方公里，新中国成立以来共填塞旧城区32条河道，被填塞的河道总长达31.4公里，填塞大小水塘近20个，填塞水体面积47公顷。这些行为不仅破坏了城市风貌，而且加剧了内涝威胁。绍兴城原有河道60公里，现仅剩下30公里；温州城宋代有长达65公里的河道，现在已全部填完。

  抗洪减灾，留给我们的思考，不仅仅是技术上的问题。

原载《中国文物报》，2010年9月3日

大昌古城参观札记

　　大昌古城是长江三峡工程淹没区内一座重要的古代城址，它位于长江重要支流巫山县大宁河旁的大昌镇，古城选址在大宁河左岸的一个冲击扇上，大宁河在此形成弓形，城址就建造在弓形的突出部分，大昌古城也因此成为淹没区内不多的平地城。古城的建造讲究风水，南门隔大宁河对笔架山，后对座山白云山。

　　城内还保存着明清以来的街道格局和许多民居建筑，因此引起了多方面的关注。现结合笔者1994年和2001年对大昌古城的两次参观，将自己一些粗浅的认识整理如下。

　　大昌镇现有老城和新城之分，当地百姓也称为内城和外城。外城的街道是由于人口的扩张而向东自然扩展的，越向东时代越晚。虽然当地称为"外城"，实际上并没有城墙。现在称的大昌古城实际上是指的老城，也就是内城而言。大昌古城明正德《夔州府志》称："大昌县三街一坊，有二百二十户。"三街即现在连接东、西、南三座城门的街道，它们在城的中部呈丁字形相交，但从丁字街口望不到东、西、南三座城门，也就是说，街道有人为的弯曲，这种弯曲从温家大院的梯形天井等方面来看，可以排除是因为商业繁荣等原因而侵占街道以后形成的，也就是说大昌古城街道人为的弯曲完全是当初城市规划时的原始设计。这种设

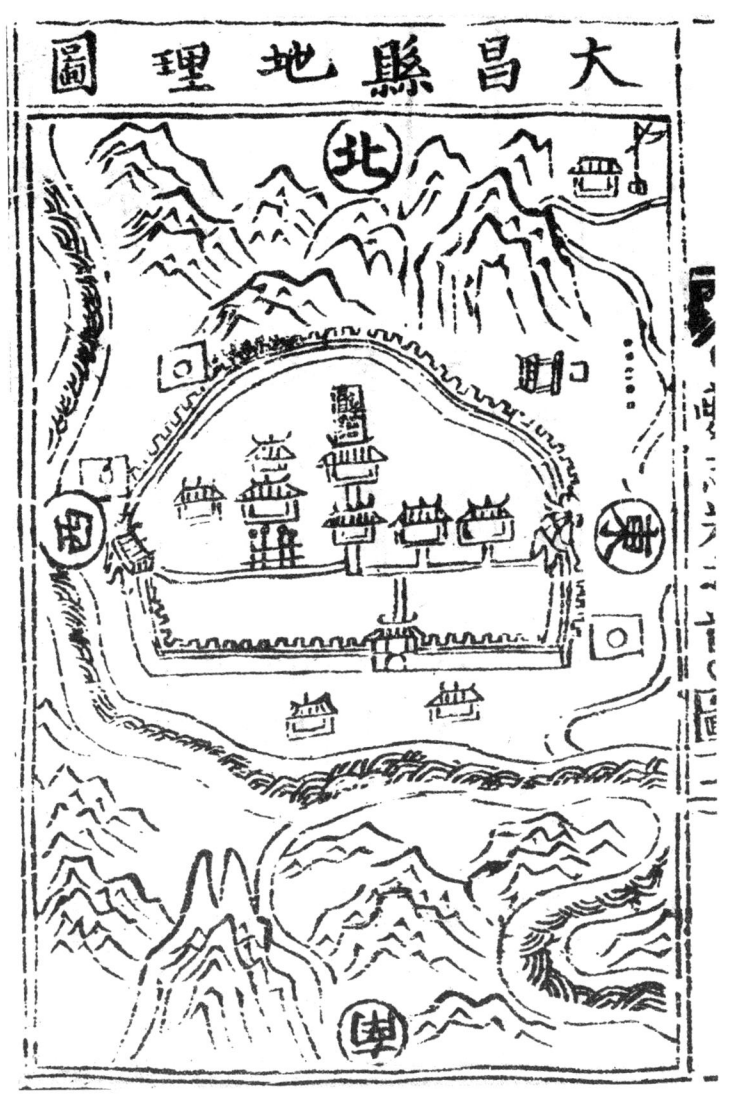

大昌县地理图 (《天一阁藏明代方志选刊·夔州府志》，1961年上海古籍书店据宁波天一阁藏明正德刻本)

计与平原地区宋元时期流行丁字街设计的思想是一致的，是出于军事防御上的一种考虑。弯曲的街道使人无法洞观全城的情况，即使攻入城市，敌人也不敢贸然前进，这种做法也就是《武经总要》"守城"条中所说的"惟偏开一门，左右各随其便"。陈规在《守城录》中讲到守城的要诀之一就是新旧城门不要直对，由旧城入新城没有街道直行，在城门设置上有意错开，城内街道采用丁字街。

1172年，宋孝宗曾下诏刻印《守城录》一书，颁行天下，作为沿边各守城将领遵循的准则，这足以证明《守城录》的防御思想和原则在当时是有一定的代表性的。大昌古城不但连接城门的主要街道为丁字街，而且原有的次要街道，甚至外城的主要街道南北两侧的小巷也与之呈丁字形相交。这种街道规划与隋唐时期的棋盘式街道规划显著不同，其思想来源于宋代新建的太原城的变革，而不是风水上的考虑。

明代的大昌古城有三街一坊，这个坊已经不是隋唐封闭式的坊，而是一种新的街区的概念，元大都内就有许多这样的坊。大昌古城除了采用宋元时期流行的丁字街设计外，还有一些地方表明它可能建造在明代以前。比如，它的东、西街道的北侧几乎完全被衙署和宫观祠庙建筑所占据，其中靠近东门一侧有三皇庙。三皇庙祭祀伏羲、女娲、神农三位与医学有关的传奇人物。有元一代，全国各地建造了大量的三皇庙，内蒙古赤峰市松山区猴头沟乡还出土了元延祐六年（1319年）蒙古大长公主祥哥刺吉专门为全宁路三皇庙铸造的铜祭器。元朝十分重视医学，大量的三皇庙成为研究元朝医学史一个值得注意的现象。

大昌古城略呈圆形，将直角城墙改为半圆形城墙，也是宋代以来城防措施改进的一个方面。宋军在对北方骑马民族的战争中频频失利，只好消极地躲在城堡之中，以长程武器或火器阻止外族的攻击，从而形成以守势为主的策略，宋朝的城防设施因此而有不少改善。以前的城墙拐弯处多为直角，为敌方以石炮摧毁城角作为突破口提供了方便条件，改为半圆形，不仅可以减少敌炮威胁，在大昌古城这种经常面临山洪暴发的地方，还可以有效减弱洪水的冲击。大昌古城得三面迂曲之水，虽然风水上佳，但也经常为洪水所害，我们在大昌古城南门内保存民居建筑最完整的温家大院的宅门上，还可以清晰地看到1998年大宁河水泛滥时留下来的水渍痕迹。

大昌古城周围虽然群山环抱，但从城址类型上来说，属于平地城，地形上也和其他地区的平地城一样，北高南低。因此，城址内部的重要公共建筑群的位置，也和同类型三门丁字街的平地城一样，主要集中在东西大街的北部，这说明平地城类型的城址，在全国范围内是有其共性的。大昌古城的整体搬迁工作在即，希望搬迁工作中不仅对大昌的民居建筑群进行原样搬迁，也能保持其整个的城市规划格局。

原载《中国文物报》，2002年3月22日

地方考古工作者义不容辞的责任
——古今重叠型城址的研究方法

城市是诸种社会关系的总和，因此，城市自然成为历史研究的重要对象。古代遗留至今的城址依照现存状况可以分成两类：一类是全部或者大部分位于野外，具备大面积揭露条件的城址；一类是沿用至今，绝大多数不具备勘探或者发掘的条件，属于古今叠压型的城址。后者必须探寻出相应的研究方法以最大限度地复原古代城市的格局。考古学者对于这类城址已经摸索出一套行之有效的研究方法，但是这套方法应用得并不普遍，导致许多地方城市，包括历史文化名城在还没有研究清楚其发展脉络的情况下，就遭到建设性的破坏。所以，回顾以往学者的研究，并反思我们以往工作中存在的不足，以加强考古工作者在地方城市保护中的作用仍有必要。

经过魏晋南北朝时期的分裂动荡，隋唐重新归于一统之后，各地陆续规划兴建了一批新的城市，这些城市许多沿用至今，属于古今重叠型的城市。全国历史文化名城中绝大多数也是属于古今重叠型的城市。对于这类城市，赵正之、宿白、徐苹芳等先生都做过具体的个案研究，也就相关的方法论问题进行过阐述。但是，目前古今重叠型地方城址的研究开展得还不充分，最明显的表现就是检索文物考古类的期刊，古今重叠型地方城址的考古调

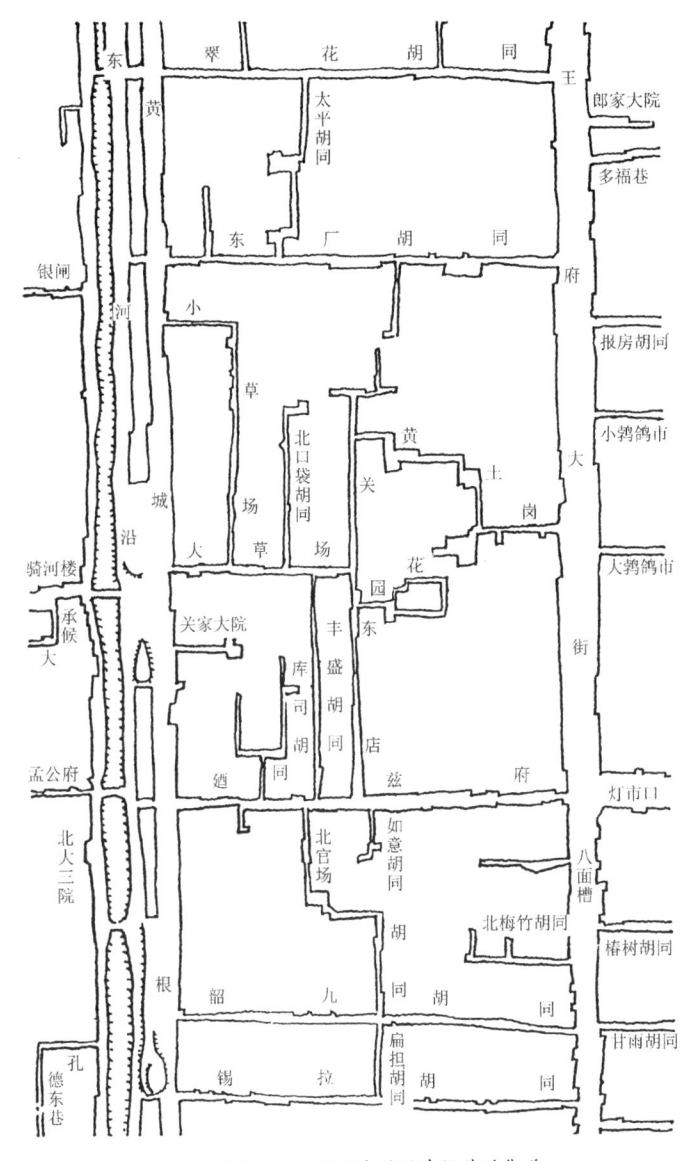

元枢密院废弃之后形成的没有规律的街道

查和研究成果数量很有限，在当今经济浪潮的冲击下，由于我们考古工作者自己做的工作不多，致使许多城市，包括历史文化名城在还没有搞清楚城市发展脉络的情况下，就遭受到建设性破坏。因此，回顾几位先生在古今重叠型城址方面的研究以指导我们加强这方面的工作，现在看来仍有必要。

在城市研究中，我们都希望对一座城市进行全面的揭露，以了解它逝去的全貌。但是全面揭露一座城址是很难做到的，即使是对于那些后期叠压情况不严重，或者位于荒郊野外的城址。城址的发掘是一项长期的工作，全面揭露也需几代学者的共同努力。庞贝古城至今仍在不断地发掘，殷墟的发掘工作也已经持续了将近一个世纪。更何况还有许多城址为现代建筑所叠压，正如徐苹芳先生在《现代城市中的古代城市遗痕》一文中强调的那样，在这类城址中进行发掘考古工作只能是局部的。"在古今重叠的城市内，对古代城市遗迹不可能进行大面积的考古发掘，因此，要研究古今重叠的城市，唯一的方法便是考察分析现代城市中所遗留的古代城市痕迹，并据以复原被埋在地下的古代城市的平面规划和布局。"

为了保证这项工作持续有效地进行，徐先生还强调："古今重叠式城市考古不能一次完成，必须有一个固定的考古研究机构负责这项工作，要经过若干年的积累，才能逐渐完成。我们常把这种工作方法比喻为'拼七巧板'。薪火相传，持之以恒，这不是任何个人能独立完成的事。"简言之，对于古今重叠型城市的研究，我们需要有长期工作的准备，个人的成果都只是阶段性的；对于这类城市的考古工作，我们不能仅仅依靠钻探和发掘，需要摸索出新的方法。

在现代城市中，较为系统地追查古代城市的范围和布局，是从1958年陕西省文物管理委员会在《唐长安城地基初步探测》

中发表的《唐长安城探测复原图》开始的。这幅图将长安外城城基遗址落实到现代万分之一的地形图上，结果发现明清城垣的很长一段沿用了唐代皇城的城墙，在唐皇城之外，根据吕大防的《长安城图》和其他的唐长安图纸，在这份实测图上还可以拟出一些唐长安的坊市，甚至可以断断续续发现分布在明清西安城外耕地里的街道痕迹。其中一些重要的建筑群，如尚书省的位置可以确定，尚书省中心线以东是吏、户、礼三部，为以后历代政府所沿用；以西是兵、刑、工三部，以后为地方的军队、按察所沿用，后来成为西安市公安局的办公场所，说明一些大的建筑群依旧为后代大型机构所占用，有的甚至功能上亦相延续。这类城市沿用至今，有比较多的文献资料和程度不同的遗迹遗物可供我们研究，有的则是城市的街道格局还保留着，如沈阳老城的城墙拆除之后分别修筑了顺城街，许多地方的环城路也是城墙拆除之后形成的。

这种情况在元大都的勘探与发掘中得到了进一步的证实。对元大都的发掘与研究揭示，古代城市经规划建成之后，一般情况下很难做全局性的改动，作为城市骨架的街道系统和排水更是如此。元大都东北部分从光熙门大街至北顺城街之间，钻探出二十二条东西向的胡同，这与今天北京内城从朝阳门至东直门之间排列二十二条东西向的胡同做法是相同的，可以和元大都的有关历史文献互证，说明今天北京内城的许多街道和胡同，依然基本上保存着元大都街道布局的旧迹。"这说明古代的建设能力，要彻底改造原城市中的街道系统是十分困难的，一般都是沿用旧城街道，明清北京城沿用元大都街道系统是很正常的事情，为我们考察古今重叠型城市提供了一个带有规律性的工作方法。"城市的建造需要耗费大量的民力，在古代集权政治的体制之下，城池的建造和维修都要上报中央政府批准，在私有制的制约下，除非有强权的介入，否则城市内部的布局难以做大的调整。

大同复建城墙

蓬莱水城

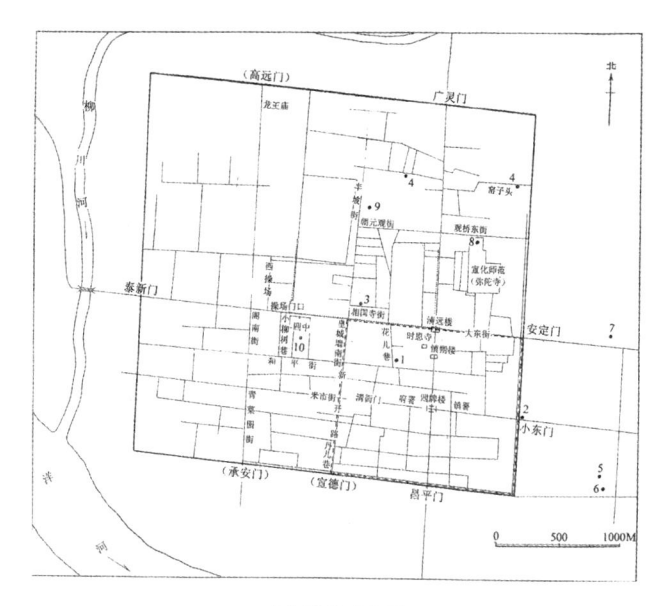

宣化城址变化图

隋唐洛阳城现状图

元大都是在平地上新建的城市，建造时有详细的规划。元大都平行胡同之间的距离为50步，这构成了元大都城市规划中最基本的单位。元大都街道系统规整有序，城中的宫城、皇城，以及中央官署如枢密院、御史台、中书省、大都路总管府、太庙、社稷和地方衙署、寺观、仓场等大型建筑群的占地面积都有严格的规定，这样在城市平面上便在整齐的平行胡同之间出现了一个个赵正之先生所称的"印子"。如当时的太史院就是南北长四条胡同的距离，即 4×50 步，东西宽三条胡同的距离，即 3×50 步，它虽然已经突破了胡同所限制的范围，但仍以胡同为单位。枢密院、御史台等的比例是南北长 5×50 步，东西宽 4×50 步。次一级的机构如大都路总管府、太史院、国子监等就是南北长 4×50 步、东西宽 3×50 步。而一般平民住宅占地是8亩。一些大的建筑群废弃之后，就会形成不规则的胡同，这种遗痕在后来的城市地图上可以寻找得出来。

城市的格局一旦形成，在传统社会私有制体系下很难做全局

辽祖州城遗址遥感图

性的改变。那么，在哪些情况下会发生变化呢？宿白先生在《现代城市中古代城址的初步考察》中对这个问题进行了论述。要了解城市发展史，最重要的是了解"城市在兴建以后范围有没有变化，城市的主要布局有没有改变，主要衙署和宗教建筑的位置有没有变动，城垣本身有没有增补"，对于古代城市的变化，宿先生概括有缩小、扩展和改造三种情况。缩小的情况主要发生于北方，城市在遭受战乱破坏、人口减少之后，压缩到保存较好的范围里。城市拓展的情况隋唐以后主要发生在南方，唐代后期经济重心南移之后，南方城市普遍经历了一个增筑时期，新扩的部分更多地考虑到经济发展的需要，突破了里坊制度的限制。城市缩小会沿用原有城市的部分街道骨架，城市扩展出的城区街道则基本上不同于原来城市的街道系统。对城市原来规划变动最大的是改造旧城市某些面积较大的地区。这种改造明清两代各发生过一次。明代初期分封王子，在封地内营建王城。这种王城不少建造在城市的中心区域，如成都的蜀王城、长沙的潭王城、青州的齐王城等，王城占据的大片区域和与之连接的街道都要改变面貌。清代在各主要城市建造满洲城，满洲城有的建在原来的城市外面，有的则建在城市的里面，建在城市里面的满洲城就对原来的城市格局带来了很大的改动。

对城市格局改变较多的，还有一种是城门的变动。城门的变动会引起城市内主要街道的变化，而主要街道的变化，可能会影响附近建置的变化。宿白先生在《张彦远和〈历代名画记〉》中讨论张家世系时，论述了张家在猗氏县旧居的位置，附带讨论了猗氏县城的变化。

猗氏县城周七里余，四门，现状为东西两门有横街相通，南北门不相对，南北两门内的竖街都与东西横街呈丁字街相交，但北门内大街在与其相对的横街之南，还连接一条较窄的街道——坊门南巷向南直抵城墙。根据其他中原北方旧城街道改变的规律，推测猗氏城这条从北门向南直抵南城的街道，可能是原来的设计，而现在南门内大街约是后来改建的。猗氏城内的原始规划应做十字街安排。宿先生指出明清志书记载唐宋历史遗迹必须另有实证，不能轻易相信。宿先生为上述的推测列举了考古所见的印证材料：

> 《县志》记猗氏县为隋代创设，8世纪70年代唐德宗时，河东节度使马燧为防李怀光之叛兴建土城，以后沿用。16世纪中期，明隆庆初始砌砖，以迄20世纪50年代以前。以上记载从城内现存文物看，是可以相信的。首先城内东北隅偏西，尚存两座唐代方形七层砖塔，东西对峙。其后方即北方，有一处高米余的基台上建有奉祠马燧的庄武王庙，俗称马王庙。庙正殿歇山重檐，康熙重建，但多用旧础，旧础覆盆部分施雕刻，可据此断年。最早者雕盛唐流行的简单的宝装莲瓣，其次是若干种变形的宝装莲瓣，再晚些的雕相对环绕的孔雀，后两种应是北宋、金的遗物。可知清重建庄武王庙是在旧建台基的基础上，并利用了旧建筑的构件而兴建的。从庙内所存碑刻等有纪年的文物可知，该庙始建于晚唐乾符六年（879年），北宋、金一再重建；而始建又是在其前兴建的佛寺的基址上改建的，所以庙前方左右还保存有晚唐以前所建的东西双塔和大殿还使用盛唐纹饰的柱础。遗憾的是这座佛寺原来的名字已失传了。猗氏县城内东北隅有盛唐的大寺院，可推知此城创建应不晚于盛唐。又城内有创建不晚于北宋的天王楼和西塔寺，还有金建的文庙，还分布有北宋和金初的铁人、铁钟和经幢，还有元建的妙道寺，因可知此城宋金元沿用以迄明清。这样就可以估计现猗氏旧城的布局至少晚唐以来改变不大，因此前面对城内西南隅的三相

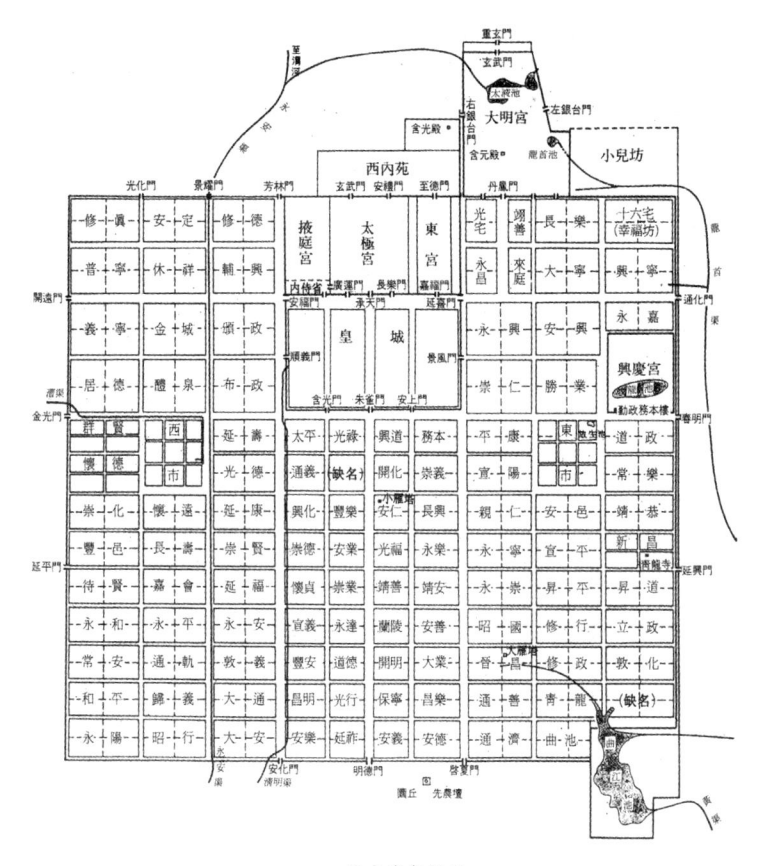

长安城复原图

坊至晚13世纪即已存在的推测，似乎可以向上追溯，说不定从宋金的13世纪后半叶，可上推到晚唐，名称也许有不同，张家旧居的位置可能一直未动。能够对一个唐代家庭的大致方位的推定，在历史遗迹上也是较罕见的。如果再考虑天王楼旧址位于东西大街的北侧，我们知道相传各地天王堂的兴建，是由于平息安史之乱后，唐肃宗诏令而创建的话，那猗氏县城这样的布局，也许有可能开创于8世纪后期了。

对于城市中遗留下来的各种遗迹现象，徐苹芳先生指出："城市考古包括的内容十分丰富，凡是这个城市所遗留下来的遗迹和遗物都在城市考古的范围内。但是最要紧的是要把这个城市的范围、道路和一些大建置（如宫苑、衙署、寺观、仓库、宅第、府舍）的所在及其形制，特别是要把城市布局和规划的情况搞清楚。要有一张以今日该地实测图为底图的遗迹实测图。我们做几十年的工作，几乎全部成果要表现在这张图上。那么，像元大都这样古今重叠型的城市，已不能按学术目的的要求来大规模做考古勘察和发掘的情况下，基本的工作方法虽然与一般的古代城市相同，却必须适应古今重叠的特殊条件，改变一般规则。"

这张图十分重要，它需要我们长期的工作积累，需将城市中和城市附近所有的考古发现标注其上。"选择近现代最早最科学的大比例尺（万分之一以上）的实测图为底图，根据文献记载的以点（地面现存和地下新发现的）和线（大街、胡同）为基础，扩大至面（即一片，如宫城、皇城、苑囿），按不同时代，将点、线、面全部记录下来。"然后"要根据文献记载和考古发现，分别做出具有时代特点的城市平面图。这项工作是要在一个大建置历史演变的基础上，综合成为城市图。工作的程序，正如我们进行古代遗址发掘时一样，先从表土（现代）开始，一步步按时代弄清它的变化，一直到最底层，即从今往古推进，既排除了后代的因素，又弄清了古代的问题"。这种工作是由近及远，逐渐复原各时期城市的不同面貌。"古今重叠型城市考古的方法，其核心内容是改变考古工作者一般田野考古层位学的观念，把探沟、探方中按层位发掘的方法，转移到整个古今重叠的古城遗址上去，在现代的城市实测图上，发掘埋在下面的城市的遗痕。这种探索的方法，必须建立在文献、考古发现、古地图和现代实测图的多方实证的基础上，力求多重证据，科学缜密的研究，最后求得的是充分反映中国古代城市整体规划的这一特点的古代城市图。"很多地方做了许多年的考古工作，却拿不出这张图来，没有把各种遗迹现象当成一个城市的有机组成部分加以考虑，往往经常是就墓葬说墓葬，就城墙说城墙，因而难以推进当地城市发展史的研究。

在这种复原工作中，文献、不同时期的地图和与城市相关的各种遗迹现象，诸如古建筑、碑刻、墓葬、古树、地下的遗迹遗物等都是我们需要关注的对象。宿白先生根据从20世纪50年代起武威的有关考古发现，在《武威行》中对乾隆《武威县志》之《建置志》"府城"条中认为"武威置自汉武，城郭基址不可考"的武威城进行了考述。在《宣化考古三题》中，对8世纪兴建的武州城在金、明两代的变化做了详细的论述，都是运用考古资料进行地方城址研究的范例。

不仅是这些比较"实"的材料可以作为城市研究的依据，古地名、微地貌等"虚"的材料，在研究城市发展过程中同样具有重要的参考价值。晋阳故城在勘探中发现南城角村整个村址坐落在古城墙的上面，南城角村平面为L形，实际上是依古城西南城角之势而建的，由于夯土坚硬干燥，地势较高，所以形成了这样的平面，同时保存了"南城角"的地名。还有一些地名属于特定历史时期的，如元大都的"角头"属于元大都特有的地名，徐苹芳先生举元杂剧《沙门岛张生煮海》对白"你去兀那羊市角头砖塔胡同总铺门前来寻我"为例，阐述了"角头"在城市变化当中的过程。角头在宋代如开封、临安都没有，到了明代以后也基本上不用了，交道口实际上是角头口的讹称。即使是元大都枢密院废弃之后形成的没有规律的街道这样看似"虚"的遗痕，实际上同样反映了城市内部空间嬗变的过程。

古代城市虽经现代改建，但许多地方仍有痕迹可以追寻。徐苹芳先生在《现代城市中的古代城市遗痕》中曾经举崇文门内大街附近半圆弧状的街道为例，说明"遗痕"在城市研究中的作用。洪武元年，徐达攻取元大都之后，即缩元大都城北部，在今德胜门和安定门一线筑北城垣。明成祖定都北京后，永乐十七年（1419年）拓展北京南城垣，拆除了元大都的南城垣，将明代北京南城垣移至今崇文门、正阳门、宣武门一线。元大都的南城垣及其护城河旧迹则皆包入明代北京内城之南部。有意思的是，麻线胡同西段突然向南拐弯，呈半圆弧状与崇文门内大街相交，这不符合街道规划的原则，之所以出现这种现象，完全是因为这条胡同是在元大都护城河旧道上形成的，它如实地反映了元大都南城垣护城河到文明门（在东单路口南侧）前包绕瓮城的痕迹。

随着科学技术的发展，遥感等现代科学技术手段已经开始在城址研究中得到应用。20世纪中叶，元大都北部大部分还是菜地农田，从航空照片上可以看出元大都旧街的痕迹，与后来全面钻探勘测的结果是符合的。北部城垣上的马面在地面上仍有保存，但在20世纪40年代的航拍片上却更清楚，完全可以比较准确地复原在20世纪60年代实测的1/2000地形图上。已经缺失的北部城垣上的瓮城的方位，也可以根据航拍片复原。一个地方城市经过上述材料的拼合，有许多地方城市的面貌可以大致复原，当然这种复原有推测的成分，可以开展有目的的勘探和发掘加以验证。

原载《中国文物报》，2011年11月11日

古今重叠型地方城址工作的几点思考

古今重叠型城址的研究经过赵正之、宿白、徐苹芳等先生的倡导和实践，取得了一些重要的研究成果，地方城市的考古与文物保护工作近年来也取得了许多成绩。但是，总的来说影响不大，其中一个显著的事例就是在历史文化名城的保护中，虽然有徐苹芳等先生极力呼吁，却远远制止不了建筑界和当地政府在没有搞清楚城市发展脉络的基础上，做出错误的城市改造规划，开发中带来建设性的破坏。以下是笔者针对上述现象的几点思考和建议。

第一，文物考古工作者应当增加主动参与到当代城市更新过程中的工作中来，通过自己的研究为城市规划做好基础研究，使得城市的发展建立在有序更新的基础上。

1982年，国务院公布了首批国家级历史文化名城，目前国家级历史文化名城的数目已经达到117座。国家级历史文化名城公布之后，各地也陆续公布了一些地方历史文化名城，并由此影响到了古镇、古村落的保护，从2003年起，建设部和国家文物局又开始陆续公布中国历史文化名镇（村）名录。上述工作对于保护当地的历史文化风貌，对于影响和干预市政规划的总体方向，对于提高全社会的文化传承意识都起到了积极的作用。同时，我们也应该清醒地认识到，与建筑、旅游部门的工作相比，文物考古部门的工作明显处于劣势。我们承认建筑、旅游部门在文化遗产的研究、保护和开发利用方面所做的努力和取得的成效，但是，我们也应该强调没有考古工作的基础，建设和旅游部门的工作就有可能偏离保护与传承的良好愿望。

举例来说，江南古镇的形成和发展是古镇研究的重要内容，古镇都有哪些类型，它们是怎么发展演变的，这些都需要我们做大量的基础工作。目前江南古镇的保护和开发利用成为带动当地社会发展的一个重要方面，但是，不论是研究还是保护，都难得见到文物部门的身影。研究应当成为保护利用的基础，而建筑和旅游系统的工作中存在一些偏差，这些偏差会直接影响到后面的

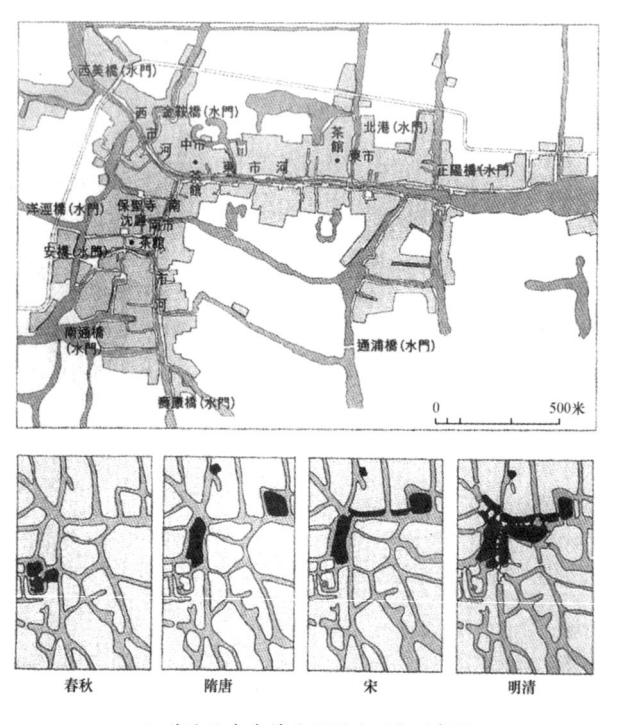

江苏吴县甪直镇平面图及历史形成图

规划与建设工作。如阮仪三先生在《江南古镇》中试图用"带形城镇""十字形或丁字形城镇""星形城镇""圆形城镇""双体城镇"来概括江南古镇的平面形态。在"星形城镇"中，他分析了吴县甪直镇的历史演变，并绘制了"吴县甪直镇平面图及历史形成图"。

江南水系屡经变化，现在的水系不能用以代表历史上不同阶段的水系。为了表示这幅图的科学性，春秋和汉唐聚落部分还都呈现出不规则的形状，如果真是这样形状的话，只有一种可能，那就是至少要对这个范围内外进行过考古钻探，或者考古发掘，才能在图上标出这样的形状。我们在这里谈这幅图的问题，并不是想仅仅就这幅图来论图，我们想讨论的是，这样的图不止一幅两幅，可是有的研究以此为基础，如段进等先生出版的《城镇空间解析：太湖流域古镇空间结构与形态》，在这些图的基础上，"运用结构主义关于结构的三种数学原型对传统小城镇的空间结构进行解析"，建立在这些基础上的研究，不管运用什么"主义"来解析，结论都是可疑的。

不对古代城镇做认真的考古调查与研究，做出的规划非但起不到保护的功效，反而会以保护之名，行破坏之实，这样的事例我们屡见不鲜。

西周初年，殷纣王的庶兄微子启被封于宋（今商丘），建立宋国。现已探明宋国都城的城墙周长 12985 米，面积是现在商丘古城的十倍。商丘地处睢水北岸，故历史上又被称为睢阳。睢水在古代曾经是大运河的一段，近年来在睢水旧河岸边发现了码头遗迹，出土了一些重要遗迹和遗物。

1995 年，中美联合考古队考古发现了明弘治十六年（1503 年）被黄河水冲坏的商丘古城，可以确认该城南墙利用了一部分宋城南墙的基础，反映了商丘古城的历史延续性。弘治十五年（1502 年）六月黄河泛滥，冲塌商丘城，明弘治十六年九月开始，以原城的北墙为南墙重新修建商丘城。

1511年，新的城池建造工程完工。明嘉靖年间，又在新城外距城一里许，修筑了周十六里，平面近圆形，"高视城之半，厚倍之，上树之柳"的护城堤，这圈护城堤在后来的洪水泛滥中确实起到过保护城内居民的作用，并一度增加高度。所以现在许多人将商丘古城说成是外圆内方的古钱形状。

实际上为了防御洪水的侵袭，明代在黄泛区内普遍采用内城外围以防洪堤的防御措施，并取得了良好的成效，夏邑古城、淮阳、菏泽、聊城等多座古城都采取了类似的城防措施，如聊城《宣统志》卷二《建置志》"城池"条记载聊城"宋淳化三年河决，城圮于水，乃移治于孝武渡西，即今治也。熙宁三年建城市，旧筑以土，明洪武五年守御指挥陈镛始甃以砖石，周七里一百九步，高三丈五尺……附城为郭，郭外各为水门，钓桥横跨水上，池深二十尺，广加十尺，阔倍之三。护城堤延亘二十里，以御水涨，金城倚之"。这个案例说明了地方城址的研究，同样需要注重区域调查。

2011年11月29日，商丘古城迎来了重建五百周年的纪念日。《京九晚报》出版了纪念特刊，刊登了同济大学所做的古城规划图，把内城之外和原来护城堤之间的区域规划成大面积的湖面，将商丘古城错误地归结为"归德之城"和"厚德之水"两个区域，并根据延伸的道路将"厚德之水"又分为"上善若水"休闲度假区、"财富智水"时尚体验区、"应天秀水"历史文化赏游区、"逍遥乐水"滨湖游憩区四个小区，把原来为防洪而围护的区域变成泽国，不但违背了史实，而且也会对宋国故城的文化遗迹造成破坏。

面对这些让人心痛的案例，考古工作者实在有必要加大自己的工作力度，在古城研究和保护发展中发出我们自己的声音。比如沈阳在明代是十字街，现在的井字街是为了故宫建设的需要而

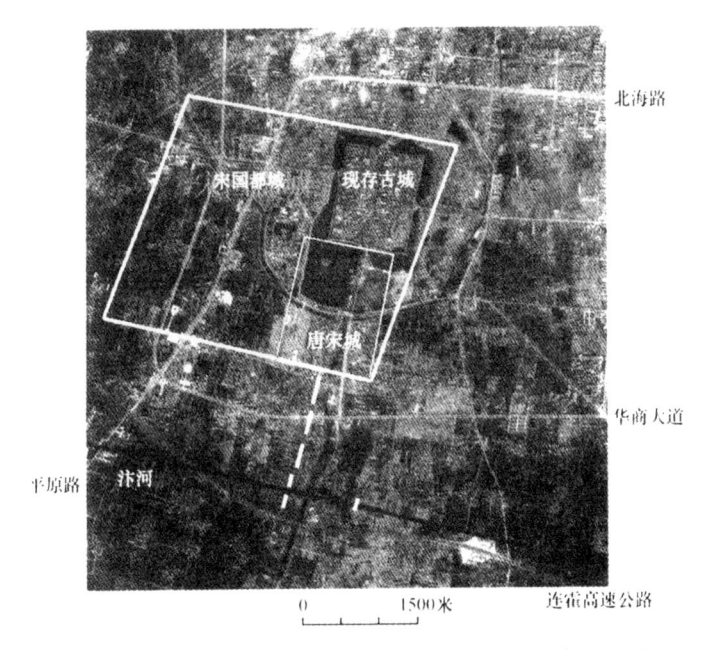

商丘古城航拍片（内城与外围的护城堤在航拍片上依旧清晰可见）

加以改变的，但是十字街的遗痕还在，在城市改造的过程中这个十字街的遗痕应该加以保留。再如河南光山是一座面积不大的小县城，但是它原来的街道都是丁字街，很有特点，这些街道可以通过疏散城内居民的方式，改建成步行街。地方政府不一定接受我们的建议，但至少通过我们的研究和呼吁，把这些城市发展的脉络告诉他们了，尽到了我们自己的责任。实际上现在司马光大道的扩建，将光山古代城市的肌理破坏了，也并没有缓解城市发展带来的问题。类似的如北京东四十条拆除之后扩建的平安大道，也并没有缓解城市的交通拥堵，反而把车流吸引到平安大道上来。从事城市考古工作的同行，应当增强把自己的研究成果与未来城市发展相联系的意识，在城市建设当中提出自己的意见和建议。

第二，为了达到以上的目的，就需要重视对古今重叠型地方

商丘古城演变示意图

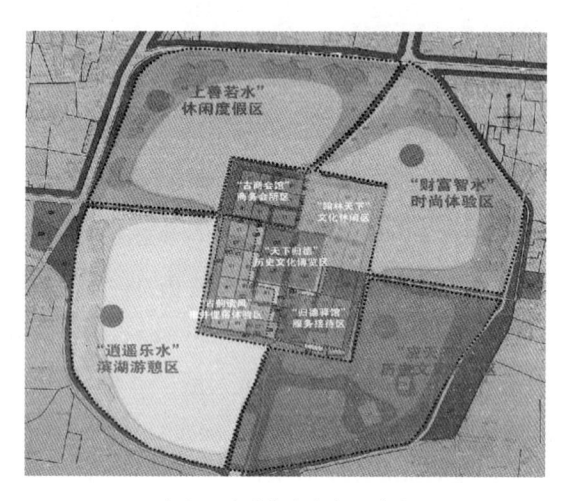

报纸公布的商丘古城规划图

城市的研究,并在实践中不断充实和改进我们的研究方法。

古今重叠型城址的研究在方法论上的总结与推广还不够,不但是别的学界,即使是考古学界,对此方法了解得也不够,已如笔者在《地方考古工作者义不容辞的责任——古今重叠型城址的研究方法》一文中所述。这种方法难免有推测的地方,我们应该在有条件的情况下尽可能地进行有目的有计划的勘探和发掘，以印证我们的推测，同时有助于我们修正或补充有关的方法论。

2011年5月5日，一段《南宋皇城遗址建千万元豪宅》的视频在网上流传，视频显示开发商正在大举动工，开挖地基，而文物爱好者则在工地上淘宝，发掘出了廊柱、地砖等南宋时期的文物。为此，皇城的范围问题再次受到社会和学术界的关注。

南宋皇城袭自北宋杭州州治，前身即吴越子城。《咸淳临安志》卷五二《府治》记载：

> 府治，旧在凤凰山之右，自唐为治所。子城南曰通越门，北曰双门，吴越王钱氏造。……中兴驻跸，因以为行宫。

子城依山而建，下瞰罗城，是南方地区城市常见的情况。建炎三年（1129年），高宗抵达杭州，以州治为行宫。皇城的勘探是南宋临安城考古工作的重点之一，其东墙确定位于馒头山东麓。临安外城袭自北宋，前身是吴越所筑罗城。南宋初年，皇城东南并无外城。每遇朝会，臣僚只能先由候潮门出城，绕至利涉门入城，方可抵达皇城南门，极为不便。所以在绍兴十三年八月，大理寺臣吴镛上言请求在皇城外东南添筑外城，"若城外朝路难以移改，只于朝路之外东量添城壁，免致未旦启钥"。吴镛的建议直至绍兴二十八年（1158年）方下诏付诸实施：

> 皇城东南一带，未有外城，可令临安府计度工料，候农隙日修筑。具合用钱数申尚书省于御前支降。今来所展地步不多，除官屋外，如有民间屋宇，令张偁措置优恤。

这个方案经殿前都指挥使杨存中看过之后，认为："展城离

聊城正在开展大规模保护与改造工程

聊城大规模保护与改造工程中开挖的现场

隔墙五丈，街路止阔三丈，只是通得朝马路。今乞更展八丈，通一十三丈，以五丈作街（御）路，六丈令民居。将来圣驾亲郊区，由候潮门经从所展街（御）路，直抵郊台，极为快便。"而较原来方案所更多拓展出来的八丈，"十之九是本司营寨教场，其余是居民零碎小屋。若筑城毕工，即修盖屋宇，依旧给还民户居住，委实利便"。后来在皇城东南添筑的541丈外城，就是按照杨存中的修改方案执行的，这样，外城墙与皇城隔墙之间的距离就是13丈，约合41米。

宋亡以后，皇城废置。元至元二十三年（1286年），杨琏真

基建工地上的觅宝者

聊城保护与改造工程中复建的南门

伽于其地建寺修塔。入元以后，由于担心南方割据，这一地区的城防设施普遍没有加以维护甚至有意破坏，杭州城同样没有得到维护。至正十九年（1359年），张士信大发浙西诸郡民修筑杭州城。此事详记于贡师泰所撰《杭州新城碑》。这次改筑城对南宋以来的杭州城改动较大，东侧从菜市河拓展到外沙河一线，万松岭北修筑南城墙，将南宋皇城弃置于城外，南宋皇城遂日趋湮废。

　　文物部门以前找到一段皇城的东墙，据此明确了东墙的大致走向。所确认的皇城东墙，距离外城墙有100多米的距离。后来在粮食仓库工地又发现了一段夯土墙，据认为是五代、北宋时期的，但都没有详细的考古报告。这段城墙距离外城约41米。2001年在绿城西子房地产有限公司御园项目建设过程中发现的遗迹遗物就在粮食仓库一带，有学者根据文献和这些遗迹遗物，认为这个地段在皇城之内，他们的主要文献依据是郎瑛《七修类稿》卷二《杭州宋宫考》：

> 计其地，南自胜果入路，北则入城，环至德俸牌，东沿河，西至山岗，自地至山，随其上下以为宫殿也。

其中"东沿河，西至山岗"中的河就是指中河，这样皇城的范围就在中河东岸，绿城公司开发的地段自然就在他们认为的范围之内。但如果依据社科院等的工作，这个地段就在皇城之外。

刘未在其博士论文《南宋临安城复原研究》中，指出这段文字实出自明代中晚期人的一段补注，并对以前皇城东墙的具体方位标示了保留意见，刘未的意见是值得重视的。因为《宋会要辑稿》"方域"条所载杨存中的上言明确说皇城有隔墙，这段文献是宋代人记宋代事，可信程度应该很高。补修的外城墙与皇城隔墙的距离是13丈，约合41米，恰好是现在粮食仓库附近的那段夯土城墙的位置，而如果按照过去确认的皇城走向推测，则皇城与外城最近处相距也要100多米，无法解释《宋会要辑稿》中的13丈。皇城的东隔墙应该在粮食仓库一线，这个地域附近还是相当敏感的。

类似这样的勘探和发掘面积不大，出土遗物也许只是一些残砖碎瓦，但其作用却不可小觑。比如，湖北黄冈的黄州城因为苏东坡曾经贬谪此地而著名，黄州宋城和明清城之间的关系一直为学术界所争论。

弘治《黄州府志》记载宋元时期的黄州府城在"今城南二里

许，西临大江，东傍湖泊，水涨湮没"，在修弘治《黄州府志》时，"其西临江岸，为水摧倾；其南今平为民居；其北、东城迹犹存。旧城门曰朝宗、向日、龙凤，余无可考。洪武元年，指挥黄荣移住今城，近北高阜固地，以易旧城"。

按照府志的记载，则宋城、明清城是分别建在不同地点的两座城址。2011年，为了解决城址的修建、使用与废弃年代，湖北的考古工作者在定惠院民房附近开了一条 2×6 米的探沟，探沟内的地层堆积层次清晰，城垣夯土内最早的包含物为六朝，最晚的包含物是宋代。这样，明清黄州城南有宋城遗迹是可以肯定的。但是，自古以来赤壁矶的位置没有发生过变化，如果以西北方的赤壁矶为坐标，则显然宋城在明清城南的观点又出现了问题。这条探沟恰好给了我们另外一个启示，即宋城的范围可能比明清黄州城大，明清黄州城的西、北相当部分在宋城的范围内。宋代的黄州城很可能延续了六朝修建的城垣，只是这座城垣在宋代已经残破不堪。苏门四学士之一的张耒曾三贬黄州，对黄州的情况相当熟悉，在他的诗文中也数度提及黄州，在他的笔下，"黄州为名，而无城郭。西北江为固，其三隅略有垣壁，间为藩篱"。之所以造成这样的状况，与北宋政府统一南方之后，对南方地区城防设施怀有戒心，不事修理有关。到了明代洪武年间，宋代凋敝的城垣基本上成为历史的记忆了，所以才有宋城与明城之间关系的争论。

城市考古所要经历的时间长，要随时注意发现与城址有关的遗迹遗物，比如城市基建开挖过程中，会出现一些遗迹现象，由于没有珍贵文物，或者文物部门没有及时得到报告等原因而往往被人忽略，但是这些零散的考古材料却是地方城市发展中难得的印证。随着近些年来社会上收藏热的不断升温，这些零散的出土物却受到社会上收藏者的重视，近期在山东聊城的古城改造中，一些居民捡拾地基开挖过程中出土的瓷片和钱币等遗物；北京的一些不法商贩，甚至利用北京地方史研究的成果，雇人跟踪一些工地的进展，从中牟利。这种现象应该引起我们的重视。"见缝插针，积少成多"，在大比例的城市地图上，及时将考古发现的各类遗迹标示于其上，长期积累，才有可能深化对当地城市演变的认识。因此，古今重叠型城市的研究最主要的还是要依靠当地考古工作者的努力。

过去许多工作有一个误区，认为城就是城墙、城门、重要建筑物、街区等，把它们割裂开来对待，而这些实际上是城市作为综合体中的有机组成部分。在全国重点文物保护单位公布的名单里，就有几种表述方式。有只公布城墙的，如西安城墙、平遥城墙、崇武城墙；有公布为遗址或城墙遗址的，如平粮台古城遗址、汉长安城遗址、邺城遗址、辽中京遗址、应昌路故城遗址、元大都城墙遗址；有只公布城址中一部分重要建筑群遗址的，如大明宫遗址、金上京会宁府遗址。近年来公布时开始考虑到与城址相关的墓群、重要建筑及与周边环境的关系，如所公布的许三湾城及墓群、营盘山和姜维城遗址、蒲津渡与蒲州故城遗址、绥远城墙和将军衙署等，反映了我们在文化遗产保护理念方面的进步，我们需要将古今重叠型城市从动态发展的角度作为一个整体加以研究，注意与城市发展有关联的所有遗迹现象。

第三，加大对中国古代地方城镇的研究力度，加强学科建设，注重人才培养。

造成上述困境的原因是多方面的，其中也与我们大学的课程设置有关。我们现在的大学课程设置专业划分过细，不同专业间的合作又很不够，比如，规划是作为一个专业来对待的，可是仅仅是现在大学的规划专业的课程，无法满足对古代城镇规划的需要，没有文物考古的相关基础工作，规划专业的学生无法完全认识到所规划对象的学术价值，从而也就无法规划做到位；而目前大学的考古教学，一般都是讲到宋元时期为止，历史时期考古学的重视程度无法满足现在文博考古事业快速发展的需求。即使是到宋元，轻重也不平衡。考古学有四大研究对象，即城址（包括聚落）、墓葬、手工业和宗教遗存。但现在城址（包括聚落）和墓葬的研究明显不如手工业的研究受到重视，这势必影响到中国考古学的正常发展，也势必影响到中国的文化遗产保护工作。

原载《中国文物报》，2012年1月20日

龟卜与畲田

1994年，重庆云阳县明月坝遗址唐代地层中出土了3件龟腹甲，甲上施圆形的钻孔，有的有灼，有的无灼，正面有兆枝，但未见卜辞，这3件卜甲是迄今考古发掘所见年代最晚的卜甲。

龟卜作为一种古老的占卜方式，因商代殷墟甲骨文的发现而为人所熟知，其实它延续的时间很长，而且各地的龟卜方式也不尽相同，《史记·太史公自序》中所说的"三王不同龟，四夷各

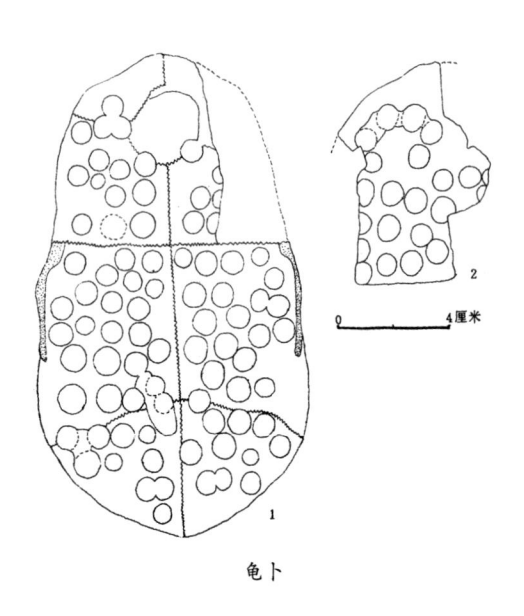

龟卜

异卜",就是指的这种现象。商周时期,王室设有专门负责卜筮的官吏,从事占卜的人地位很高。卜自东周以来,主要限于龟卜,从事龟卜已经成为普通人谋生的一种职业,并为士大夫所鄙视,如贾谊看过司马季主在长安东市的卜肆之后,就很不屑地说这门行当"多言夸严以得人情,虚高人禄命以说人志,擅言祸灾以伤人心,矫言鬼神以尽人财,厚求拜谢以私于己","故谓之卑污也",但民间深以为信者很多。

龟卜来源于古人"动物之灵"的观念,在南方尤其盛行,所以有"南龟北骨"之说。龟卜在四川盆地也有着悠久的历史,重庆巫山的大溪遗址中就有用龟随葬的现象。汉成帝时,成都有位叫严君平的隐士,卜筮于市,"有邪恶非正之问,则依蓍龟为言利害",激贪厉俗,受人爱戴。龟卜在唐宋依旧盛行,唐太宗贞观九年曾经下诏"龟易五兆外,诸杂占卜,亦皆停断",说明龟卜还被官方认为是一种比较正统的占卜方式。宋代以从事迷信职业为生的人很多,王安石曾经说仅开封一地,卜者就"以万计",其中应当不乏以龟卜谋生者,所以,如果在考古发掘中发现唐宋的卜甲,也是情理之中的事情。

具体到明月坝遗址出土的卜甲而言,它们出土于唐代后期一个经济性的集镇遗址中,笔者以为它们与畲田有关,是用来卜雨的。畲,即焚去田地的草木作肥料耕种,畲田即所谓的刀耕火种,是三峡地区一种古老而落后的耕种方式。三峡地区的畲田在文献中的记载很多,杜甫、白居易等许多人都在他们的作品中,表现了这种被称为"畲田"的耕作方式,并称:"自古相传,风俗如是。"如白居易在忠州期间写的《东楼》诗云:"林峦少平地,雾雨多阴天。隐隐煮盐火,漠漠烧畲田。"白居易在诗的自注中说:"忠州自刺史以下,悉以畲田粟给禄食。"畲田的耕作在宋范成大的《劳畲耕并序》中写得很详细:"畲田,峡中刀耕火种之地也。春初斫山，众林尽蹶，至当种时，伺有雨候，则前一夕火之，藉其灰以粪。明日雨作，乘热土下种，则苗盛倍收。"从中可以看出，"伺有雨候"在刀耕火种过程中是很关键的一步，这是因为伺雨下种，种子可以在暖灰中迅速发芽生长，提高收成。所以，三峡人在畲田之时，要先用龟甲占卜按裂纹以定雨候。刘禹锡在一首诗中曾经写道："钻龟得雨卦，上山烧卧木。"即是描写三峡人为求得播种的最佳时机，占卜求雨的情景。这种风俗宋代还有，李复在他的《夔州旱》中就说："耕山灰作土，散火满山卜龟雨。"大概是龟卜比较费钱，三峡人还有用瓦来占卜的，寓居夔州的杜甫曾经有诗云："瓦卜传神话，畲田费火耕。"宋代的王洙在注释中解释说："巫俗击瓦，观其文理分晰，定吉凶，谓之瓦卜。"但卜瓦即使在考古中能够发现，恐怕也难以辨识了。

原载《中国文物报》，2002 年 7 月 12 日

桃形饰物＝扇子？

图一、图二中的菩萨左手拿的是什么？这种东西在5—6世纪菩萨的手中经常可以见到，到唐代依然有孑遗。有的学者认为它与北魏时期流行的桃形项圈是同类的东西，有的学者认为它是一种法器[1]，更多的学者则笼统地称其为桃形饰物或铲形饰物。笔者在以前的调查报告中也只是将其称为桃形饰物，不知道它确切应该是什么。

最近，美国的Diana[2]博士提出了一种新的看法，认为这种桃形饰物的原型是印度的扇子，并将其放在东西文化交流的大背景下予以探讨。她的文章发表在2001年第1期Oriental Art（《东方艺术》）杂志上，题为《菩萨特征的确定：追溯一种小物品的悠久历史》。现将Diana的主要观点简述如下。

Diana的文章开宗明义地讲："佛像的来源经常难以追寻、尤其是在中亚地区，那里曾经受到西方经典艺术的影响，而这种影响又被用当地的语言重新诠释过。本文讨论的是一种虽然小但是却普遍存在的装饰物，它也许有助于我们理解类似从世俗的经典艺术到佛教艺术的转变过程。"

Diana的论证从克孜尔石窟175窟后

---

1 姚士宏：《关于新疆克孜尔石窟的吐蕃窟问题》，《文物》1999年第9期。
2 Diana：1997年获得美国纽约大学美术学院博士学位，主要研究中国佛教与日本古典艺术，现为自由职业者。

壁主龛壁画开始，她认为正是位于丝绸之路上的克孜尔石窟，提供了这种物件在东西文化传播过程中非常清楚的证据。克孜尔175窟后壁主龛说法像的左侧天王，左手上扬持扇，扇子椭圆形的软骨架上插着孔雀的羽毛，整个扇子的形状如同铲形（图三、图四）。印度古代的扇子就常用孔雀羽毛作为装饰。如巽伽时期（前2—前1）的赤陶板上，就有许多孔雀羽毛做成的扇子形象。这种类型的扇子也出现在描绘世俗宫廷生活的艺术品中。Diana

图一　河南洛阳龙门石窟普泰洞北魏菩萨像（线描图）

图二　河南洛阳龙门石窟古阳洞北魏菩萨像

图三　克孜尔175窟左侧天王像

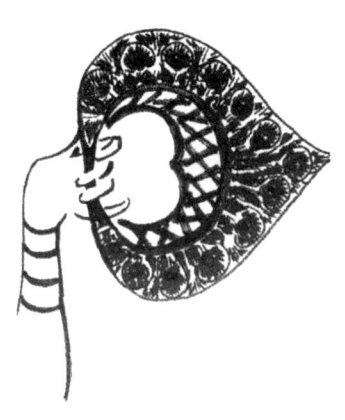

图四　克孜尔175窟左侧天王像手中的扇子（线描图）

图五　现藏于美国西雅图艺术博物馆的悉达多太子宫中娱乐场景浮雕

举出现藏于美国西雅图艺术博物馆的一件浮雕（贵霜时期，1世纪后半叶到3世纪）作为佐证，浮雕中描绘了悉达多太子宫中娱乐的场景（图五），其中靠近悉达多太子右侧的一位侍从手中的扇子，与克孜尔175窟左侧天王手中的扇子极为相像。

克孜尔175窟左侧天王右腿弯曲，膝上置一个亚腰形的鼓，右手放在鼓面上，这种姿态使人自然联想起西方古典艺术中英雄海格立斯的形象。完全西方艺术化的海格立斯形象在阿富汗尚能见到，时代为贵霜时期。而克孜尔石窟的年代为4—7世纪。Diana认为，印度的扇子经过中亚地区，在与西方古典艺术结合后，成为了克孜尔175窟左侧天王手中的原型，而图一中菩萨手持饰物的形象，则是在佛教艺术进一步东渐的过程中，忘记了它本来含义所造成的。

Diana试图在文献中找到使用扇子作为一种崇拜工具的证据，虽然没能如愿，但她认为旧金山亚洲艺术博物馆中一件460年的鎏金铜造像，提供了间接的证据。造像中主尊为说法的佛像，左侧的菩萨右手上扬持麈尾，右侧的菩萨右手上扬执扇。麈尾作为一种表示崇拜的工具在《妙法莲花经》中有清楚的记载，Diana认为，既然麈尾可以作为一种表示崇拜的工具，那么和它在同一情况下出现的扇子，当然也是起着相同的功用了。Diana认为旧金山亚洲艺术博物馆所藏的这件鎏金铜造像之所以重要，还在于左侧菩萨右手上扬持麈尾的形象，与西雅图艺术博物馆悉达多太子宫中的娱乐浮雕，以及克孜尔175窟左侧天王手持扇子的形式相同，保持了它作为扇子的原始功用。

以上是Diana的主要观点，但是从整个论述和所利用的图像资料来看，Diana的观点依然没有足够使人信服的说服力。因为如果这种桃形饰物是扇子的话，那么手持扇子的方式就不应该是悉达多太子宫中娱乐浮雕和克孜尔175窟左侧天王中的形式，那种形式是"抡"而不是"摇",而且在悉达多太子宫中娱乐浮雕中手持桃形饰物的侍从右下侧,有两个人物正在击鼓,画面的左侧也有正在演奏乐器和舞蹈的人物,桃形饰物的右下,似乎还有和桃形饰物连在一起的铃铛形的东西。综合整个画面和手持桃形饰物的方式来看,与其说是扇子,不如解释为乐器更为合适。

笔者虽然并不同意 Diana 将桃形饰物解释为扇子,但她的文章中引用了一些国外与此问题相关的图像资料,并将其置于中外文化交流的角度加以考察,可以开阔我们考虑这一问题的思路,因此仍然有介绍给中国读者的价值。佛教作为一种外来的宗教,佛教艺术中的许多问题,本来就应当放在中外文化交流的角度去思考,而不能仅仅局限于利用国内的考古资料论证问题。

原载《上海文博论丛》,2002 年第 2 期

大黑天与十相自在

——释读梁庄王墓中的藏传佛教文物

2001年四五月间,湖北的考古人员发掘了钟祥市长滩镇的明梁庄王墓。墓内出土了5100余件精致的文物,被称为是"明定陵以后的最大发现"。其中还出土了5件与藏传佛教有关的文物,2件是金质的大黑天造像,3件是镂空的"十相自在"。

大黑天是大日如来降伏恶魔时所呈现的愤怒相,它来源于印度的战神,崇祀它可以增加军威,元代皇室对其崇奉甚谨,明代则也可以见到永乐时期宫廷制作的大黑天像,而民间又将其视为施福之神加以供奉,所以大黑天是一种非常常见的藏传佛教尊像。大黑天有数种造型,梁庄王墓出土的大黑天三眼圆睁,头戴五佛冠,双手位于胸前,左手托骷髅碗,右手持钺刀,两臂间横置一根短棒,双脚踩在被其降伏的恶魔上,身后是火焰形的身光。

"十相自在"藏语中称为"朗久旺丹","自在"可以理解为神力,"十相自在"也就是《时轮经》所记述的命自在、心自在、资具自在、业自在、解自在、受身自在、愿自在、神力自在、智自在和法自在十种神力。在这里由七个梵文字母和日、月等三个图形所代表,并将其组合成一个梵文合体图案,借以象征密宗的本尊和坛场和合为一,用以代表时轮宗的最高教义。因此,这种图案在藏传佛教中随处可见,如清乾隆五十七年(1792年),为实施

"大黑天"(梁柱文:《文物天地》 十相自在(梁柱文:《文物天地》2002年
2002年第1期) 第1期)

灵童转世的"金瓶掣签"制度所颁发的一对金瓶,其腹部就刻有"十相自在"。

梁庄王朱瞻垍的墓中出现藏传佛教的文物并不难以理解。朱瞻垍是明仁宗的第九子,生于永乐九年,《明史》卷一百一十九、列传第七《梁庄王瞻垍传》称:"梁庄王瞻垍,仁宗第九子,永乐二十二年封。宣德初,诏郑、越、襄、荆、淮五王岁给钞五万贯,惟梁倍之。四年就藩安陆,故郢邸也……正统元年言府卑湿……六年薨。无子,封除。"其生活经历了永乐、洪熙、正统、宣德四个时期,而明代的藏传佛教在这四个时期有相当大的发展。正如《元史》中《释老传》所说的那样:"释、老之教,行乎中国也千数百年,而其盛衰,每系乎时君之好恶。"现将这四个皇帝与藏传佛教的关系简述如下:

明成祖朱棣以僧人道衍为谋主,发动夺取皇位的"靖难之变",登基后对佛教有所偏护,对喇嘛教的待遇尤其优渥。朱棣在1403年即位之初,即"遣司礼监少监侯显赍书、币往乌思藏征尚师哈立麻",哈立麻是藏传佛教噶玛噶举黑帽系第五世活佛。

随着萨迦派的逐渐衰落，明代噶玛噶举派凭借其雄厚的寺院实力，成为明中央政府治理西藏不可忽视的政治力量。朱棣说自己还是燕王"居北方时，即闻尚师令名，亟思一晤。今即大位……久怀愿念"，同时也请他为"皇考太皇帝……皇妣高皇后……已薨逝者修成解脱仪轨"。永乐五年二月，哈立麻在南京灵谷寺建普度大斋，为明太祖及皇后荐福，法事进行了十四昼夜。哈立麻在京讲论佛法、广做佛事，又受命去五台山建大斋，为成祖刚故去的皇后荐福。三月，成祖封哈立麻为"万行具足十方最胜圆觉妙智慧善普应佑演教如来大宝法王西天大善自在佛"，领天下释教，明代分封藏传佛教三大教派的领袖为"法王"由此开始。永乐年间（1403—1424），受封的藏族喇嘛就有五王、二法王、二西天佛子、九大灌顶国师、十八灌顶国师。

仁宗在位不足十个月，也像永乐皇帝一样，多次建荐扬大斋，或三昼夜，或七昼夜，"资皇考、妣之福"。永乐时期虽然封授了许多藏僧，但"至者犹即遣还"。明宣宗不仅大量封授藏僧，而且还"久留京师"，满足宣宗修设斋醮、进行佛事活动的需要。这些藏僧在英宗之初已经超过千人，以后又有发展，所以沈德符《万历野获编》卷二十七《释教盛衰》称，自永乐之后，明代中期的皇帝几乎都崇信藏传佛教，"历朝因之不替"，是符合历史事实的。为了佛事活动的需要，宫廷中英华殿设番经厂，"习念西方梵呗经咒"，御用监设佛作制作佛像。宫中供奉着许多藏传佛教的造像，"所供西番佛像皆陈设，近侍司其香火"。朱瞻垍自幼生长在这样的环境中，耳濡目染，受到藏传佛教的影响是很自然的。

梁庄王墓中出土的藏传佛教文物，很有可能来自宫廷，但是，也不能完全排除来自于民间的可能性。密宗并没有随着元朝的覆亡而消退。洪武三年（1370年），朱元璋分天下寺院为禅、讲、教三类，要求僧众分别专业修习，其中教即涉密宗。洪武十六年（1383年），明太祖颁布"瑜伽显、密法式仪式及诸真言密咒"。洪武二十四年（1391年），朱元璋又颁布《申明佛教榜册》，再次申明："显、密之教轨范科仪，务遵洪武十六年颁降格式……敢有违者，罪及首僧及习者。"《申明佛教榜册》中有十项与密教有关，从当中的规定看，密教在明代佛教走向世俗化的过程中扮演了重要的角色。值得引起注意的是，藏传佛教在明代内地密教中的影响。这个问题学术界少有论述，笔者近来在收集上海地区的佛教史料，其中有些材料涉及这个问题，如青浦县的朱家角镇现为全国历史文化名镇，肇始于元代。清代周郁滨撰《珠里小志》，专记朱家角一镇的历史，其中卷六"慈门寺"中记，创建于元代的慈门寺在万历三十九年"赐额'护国明远慈门寺'，并赐乌斯藏大士一尊，经十二部，乃构阁贮之"。此乌斯藏大士即为藏传佛教造像，它曾经被作为慈门寺三宝之一，为慈门寺的隆兴带来过很大的声誉。又，1994年1月在清理上海松江圆应塔的明代地宫时也发现了藏传佛教造像。这些文献与考古材料，为明代藏传佛教在上海地区民间的流传提供了实证材料。现在一些地方出土的藏传佛教造像让我们认识到，藏传佛教对汉地民间的影响，是我们今后研究藏传佛教时应该引起注意的一个问题。

原载《文物天地》，2002年第4期

云冈头像辨伪

云冈石窟依山西大同武州山而建，东西绵延一公里多，现存主要洞窟53个，小龛一千一百多个，造像五万一千多身。石窟开凿于5世纪中期，延续到6世纪20年代。北魏以后，仅唐代和辽代雕造和修补了个别造像。近代以来，云冈石窟失闻。1902年，日本著名学者伊东忠太调查中国古代建筑时，著文介绍云冈石窟，重新引起世人对云冈石窟的关注，但石窟的再次劫难也伴随而来。一千五百多年以来，云冈石窟惨遭盗劫和人为破坏的石像达一千四百余身，盗劫的佛像大部分在1949年前流失国外，国内市场上关于云冈石窟造像的收藏买卖也时有耳闻。在这些佛教造像中，头像占据了其中相当一部分。这是因为采用高浮雕的头像盗凿起来相对容易得多，而且头像也是一尊造像的艺术精华所在。流散在各处的云冈头像，有不少在不同场合展示过，其中不乏精品，但也存在鱼龙混杂的现象。本文结合自己在云冈调查的资料，试对其中的个别头像进行辨伪研究。

总的来说，作伪者加在赝品身上的信息越多，则辨伪越容易。具体到佛教造像而言，如果造像完整无损，而且有发愿文题记，则辨伪相对容易得多。因为作伪者要想达到以假乱真的程度，则必须了解那个时代的语言习惯、书法特点、佛教信仰、雕

图一 仿云冈头像

刻工艺，以及造像的时代风格等方面内容；而要想精通这几个方面的内容，对于一个以赢利为目的的现代石匠来说是十分困难的。不过要想仿制头像则要相对简单得多，这就给我们的鉴定带来了许多困难。但是，只要对真品有深刻的理解，通过对造像类型学的排比和雕造技法的鉴别，头像的辨伪仍是可以做到的。

图一是一个被认为是"具有云冈第二期造像的鲜明特征"的佛头，高18厘米。论者以为"五官部分用直平刀法雕成，貌似简率，实则细部变化多端，表情极为丰富。头部向左倾侧，大耳垂肩，高扬的眉弓加刻阴线，双目微启，鼻翼与嘴角微翘，其愉悦安详的表情显得格外自然亲切"[1]。但是，这个"自然亲切"的佛头，其实与云冈佛陀造像在风格上有

[1] 觉风佛教艺术文化基金会编：《中国古佛雕》，（台湾）《艺术家》1989年，第226页。

明显的差异。云冈二期造像是"云冈石窟乃至北方石窟的中国化"的开始时期，艺术风格受到南朝文化的深刻影响，"一种面相清癯，褒衣博带，眉目开朗，神采飘逸的形象，追求形式严整，强调装饰化的作风"[1]在这一时期出现。它的造像风格正如李泽厚先生所言："热烈激昂的壁画故事陪衬烘托出的，恰恰是异常宁静的主人。北魏的雕塑，从云冈早期的威严到龙门、敦煌，特别是麦积山成熟期的秀骨清像、长脸细颈、衣褶繁复而飘动，那种神情奕奕、飘然自得，似乎去尽人间烟火气的风度，形成了中国雕塑艺术的理想美的高峰。人们把希望、美好、理想都集中寄托在它身上。它是包含各种潜在的精神可能性的神，内容宽泛而不定。它并没有显示出仁爱、慈祥、关怀和淡漠等神情，它所表现的恰好是对世间一切的完全超脱。尽管身体前倾，目光下视，对人世似乎并不关怀或动心；相反，它以对人世现实的轻视和淡漠，以洞察一切的睿智的微笑为特征。"[2]简而言之，北魏佛陀造像追求的是一种婉雅俊逸、超越人间的理想之美，使人"凛凛然若对神明"的艺术效果，而不是与人的亲和。图一中的头像上挑的眉弓，和与之相应的感情变化，带给人的感觉虽然"亲切"，但却是在云冈石窟中佛陀造像没有的风格。

从雕刻手法上来说，同样不难看出此像的破绽。云冈石窟采用直平刀法，这种刀法雕刻出来的造像棱角分明，线条凌厉，给人以斩金削玉之感。如图六中所示，呈窄平行线雕刻的鼻梁、平直的鼻端下部、眉弓与眼球之间斜削的直面等等，都是这种手法在头像雕刻中的具体反映。与之形成对比的是唐代圆刀法雕刻出的头像，给人的是圆润的感觉。与直平刀法相应，云冈石

1 李治国、丁明夷：《云冈石窟的开凿历程》，《中国美术全集·云冈石窟雕刻卷》，文物出版社，1988年，第7页。
2 李泽厚：《美的历程》，文物出版社，1981年，第112页。

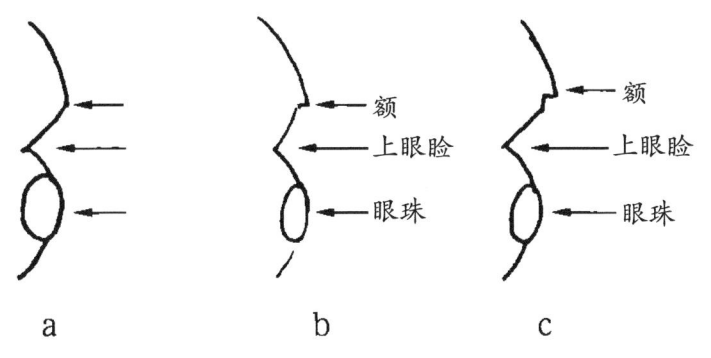

图二 云冈石窟头像眼部处理的三种方法

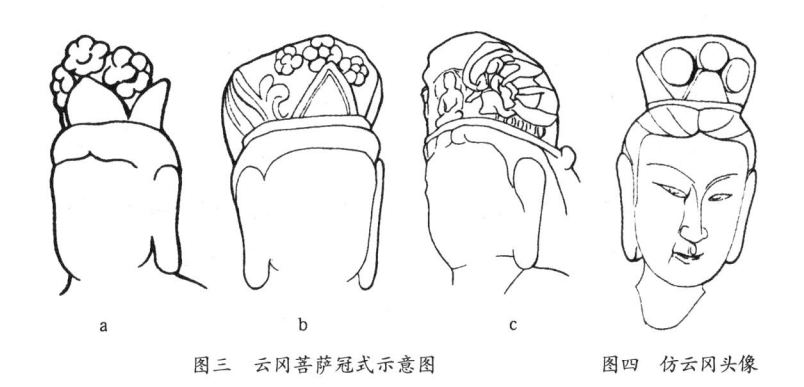

图三 云冈菩萨冠式示意图　　图四 仿云冈头像

窟在表现佛、菩萨的头部时，眉弓的表现有三种手法：第一种额际用平直刀法雕出，眉弓与上眼睑之间亦用平直刀法雕出斜面，用剖面来表现这种关系的话，可以表示为图二 a。第二种方法是从眉弓线开始，向里平直凿进一个直面，余同第一种方法，剖面如图二 b。第三种方法是从眉弓线开始，向里凿进一个平面后，再向下凿出一个平面，其余同第一种方法，剖面如图二 c。不论用哪一种方法表现眉弓，眉弓都呈柔和的曲线，利用光影变化产生的视觉效果清晰地表现眉弓。而如图一中的头像那样，眉弓上加刻阴线的手法，在云冈佛陀头像的雕刻中是不用的。这种表现手法在云冈偶有为之，但不是用来表现佛和菩萨而是弟子，如云冈第 18 窟中的弟子像，表现的是饱经沧桑的迦叶。另外，云冈佛和菩萨的眼睛有睁眼和眯眼两种，小像的睁眼表现为杏眼，而不是图四中的形式，没有弯曲。再者眼睛是心灵的窗口，云冈石窟中不论是哪一种造像，眼睛的刻画都一丝不苟，与图一中左右眼不一致的草率全然不同。

图三是云冈石窟中几种菩萨的冠式，其中以图三 a 表现的由三角饰和团花组成的花蔓冠，和图三 b 表现的由三角饰、忍冬纹和团花组成的花蔓冠最为常见，图三 c 表现的则是云冈石窟中交脚弥勒所常戴的花蔓化佛冠。图四是一个在台湾展出过的"北魏云冈菩萨头"[1]，这件赝品最主要的破绽就出在冠式上。如果说团花以圆饼表示，尚可用没有完成勉强解释的话，其余的两点是根本解释不通的。其一，是团花和三角饰之间的相互关系，一般是团花和三角饰两不相碍，各有完整的表现，如果有互相挤占空间的情况，一律是三角饰挤占团花的一部分位置，如图三中所示，而不是如图四中圆饼覆压三角饰的位置；其二，菩萨戴的是花蔓冠，与束发的表现方式是不同的，花蔓冠基本上与头等宽，图四中的花蔓冠过小，给人的感觉是顶着一件东西，而不是戴着花蔓冠。

图五中的菩萨头像同样是赝品。首先给人感觉不适的是它的鼻梁，虽然也用平直刀法雕出，但呈明显的三角形，而云冈造像中则表现为窄平行线，如图六中所示；其次是上挑的眉弓，同样不符合云冈菩萨像的表现方法。再者，图五表现的是束发，就如同云冈飞天的束发一样，但束发上又出现圆饼形饰，说冠不是冠，说束发不是束发，云冈石窟不见这

[1]（中国台湾）历史博物馆编：《中国古代石雕艺术论集》，（台湾）历史博物馆，1984年，第3页。

图五　仿云冈头像　　　　图六　云冈第五窟上层东侧坐佛

种冠或者束发的式样。另外，发式与耳朵连为一体，如同戴了一个头套，极不自然。正如这件作品在展出说明中所说的那样，"高浮雕的脸偏向一侧，原当位侧壁"，可是为什么云冈"位侧壁"的头像有一侧耳朵不表现，或者只露出一小部分（这是符合透视原理的），而这尊侧面头像的两耳均如此之大呢？

以上三件赝品只是"形似"云冈造像而已，仔细分析起来，都与云冈真正的造像有一定的差距。其实辨别云冈造像的真伪是能够做到的，因为云冈造像具有特定的范围，即云冈现存的造像和20世纪以来大量流失的云冈造像，有的赝品其实仅从石质上就可辨别出是伪作，并非是砂岩就能够冒充云冈石材的。流失的造像虽然一时难以确知其收藏情况，但在以下三部大的著作中基本上能够看到流失前的面貌。这三部著作，第一部是20世纪50年代发表的，由水野清一、长广敏雄合作的十六卷本《云冈石窟》。此书是在抗日战争期间，日本京都帝国大学组织的调查班，对云冈石窟进行了长达八年的调查、测绘、摄影的基础上写成的，是目前为止发表资料最全的一部巨著，书中许多完整的雕像，现在已经是满目疮痍。第二部是大村西崖的《中国美术史·雕塑篇》。此书成于1915年，书中保存了许多云冈石窟没有遭到20世纪大规模盗凿之前的图像，如在水野清一、长广敏雄《云冈石窟》中已经见不到的云冈第一窟中的头像，在此书中却能够见到它们的原貌。第三部是法国人沙畹写于1909—1915年之间的《北中国考古图录》卷二，其中最早发表了一批20世纪初云冈的图像资料。另外，近年文物出版社出版的两本《云冈石窟》和《中国美术全集·云冈石窟雕刻卷》中，发表了许多云冈精品的彩色照片，图像清晰，可资参考。

原载《上海博物馆集刊》，2000年

延兴二年交脚弥勒像献疑

目前，中国古代艺术品在国际上受到越来越多的关注，拍卖成交价格不断创下新高，但其中鱼龙混杂的情况也是有的，许多赝品并不难以辨认，但其中作伪水平较高的一些赝品，在学术性的著述中，和大博物馆的展厅里也不时可以看到，这种状况不但给收藏者带来了巨大的经济损失，也会给学术研究造成混乱。因此，加强这方面的研究实有必要。下文所举的延兴二年交脚弥勒像（图一），为美国收藏家陈哲敬先生旧藏，见于1989年台湾觉风佛教艺术基金会出版的《中国古佛雕：哲敬堂珍藏选辑》中，也见于文物出版社1994年出版的金申先生编著的《中国历代纪年佛像图典》等书中。陈先生的收藏在国内外享有很高的知名度，其中包括后来由中国有关方面出资购回的河南洛阳龙门古阳洞中高树造像龛的主尊头像。但是，其旧藏的这身延兴二年交脚弥勒像，笔者认为是赝品。

关于这尊佛像的形象描述，还是《中国古佛雕：哲敬堂珍藏选辑》书后的图版解说最为详尽，此书除了收录陈先生的收藏之外，书中还收录国内外十几位著名学者的论文，书后对每件造像进行了详细的解说。延兴二年交脚弥勒像在该书中被称为"弥勒造像碑"，图版编号为15、16，其中图版15是造像的正面，图版 16 是造像的背面，现先将书后的解说完整地移录如下，以便问题的讨论：

> 此碑造像正面，采用高浮雕技法，在椭圆形背光前，雕刻一尊佛装的交脚弥勒像。弥勒脸型丰满，两耳垂肩，形象古朴，作欲语又止的抿嘴状；身着通肩大衣，其左右对称的衣褶刻法，明显地保留着犍陀罗艺术的影响。双手施转法轮印，交脚坐于长方形台座上。背光外圈刻火焰纹，然背光内圈及头光内的刻纹已模糊不清。
>
> 碑阴之底座部分，刻有北魏"延兴二年"的发愿题记。火焰纹背光后面，分上中下三栏，浮雕佛传故事与本生故事。上栏雕刻佛传中的树下诞生、独步行吟等场面。中栏雕刻睒子本生故事，画面右方所刻骑马举弓者，为进山射鹿的迦夷国王；画面中央蹲踞在河边持瓶汲水者，即孝子睒子。下栏刻画摩诃萨埵舍身饲虎的故事。此碑碑阴浮雕的故事内容乃至构图情节，和今藏日本藤井有邻馆之北魏太安元年（455年）张永造像碑极为相似，稍异之处在于刻画睒子本生故事，然此碑情节更加简练。
>
> 此碑雕造施法轮印的佛装交脚弥勒，表现了渴望弥勒佛降世的迫切愿望，这种对美好的彼岸世界的向往，正是当时现实社会苦难深重的反映。

解说中提到的今藏日本藤井有邻馆之北魏太安元年（455年）张永造像碑（图二），是北魏文成帝恢复佛法不久，在云冈石窟还没有开凿之前的遗珍，所以很为学术界所重，此像也是砂岩质，高 35.5 厘米，主尊螺发，是单尊造像中所见年代最早的螺发者。主尊着右袒式袈裟，结禅定印，结跏趺坐于四方台座之上，台座两侧各雕一尊护法狮子，台座正面开三个尖拱形小龛，正中雕释迦、多宝并坐，两侧小龛内各雕一身结禅定印的坐佛，小龛两侧各雕两个供养人。圆形头光分内外两重，内重为供养天人，外重为化佛，内外两重之间由凸起的窄棱分界。背光呈大椭圆形，由内而外分别为火焰纹、飞天、千佛和卷草，相互之间也由凸起的窄棱分界。佛像两侧高浮雕两身半跏趺的思惟菩萨。此像的背光后面，分栏浅浮雕舍身饲虎和睒子本生故事。

与张永造像碑风格相似的石造像碑，还有北魏太安三年（457年）宋德兴造的石佛坐像（图三）、皇兴五年（471年）石交脚弥勒像（图四）、延兴二年（472年）张伯□造释迦坐像（图五）、延兴六年（476年）释迦佛坐像（图六）等，金申先生认为："此种样式溯源，仍应推太安元年（455年）张永造像为发端，历经和平年间至太和年间（460—499）而达到顶峰。太和以后，此种刚健雄浑的佛像样式逐渐淡出，而向别的风格转移了。"[1] 所以，我们在研究陈哲敬先生旧藏的延兴二年交脚弥勒像时，有一些可以参考的旁证资料。对比这些资料，陈氏旧藏的延兴二年交脚弥勒像有下面几个方面可疑：

首先，从佛像的头光和背光来说，上述诸例不管头光和背光分几重，重与重之间都用凸起的窄棱加以清晰地分界，即使是砂岩质地的造像。但是，陈氏旧藏的弥勒像也有窄棱加以分界，却不清晰，头光似有两重，内重为莲瓣，从造像的右侧看，似乎有外重头光，但如果有外重头光的话，外重头光就是不完整的，就会被右侧背光中火焰纹内侧的分界窄棱所遮蔽，而且只有主尊的右侧火焰纹内侧有分界窄棱，左侧没有。佛教造像的头光、背光内的纹饰都是有宗教内涵的，刻画起来一丝不苟，即使如金申先生所说这类造像中年代偏晚的太和期造像，如太和十八年

1 金申：《流散海外的北魏早期石佛造像》，《佛教美术丛考》，科学出版社，2004年，第14页。

图一 陈哲敬旧藏"延兴二年交脚弥勒像""弥勒造像碑",北魏延兴二年(472年)砂岩,高41.5公分

图二 北魏太安元年张永造像碑

图三 北魏太安三年宋德兴造石佛坐像

图四 皇兴五年交脚弥勒石像

图五　延兴二年张伯□造释迦坐像

图六　延兴六年释迦佛坐像　　图七　太和十八年尹受国造石佛坐像

（494年）尹受国造石佛坐像，头光、背光每一重之间的分割都是十分明显的（图七）。假如说陈氏旧藏的这身弥勒像的这点疑问用"背光外圈刻火焰纹，然背光内圈及头光内的刻纹已模糊不清"来加以解释的话，那么，背光右侧尚能辨析的一些类似花朵的纹饰，就实属莫名其妙了（图八）。

其次，这个时期的造像，肉髻的做法有螺髻、磨光和肉髻上饰浅水波状纹等，在肉髻与内圈头光的比例上，最内一圈头光应高于或略高于肉髻，然而陈氏旧藏的这身弥勒像的肉髻上出现类似于用方巾束发后出现的纹饰，且肉髻高过内圈头光许多，在肉髻的细部处理上也有疑问之处。

另外一处明显的作伪之处，是其雕刻技法。这种类型的造像，在衣纹的刻画上非常有特点，都是在扁圆状隆起的衣纹上加刻细线，这种衣纹的样式曾经广泛流行于中亚和我国西北、华北地区，这种特点不仅在石像上如此，在塑像和金铜佛像上表现得同样如此。笔者曾经近距离仔细观察过陈氏旧藏的这身弥勒像，其衣纹刻画明显没有这种特点。

对于佛像的服装而言，由于古今穿着方式的变化，有些造像服装的具体穿法，现在已经成为学者研究的课题，所以，一般的作伪者在佛像着装的刻画上也经常露出马脚。陈氏旧藏的延兴二年像除了刀法不对，在腿部以下衣纹的刻划上也有明显的破绽，对比一下真品，就知道是作伪者不知道该怎样加以表现这部分衣纹了。真品的衣纹刻划，再复杂其衣纹走向也交代得很清楚，而陈氏旧藏的延兴二年像既交代不清楚顺右腕而下的衣纹到右足后的走向，在两膝下垂下的带状衣纹更是没有来历。对比一下同是交脚弥勒，年代又和陈氏旧藏的交脚弥勒年代仅差一年的陕西省博物馆藏皇兴五年（471年）石交脚弥勒像，就可以明显看出陈氏旧藏的交脚弥勒像在上述诸处的破绽。

图八　陈哲敬旧藏延兴二年交脚弥勒像线图

陈氏旧藏交脚弥勒像的台座刻划也不对。古人是怀着虔诚的供养心情去雕刻佛像的，除了雕造上的认真之外，造像碑的空间利用上也是不会浪费的，所以真品的台座上都刻划有供养人、各种护法等形象，就如同陕西省博物馆藏皇兴五年石交脚弥勒像一样。陈氏旧藏的交脚弥勒像也坐于双层台座上，但台座上既没有供养和护法形象，下层台座又明显较薄，没有留出足够的空间刻划其他内容，这是作伪者不熟悉宗教造像的内涵所造成的。

从笔者所看过的一些佛教造像上看，由于现在信仰佛教的人群已经较中古时期大为减少，信仰程度也明显减弱，现在从事佛像雕刻的人，多只是靠一门手艺作为谋生的手段，本身并不信仰佛教，因此，一个以赢利为目的的现代石匠要熟悉仿制品那个时代的语言习惯、书法特点、佛教信仰、雕刻工艺，以及造像的时代风格等方面的内容是很困难的，相对于书法、陶瓷、玉器这几个古今绘制和制作工艺传承不断的门类来说，佛教造像的辨伪尚不是最困难的，以上所论述的陈氏旧藏交脚弥勒像，其仿造水平也并不是很高，但还是逃过了不少专家学者的眼睛。由此可见，我们从事艺术史研究的人，不能再躲在象牙塔中，以我们只研究真品为由，对各种艺术品的真伪鉴定采取漠然的态度，更何况现在的有些"发掘"品中也还有假的呢！

原载《艺术史研究》(第 8 辑)，中山大学出版社，2006 年

武林旧事

上有天堂，下有苏杭。

杭州曾经被评为中国当代十大宜居城市，而杭州成为人们心目中的理想城市，实际上早在宋朝就已经开始了。除了有旖旎的自然风光之外，唐宋以来中国经济重心的南移，使得杭州附近得到持续开发。南宋迁都杭州之后，杭州遂成为人人向往的首善之区。

杭州有山水之胜。宋元之间的周密在其所著《癸辛杂识》中描写杭州"青山四围，中涵绿水，金碧楼台相间，全似着色山水。独东偏无山，乃有鳞鳞万瓦，屋宇充满，此天生地设好处也"。将杭州比喻成了一幅着色的山水长卷。

杭州旧称武林，因周围有武林山而得名。它东有钱塘江大潮之壮美，西有西湖景色之婀娜。钱塘观潮被称为"绝景"，关于钱塘江大潮的描述很多，其中公认为千古绝唱的，是潘阆的《酒泉子·长忆观潮》：

长忆观潮，满郭人争江上望。
来疑沧海尽成空，万面鼓声中。
弄潮儿向涛头立，手把红旗旗不湿。

别来几向梦中看,梦觉尚心寒。

只是大潮并非日日可睹,而西湖却时时可观,杭州之精华,尽在此一湖。唐朝著名的诗人白居易在唐穆宗李恒长庆二年(822年)七月任杭州刺史,至长庆四年五月底离任。他在卸杭州刺史任之前夕写的《春题湖上》满怀留恋地说:"未能抛得杭州去,一半勾留是此湖。"大文豪苏轼认为"西湖如人之眉目",因此力主疏浚西湖,至今仍有苏堤春晓可供人凭吊。他的《饮湖上初晴后雨》,更是把人带进了画境:

水光潋滟晴方好,山色空蒙雨亦奇。
欲把西湖比西子,淡妆浓抹总相宜。

对于杭州城的居民来说,西湖是一个天造地设的游玩之地。"大抵杭州胜景,全在西湖,他郡无此,更兼仲春景色明媚,花事方殷,正是公子王孙,五陵年少,赏心乐事之时,讵宜虚度?至如贫者,亦解质借兑,带妻挟子,竟日嬉游,不醉不归。此邦风俗,从古而然,至今亦不改也。"对于日常百姓来说,西湖更是与他们的生活休戚相关的,它是杭州"不下数十万户,百十万口"的居民饮用水的主要来源,所以,杭州人对西湖珍爱有加,往湖中倾倒垃圾、种植菱角荷花之类都在明文禁止之列。

杭州人的物质生活是丰富的,这种丰富很大程度上依赖于它周边富庶的腹地。当时的民谚说"东门菜,西门水,南门柴,北门米",就说明了当时城市须由外部供应生活资料的主要内容,其中尤以粮食为重要。正所谓:"京,大也。师,众也。大众所聚,故谓之京师。有食则京师可立。"杭州的另一个民间谚语说"杭州人一日吃三十丈木头",这是说舂米需要消耗棒槌,"以三十万家为准，大约每十家日吃榾柮一分，合而计之，则三十丈矣"。积少成多，杭州每天供应的粮食，需要消耗的棒槌居然要有三十丈之多！可见粮食的消耗量之大。杭州像帝国的心脏一样，将全国各地的财富，源源不断地通过陆路和水路这些帝国的动脉系统，吸收到都城来，满足杭州庞大的消费需求。

杭州人的食物充足而且花样翻新，他们的许多饮食南北交融，也明显受到北宋东京的影响，这是因为随北宋皇室南迁的大量人群，就来自汴京。《梦粱录》卷十六记："汴京熟食店，张挂名画，所以勾引观者，留连食客。今杭城茶肆亦如之，插四时花，挂名人画，装点店面。"这些描述，使我们如临其境，如见其景。这些通宵达旦的各种饮食店和茶馆，为来到这座城市的人提供了品尝全国美味佳肴的机会，宋代吴自牧在《梦粱录》中写道："杭城大街，买卖昼夜不绝，夜交三四鼓，游人始稀；五鼓钟鸣，卖早市者又开店矣。"这些店家的竞争也很激烈，分工也日趋细化，只要你提出要求，就有被称为"四司六局"、业务娴熟的一条龙服务机构，"省主者之劳也"，假如你想"就名园异馆、寺观亭台，或湖舫会宾，但指挥局分，立可办集，皆能如仪"。

不过古籍中描绘的这种富足，在今天需要客观地去看待。《梦粱录》《武林旧事》等描绘杭州的文献中，各种各样的饮食占据了相当的篇幅。温饱问题是长期萦绕在中国古人心中的大事。农耕民族在古代只能靠天吃饭，翻开二十四史，各地灾荒和饥馑的年代几乎没有间断过，"人生在世，吃喝二字"和"饮食男女"等词汇，就是农耕时代缺吃少穿留给我们先民潜意识里的记忆。而"吃了吗"成为相互见面时的寒暄，沿用至今。

杭州人的精神享受是多样的。杭州之大，举世无双。马可·波罗写道，"一个人可以在那里寻找到这么多的乐子，简直恍若步入天堂"。吴自牧《梦粱录》中《观潮》一节，记临安风俗："四时奢侈，赏玩殆无虚日。西有湖光可爱，东有江潮堪观，皆绝景也。"西湖自然是游乐的最佳，"西湖天下景，朝昏晴雨，四序总宜，杭人亦无时不游"，娱乐活动四季不断，"都人凡缔姻、赛社、会亲、送葬、经会、献神，仕宦恩赏之经营，禁省台府之嘱托，贵珰要地，大贾豪民，买笑千金，呼卢百万，以至痴儿呆子，密约幽期，无不在焉"。

两宋时期是中国古代经济发展的高峰，一个重要的特征就是城市的增长、商品经济的活跃和市民作为一个阶层的兴起。这些变化是深刻的，它必然会产生一种与之相应的市民文化。当时的市民文化娱乐活动有固定的场所，被称为瓦子，游人看客来往其中，川流不息。这些人来时如瓦合，去时如同瓦解，易聚易散，故称瓦子。见于文献的，北宋开封的瓦子有十座，南宋临安的瓦子有二十多座。都城以外，不少城市也有瓦舍，例如建康府的新瓦，明州的新旧瓦子。每座瓦子中都有勾栏，少者一两座，多者十余座。如开封中瓦、里瓦共有勾栏五十多座，南宋临安北瓦有勾栏十三座。勾栏又叫勾肆，原意为栏杆，是在瓦子里搭建的演出场所。勾栏的规模大小不一，大的如开封中瓦的莲花棚、牡丹棚，里瓦的夜叉棚、象棚可容纳数千人之多。宋代城市的文化娱乐普遍出现了商业化、专业化、世俗化和大众化的趋势，《西湖老人繁胜录》说"京都四百四十行"的商民，都可能到瓦子里去寻欢找乐。

这种物质上的丰富，精神上的享受，在当时人的眼里已经到了奢侈的地步。《梦粱录》记载："杭人侈甚，百端呼索取覆，或热、或冷、或温、或绝冷，精浇熬烧，呼随意索唤。"时人把西湖称为"销金锅"，周密《武林旧事》说："西湖天下景，朝昏晴雨，四序总宜，杭人亦无时而不游，而春游特盛焉。……日糜金钱，靡有纪极，故杭谚有'销金锅儿'之号。"

杭州的这种情况，颇可与北宋的东京相媲美。宋代留下了一书一画，可以让我们千载之下，追忆东京繁盛。这一书，就是孟元老的《东京梦华录》，在这本书的自序中，作者写道："正当辇毂之下，太平日久，人物繁阜。垂髫之童，但习鼓舞，斑白之老，不识干戈。时节相次，各有观赏：灯宵月夕，雪际花时，乞巧登高，教池游苑。举目则青楼画阁，绣户珠帘。雕车竞驻于天街，宝马争驰于御路，金翠耀目，罗绮飘香。新声巧笑于柳陌花衢，按管调弦于茶坊酒肆。八荒争凑，万国咸通，集四海之珍奇，皆归市易，会寰区之异味，悉在庖厨。花光满路，何限春游？箫鼓喧空，几家夜宴，伎巧则惊人耳目，侈奢则长人精神。"可惜好景不长，北宋都城的繁华，留下了一本《东京梦华录》，南宋都城的富庶，留下了一本《梦粱录》，难道真的是繁华总如昨夜一梦，富贵终是天上浮云？

杭州有一套比较系统的城市管理措施，这可以集中反映在城市消防和卫生安全方面。由于中国古代的房屋建筑是以木构架为主的，加上城市人口的密集，火灾成了城市公共管理的一大难题。据学者的估算，到南宋咸淳年间，杭州人口密度甚至可能达到3万人/平方公里，比现在的杭州还要高出许多。"临安城郭广阔，户口繁夥，民居屋宇高森，接栋连檐，寸尺无空，巷陌壅塞，街道狭小，不堪其行，多为风烛之患。"临安府在南宋王朝建都的150多年间，火灾频频，火烧得人不得不迷信起来，人们把1132—1133年间火灾频繁归咎于南宋的第一个年号"建炎"。嘉泰四年（1204年）三月的一把熊熊烈焰，连宫殿、太庙都无法幸免，当时的人哀叹："呜呼！自生民以来，未尝见有此一火！"1231年4月9日，一场大火"所烧逾万家"，损失惨重。为了有效预防火灾，官方规定了严格的防火措施，城市里每隔二百余步，还设置了防火队，配备了消防器材。"官府坊巷，近二百余步，置一军巡铺，以兵卒三五人为一铺，遇夜巡警地方盗贼烟火，或有闹吵不律公事投铺，即与经厢察觉，解州陈讼。"

公共卫生也是能体现城市管理水平的一个主要指标。两宋都城的卫生清洁是闻名于世的，有所谓"花光满路"之誉。临安每天都有专人收集粪便，这些人被称为"倾脚头"。"街巷小民之家，多无坑厕，只用马桶，每日自有出粪人溉去。"这些"倾脚头"已具有了行业的性质，他们"各有主顾，不敢侵夺，或有侵夺，粪主必与之争"，甚者到官府诉讼。

城市有让我们生活更加美好的一面，但是，这种美好也是需要我们付出巨大的努力甚至代价的。盛唐隆宋，作为两个辉煌的时代，唐和宋都留在了我们后人深刻的记忆里，海外的唐人街，近些年悄然兴起的唐装，似乎都在提醒我们唐朝对后代的影响。事实上唐宋之际中国社会发生了重大的变革，传统文化影响到我们今天的方方面面，有许多都是宋朝开始的。大翻译家严复就说过，中国之所以成为现在这个样子，是好是坏姑且不论，但是这种状况十之八九是宋人所造就的，是毋庸多说的事实。宋代的商品经济和城市发展，也和唐朝有很大不同。城市的发展使得来自各地的人口在某一特定地区的高密度聚集，而这些脱离了土地的人群在物资供应、居住环境、卫生防疫、公共安全等方面，带来了以前城市所没有的新问题。

隋唐长安城内还有不少的空地，南面甚至还可以种地。但是，宋朝的都城内人口密度远远超过唐朝都城，史称"甲第星罗，比屋鳞次，坊无广巷，市不通骑"。绍兴十三年（1143年）十一月，宋高宗行祭天之礼，由于临安街道过狭，不得不废弃旧制，从皇宫到太庙不乘辂，"权以辇代之"。南宋驻跸临安后，城区快速扩张。北宋时，城中后洋街，"四隅皆空迥，人迹不到"；"宝莲山、吴山、万松岭，林木茂密，何尝有人居"。到了南宋，这些地方"屋宇连接"。丰乐桥以北的橘园亭，金井亭桥之南的俞家园，原先都是农田的地方，到后来民居"如蜂房蚁垤，盖为房廊，屋巷陌极难认，盖其错杂，与棋局相类也"。

由于寸土寸金，京城的地价很高，以至于许多官员都不得不租房居住在开封，"自来政府臣僚在京僦官私舍宇居止，比比皆是"，"百官都无屋住，虽宰执亦是赁屋"。欧阳修就有诗："嗟我来京师，庇身无弊庐。闲坊僦古屋，卑陋杂里间。"因此王禹偁（954—1001）说："重城之中，双阙之下，尺地寸土，与金同价，其来旧矣。""非勋戚世家，居无隙地。"宋真宗时有个十分得宠的宰相叫李沆，他的住宅院落的面积也不大，"厅事前仅容旋马"。这种情况到了北宋后期越发严重，宣和二年（1120年）十月二十八日，御史中丞翁彦国上奏说："今太平岁久，京师户口日滋，栋宇密接，略无容隙。纵及价钱，何处买地？"就是说到了北宋后期，在京城里你即使有钱，也无地可买，有些人因此不得不移居畿县，"于是有出居王畿，挂户县籍，兴产树业，出赋供役者矣"。而南宋杭州的人口密度又在北宋东京之上。

生产能力有限、物资供应不足、物价昂贵、城市居民生活成本过高等等，都给宋代城市的发展带来了困扰。前面所引"东门菜，西门水，南门柴，北门米"，"南门柴"是因为临安的薪材是取自西南山区严州、富阳等处，这些薪柴沿富春江顺流而下，从南门入城。都城大量的燃料需求，对周围地区森林资源造成了较大压力，以至于坟地上的松柏都被砍伐殆尽。前面提到的火灾在其他地方城市中也普遍存在，究其原因，和宋代城市中人口的密集有直接关系。宋代的"城市病"不止上面提到的那些，在天子脚下，公共卫生得到政府的关注（并非中国古代都城的公共卫生都得到了应有的重视），在地方城市中，官府无力承担公共事业的支出，就会引发城市的其他问题，比如南宋人已经意识到城市给排水系统不佳是造成传染病的重要原因，"今沟渠不通，致病之一源也"。有些城市的"偏街曲巷"，行人必须掩鼻疾趋，躲避刺鼻的臭气，其情况之严重，甚至"城郭富家往往徙去"。

提到南宋的杭州，有一首诗是不得不提的，那就是林升的《题临安邸》：

山外青山楼外楼，西湖歌舞几时休？
暖风熏得游人醉，直把杭州作汴州。

南宋驻跸杭州之后，将这里改称临安，又称行在，以示不忘中原根本，意欲再图恢复昔日旧土。在南宋立国的头几十年中，亡国之痛，复国之志，确实也催生了大量的遗民文化，如周煇《清波别志》中云："绍兴初，故老闲坐，必谈京师风物，且喜歌曹元宠'甚时得归京里去'十小阕，听之感慨有流涕者。"《枫窗小牍》中感时伤物地描写鸡冠花："汴中谓之洗手花。中元节前，儿童卖唱，以供祖先。今来山中，此花满庭，有高及丈余者。每遥念坟墓，涕泣潸然，乃知杜少陵'感时花溅泪'非虚语也。"在这种遗民文化的浸染下，也出现了岳飞等精忠报国的慷慨之士，但是，这种情结，"五六十年后，更无人说著"。人是记忆的动物，历史就是人类的记忆，可是，人似乎又是很健忘的动物，更何况有的时候，我们在有意地选择遗忘。在"移民忍死望恢复"的企盼里，在"东南妩媚，雌了男儿"的扼腕中，有多少像辛弃疾、陈人杰、陆游、文天祥之类的志士仁人，蹉跎了岁月，流逝了韶华！

天宝荔枝道与驿站系统

长安回望绣成堆，山顶千门次第开。

一骑红尘妃子笑，无人知是荔枝来。

晚唐杜牧的这首《过华清宫》绝句，是诗人去都城长安，路过骊山华清宫时，有感于唐玄宗、杨贵妃荒淫误国而作。华清宫曾是唐玄宗与杨贵妃纸醉金迷的游乐之所，据史书记载，杨贵妃酷爱食荔枝，朝廷动用驿站传送，无数匹快马轮番飞奔，荔枝送到京师时，仍能保持鲜嫩，但因此致差官累死、驿马倒毙于驿路。诗中截取了这一史实，抨击了封建统治者的骄奢和昏庸。但是，诗人并没有说荔枝自何处运来，史书也没有确指荔枝的产地。所以，杨贵妃爱吃的荔枝产自何处，竟然成为一段历史的公案。

一、杨贵妃爱吃的荔枝产自何处？

本来，唐代荔枝驿贡之地，有岭南（约指今广东、广西等地）和涪州（今重庆涪陵）两说。有趣的是，唐人多说出自岭南，北宋中叶之后，人则多云出自涪州。两说各执一词，各有所据。唐宰相张九龄是岭南人，写有《荔枝赋序》，序中说："南海郡出荔枝焉，每至季夏，其实乃熟……味特甘滋。"南海荔枝既然"味特甘滋"，杨贵妃又酷爱荔枝，张九龄以宰相之尊，极力宣扬，玄宗必然不惜民力，诏岭南特供。而且历史上南海郡献荔枝，并不始于杨贵妃，《后汉书·和帝纪》记载，汉元兴元年，"旧南海献龙眼荔枝，十里一置，五里一堠，奔腾险阻，死者继路"。杜甫《病橘诗》中写有此事："忆昔南海使，奔腾献荔枝。白马死山谷，到今耆旧悲。"

但是，荔枝成熟于夏天，"每至季夏，其实乃熟"，唐《国史补》云，荔枝"经宿（隔夜）则坏"，因此运输中保鲜成为大问题。白居易曾经任忠州（今重庆忠县）刺史，他在《荔枝图序》中说："荔枝生巴峡间……夏熟……如离本枝，一日而色变，二日而香变，三日而味变，四五日外色香味尽去矣。"岭南去长安愈四千里，多或五千里，唐代传驿，"诏书日行五百里"，已经接近马匹速度的极限（这里并非指一匹马的日行里程，而是指多匹驿马轮换奔跑之总程），如果荔枝来自数千里外的岭南，即使驿马日夜兼程，也无法保持其新鲜。

荔枝到长安而色香味不变，使得有学者认为是由涪州飞驿到京。况且在唐朝，涪州所产荔枝品质绝不逊于岭南。宋朝大书法家蔡襄在《荔枝谱》中说：荔枝品质"闽中第一，蜀川次之，岭南最下"。杨贵妃高祖为金州刺史，父为蜀州司户，妃又早孤，唐《国史补》谓其"生于蜀，好食荔枝"，则她自幼所爱食的荔枝应该是蜀地所产。蔡襄《荔枝谱》中也直言："唐天宝，妃子尤爱嗜涪州，岁命驿致。"南宋诗人范成大曾经在四川做官，他所著《吴船录》卷下"涪州"条中，记："自眉嘉至此，皆产荔枝。唐以涪州任贡，有妃子园。"

二、涪州才是荔枝驿贡之地

岭南、涪州两地距长安贡道里数差距甚大，人文地理研究者严耕望认为，唐朝记述杨贵妃所喜荔枝来自岭南，也许是由于唐人怪罪于杨贵妃，所以故意指认偏远之地，其实涪州才可能是杨贵妃所食荔枝之乡。文献记载从涪陵到达县，驿马可取西乡县，入子午谷至长安，三日即可到达，荔枝也能够保鲜。因此，这是一条最为可能而合理的荔枝运输线。就在今天，自重庆涪陵经长寿北上垫江，再至梁平，又北至开江及达县东北之宣汉，再北至西乡，又东北至子午岭，仍有一条高等级公路相联系。严耕望认为，此路应该就是循当年唐代荔枝故道而行，他因此称之为可能的"天宝（唐玄宗年号）荔枝道"。

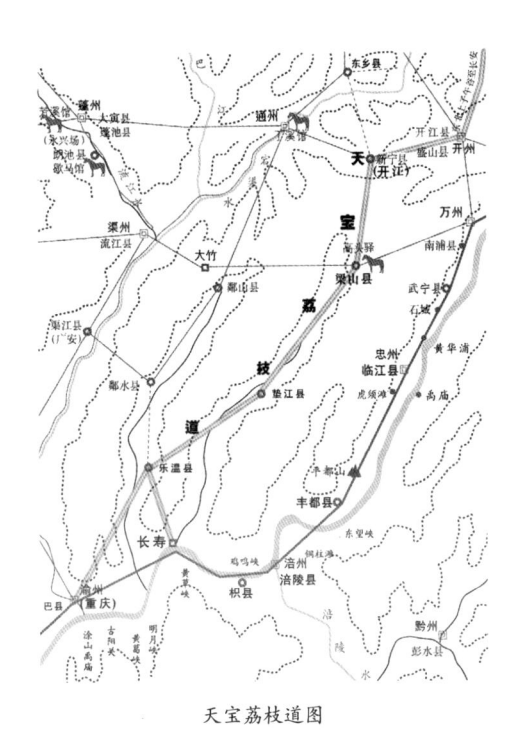

天宝荔枝道图

唐长安周围驿站示意图

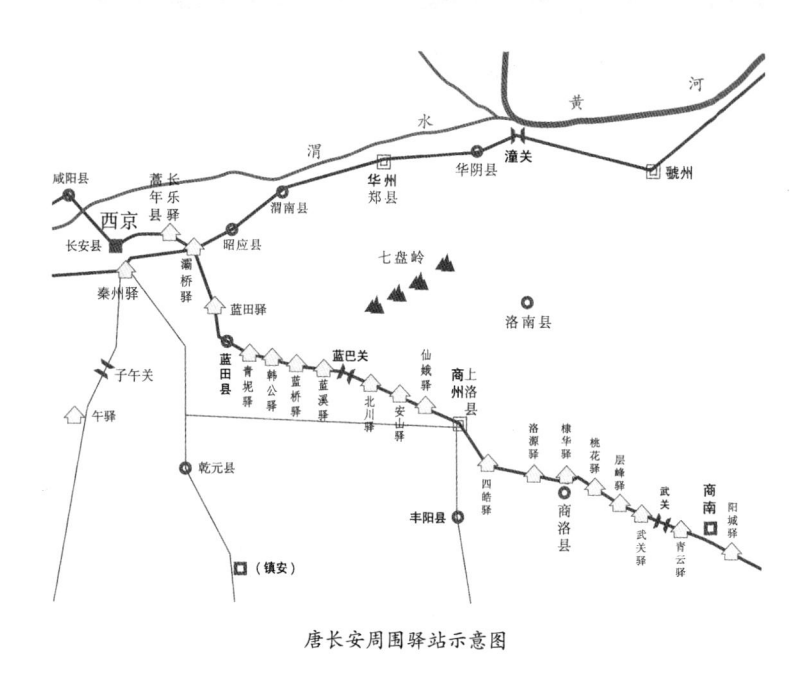

三、唐朝驿站系统发达完备

不管杨贵妃所食荔枝是从哪条路线传送，都说明当时驿站交通体系之发达完备。作为常态的交通系统，驿站组成全国性的交通运输网路。谢成侠在《中国养马史》中说："古代的大陆交通，主要是靠的驿站组织，它的重要性好比今日的铁道交通。但是驿运的发展，首先要靠养马，亦可说是马政建设进一步对国防经济上的发展。"所以汉朝的马援说："马者，甲兵之本，国之大用。安宁则以别尊卑之序，有变则以济远近之难。"而蒙古人认为，一个蒙古人丢掉了马，还能有什么作为呢？这些论述也都说明了马与交通之间的关系。

中国驿传的起源很早，在秦朝的时候，就已经初步建立起全国性的驿站系统。《前汉书·贾山传》记秦"驰道于天下，东穷燕齐，南极吴楚，江湖之上，滨海之观，毕至，道广五十步"。谢成侠认为："秦始皇时代的驰道，也就是当时的驿道。"所以，驿站之驿，驰道之驰，都从马字偏旁。其职统于太尉之下的法曹，而法曹也就是后来驾部（执掌朝廷御辇、御马、车乘、邮驿的部门）的前身。每驿的距离，在汉代也大致确定了，如《续后汉书·舆服志》即记："驿马三十里一置。"

虽然元代驿站很有名，但唐朝的驿站体系，在中国历史上最为先进和发达。全国有驿站1639所之多，其中水驿260所，水陆兼备的69所。每三十里置一驿。视驿站的重要程度核定马匹的数量，从8匹到75匹不等。每驿置驿长一人，马每三匹有一人看管，每驿马给地四顷。

驿站在沟通中外交通方面起到很大的作用。如唐太宗时铁勒十一部来降，《新唐书·回纥传》有云："请于回纥、突厥部治大涂，号参天至尊道，世为唐臣。"为了便于与这些唐臣沟通，唐太宗下诏在从今河套到外蒙古设置了68所驿站，"具群马肉湩，待宾客"。驿站在联系内地交通方面发挥了重要的功能，唐人诗歌中多有吟咏。如白居易诗"从陕至东京，山低路渐平；风光四百里，车马十三程"；韩愈诗"衔命山东抚乱师，日驰三百自嫌迟"；岑参诗"一驿过一驿，驿骑如星流；平明发咸阳，暮及陇山头"等等。

四、元朝的驿站系统

蒙古人早在元朝建立之前，就建立起驿站网路。窝阔台自诩，他自从继承了大位之后，做了四件大事，其中就包括建立了站赤。与唐代的驿站相比，元代的驿站分布地域随着蒙古征战的步伐而扩展，建立起沟通欧亚大陆的庞大交通系统，联系的范围更加广大。驿站作为元朝廷联系各辖地的网路，对于维护其统治具有重大的作用。窝阔台即位就下令在全境构筑驿站系统。《史集》记载:"从契丹国到该城(指都城和林,在今外蒙古),除伯颜站以外,还设有一些站,被称为纳邻站。每隔五程就有一站,共三十七站。在每一驿程上,置一千户,以守卫那些站。他建立制度,让每天有五百辆载着食物和饮料的大车从各方到达该处(和林),将其储于仓中,以便取用。"

忽必烈即位之后,循用旧制,在北方创建驿站,灭掉南宋之后,也在江南普遍设立驿站,并在至元二年(1265年)颁行了《立站赤条例》,同时大修各地驰道。元朝全国总计约设驿站1500处以上,构成一个以大都(今北京)为中心,联系欧亚大陆的交通网。驿站的主要任务是"通达边情,宣布号令",供应来往使臣的生活所需和交通工具,同时运送进纳的物资。

金、元时期的驿站,还有一种急递铺的组织形式,这是为了传达紧急文书而设置的。急递铺是在金章宗泰和六年(1206年)初置,要求驿马日行三百里,但平日非军事和河防要事不得使用。忽必烈循用了这种制度,每铺置铺丁(驿手)五人,铺丁腰系悬铃,持枪携雨衣赍文书疾行,沿途的车马行人,听到铃声须立即避让,下一个站的铺丁听到铃声立即整装待发,如此日夜相继,规定日行四百里,比宋金时期还要快些。这是一种非常态的运送方式,只有在遇到军国大事的时候才使用。当年唐玄宗为杨贵妃飞驿荔枝,应该是这种急递铺驿送形式之滥觞。

但是,元朝驿站充分发挥作用的时间有限,这是因为元朝驿站的站户单独列籍,世代相承,不得改易。驿传站户的负担轻重不同,但普遍来说是比较沉重的,所以驿户多有逃匿。百姓亦不敢在有驿站的大道附近居住,生怕供役。从古及今,普遍的倾向,都是希望住得离交通线近些,方便出行。元朝时,人们却往往不敢选择大道边居住,这种怪现象本身,即预示驿站系统的运作存在严重的缺陷。当时文献上，也有很多驿站遭受侵扰的记载。比如陕西驿道上，有西蕃喇嘛常年络绎于途，传舍往往不能容纳，只能假馆于民，骚扰百姓，搞得民不聊生，怨声载道。甘肃行省在大德七年（1303年）勘察的结果是，"六十年前立站之时，拨户三百四十八。即今当役者，止存一百七十六"。随着站户破产流亡，驿站制度也日趋废弛。

所以，有的学者盛赞元朝的驿站系统，而谢成侠却认为，中国的驿站制度在唐代高度发展，可是宋代以迄清末逐渐衰颓，并引《日知录》说："古人置驿之多，故行远而马不弊。后人（按指宋、元、明）每以节费之说，历次裁并，至七八十里而一驿，马倒官逃，职此之故。"

原载《马的中国历史》，香港商务印书馆，2008年

马车是西方传入的吗？

马与交通之间发生密切联系的工具是马车。

马车曾经在古人的生活中占有重要的地位，古代留下的习语中有许多与马车相关的内容，如南辕北辙、驷马难追等等。近代开埠之后，从西方引进西式的马车。在机动交通工具问世之前，约半个世纪西式马车是上海等租界城市主要的交通工具。现在常称街道为"马路"，马路开始时是专指西方人用于跑马而修筑的新式道路，后来则泛指通行马车的街道，由此可知马车在近代交通中的重要作用。

关于马车的起源，是一个涉及世界文化交流与传播的话题。

有学者认为，车最早出现于公元前4000年的两河流域以及中欧与东欧，其基本形式为四轮、独辕，车轮实心。进入公元前2000年，欧洲与西亚都出现了双轮马车。而中国发现明确的驯马资料，要迟至商代晚期。考古学者将安阳殷墟遗址分为四期，目前发现最早的车子属殷墟二期，因此，中国不论驯马的资料还是马车的考古材料，都晚于西方。另外，西亚及中亚地区发现的古代两轮马车，时间也都要比殷代的马车早。所以中国的马车是从西方传入的，是古代中国吸收外来先进文化的一个实例。

一、商代早期已使用双轮车

但也有学者主张，马车是中国本土发明的，因为虽然殷墟目前发现最早的车子属殷墟二期，但殷墟一期甲骨文里就已经有了象形的"车"字，而一种实物的出现到该实物象形文字的产生，应该有一个较长的过程。另外，在早于殷墟的郑州商城和偃师商城中，已经发现有商代早期车马的遗迹。如1996年在河南偃师商城东北隅，考古人员发现了城内两道与城墙并行的车辙印痕，显示车之轨距为1.2米。有辙必有车，这一遗迹的发现表明，商代早期已有两轮车。同时，郑州、偃师商代早期遗址中陆续发现的车、车辙、铜泡等遗迹遗物，显然更与车、马有关。这就传递出一条重要的历史资讯：商代早期已经使用了双轮车，而且很可能已有了马拉的车。

车是借轮、轴之转动功能，牲畜（或人）之曳力，以代人力，用以负重致远。中国先秦文献中有许多马车发明者的记载，《易·系辞》曰"黄帝作车"；《墨子》《荀子》《吕氏春秋》皆云

陕西西安秦始皇陵出土二号铜车马（安车）
陕西西安秦始皇陵出土一号铜车马（战车，高车）

"奚仲作车"。《左传》称奚仲还做过夏王朝的车正。《管子·形势解》中对奚仲所作的车叙述甚详，这些文献应该不是空穴来风。而且在先秦文献中凡提到车子时，往往都和马联系在一起，因此，中国的马车应有自己独立的起源。

二、中国马车的特点

两说各有依据，但中国的马车自有考古资料开始，就可以看出有自身的特点。包括：

置于车轴中间干栏式的车舆。

多辐条的车轮：中国商周时期车轮上的辐条远较西方车轮上多。

轭式系驾：用以驾双马的轭套在马的肩部，这一部分也是马负重的最佳着力点，轭与带加上连系马络头的缰绳，既将马与车子紧密地联系在一起，又给马以行走的宽松条件，利于马拖曳和奔跑。这与地中海地区的早期马车的"颈带式系驾法"（驾车之马用颈带系在轭上，轭连衡，衡连轴，马通过颈带负衡拽轴而前）有相当的区别，其功能显然优于后者。

商代的车子都是采用两马架辕的独辕车，车轮的辐条在18根左右（地中海沿岸的车轮普遍少于十根），车厢平面为长方形，

单辕车　　　　　　双辕车

面积较小，通常可以站立两三人。这种独辀车在其后的一千多年间虽然有所改进，比如改直辀为曲辀，直衡为曲衡，辐条进一步增多，装车盖，四马甚至六马驾车等等，但总体结构没有突破商代独辀车的框架。西周到春秋战国时期是独辀车的鼎盛时期，从出土车辆上的金属构件，可以想见当时车辆的奢华。这样的车辆制造，要经过几十道工序才能完成。

《周礼·考工记》记录了制造车辆的"车人"的详细分工，一车之成，凝聚了木工、金工、皮革工、漆工等许多匠人的才智，所以说"一器而工聚焉者，车为多"。这样的车辆，是很适合用来显示身份的。汉代的制度还规定：商人"不得乘马车"。所以大小贵族死后，都是随葬车马，而不随葬牛车。汉初，由于马匹奇缺，所以即使贵为皇帝，也找不到统一颜色的数匹马匹驾车，而"将相或乘牛车"被《汉书》当成了一件相当奇怪的事情记载下来，就是因为当时的社会崇尚马车，以马车明尊卑。

先秦时期，马车分为两种类型，即立乘用的战车和坐乘用的安车。秦始皇陵西侧的车马坑中出土了两辆彩绘铜车，其中一辆上标有"安车第一"四个字，使我们第一次了解到安车的车制。与立乘的"高车"相比，两者最大的区别在于车舆。

先秦时期曾经流行车战，国力经常以"千乘之国""万乘之君"来衡量。随着兼并战争的扩大，战争已经由"逐鹿中原"扩大到北方山地和南方水网地带，原来适应"平原易地"作战的战车无法发挥其特长，所以"毁车以为行"的事情时常发生，其后马车便主要用作交通工具了。

三、马车是身份的象征

从西汉开始，双辀车逐渐盛行，改变了独辀车至少要两匹马才能够拉车的局限，使单马拉车成为可能，从而使马车由驷马高车进入到单马轻车的新阶段。这种改变，很可能是在汉初马匹紧缺的情况下被迫实行的改进措施。

在汉代，"贵者乘车，贱者徒行"。出门坐车，坐什么样的车，理所当然地成为身份尊卑的标志和象征。汉景帝中元六年（前144年），始创了一套严格的车舆制度，双辕马车因用途和乘坐者的地位不同，细分出很多种类。另外，除了主人乘坐的主车之外，主人出行时还有类似现在的警卫车队相随，导从车的数量和骑吏的数量各不相同。乘坚策肥，前呼后拥，成为权贵们显示地位身份的标志，所以，车马出行图才能成为汉画像石上反复表现的题材和内容。

不过，乘坐马车礼仪繁缛，有许多"乘车之容""立车之容"的条文规定，提醒乘坐者时刻保持君子风度，而不能随心所欲。因此，魏晋以后，高大宽敞、行走平稳的牛车逐渐流行起来，这是后话。

原载《马的中国历史》，香港商务印书馆，2008年

天马的诱惑

天马来兮从西极，经万里兮归有德。
乘灵威兮降外国，涉流沙兮四夷服。

这是汉武帝得到中亚著名的汗血宝马大宛马之后亲自作的赞歌，数十匹马能让龙颜大悦成这样，可见汉家皇帝对这些宝马的渴望。

一、渴求良马

汉代朝廷上下重视外来马种是有深刻原因的，这个原因就是汉朝初期对匈奴作战的失败。造成失败的原因是多方面的，但是，在游牧民族与农耕民族之间的角力中，骑马民族的速度优势是显而易见的。赵武灵王胡服骑射，就是要克服这种机动性方面的劣势。骑马驰骋，可以使人获得空前未有的高速度，对定居的农耕社会构成威胁。所以，世界性的民族大迁徙，基本上都是由游牧民族引发的。这种民族大迁徙，波及整个欧亚大陆，甚至波及岛国日本。日本学者江上波夫就说："日本国家的建立，就是骑马民族征服王朝。"

汉代西域及边郡产马地图

汉朝初年汉匈之间军事对比中，汉朝骑兵所处的不利局面，当时人有清醒的认识。汉初由于长期战争，造成"马死略尽"的窘境，并且因为"驭马少而久不伐胡"。缺乏马匹，甚至使"自天子不能具醇驷，而将相或乘牛车"，汉朝也因此无法与匈奴对抗。

为了解决马匹奇缺的状况，只有大力发展养马业，快速增加马匹的数量。政府曾经下令在全国悉养母马，母马受到特别的保护，以利于马匹繁殖，"天下马少，平牡马匹二十万"，"乃令天下诸亭养母马，欲令其繁孳"。

二、天马半汉

即使有了马，匈奴之马还是远胜于中原之马，汉文帝时的名臣晁错在论及汉朝与匈奴的军事差别时说：匈奴人的马"上下山阪，出入溪涧，中原之马弗如也；险道倾仄，且驰且射，中国之骑弗如也；风雨疲劳，饥渴不困，中国之人弗及也"。《盐铁论·备胡篇》也说："匈奴之地广大，而戎马之足轻利。"于是，获取宝马并改良中原马种，就成了中原人梦寐以求的事情。

为了获取名马，汉武帝曾经选宗室女出嫁今天新疆伊犁一带的乌孙，将乌孙马命名为"天马"。今天伊犁马的祖先就是乌孙马。后来汉武帝又得知大宛（今中亚费尔干那一带）有神奇的汗血宝马，比乌孙马更加优越，在遣使索求而不得之后，不惜动用武力，两次派将军李广利出兵大宛，随行的队伍中专门配了两名"善相马者"。他俩从大宛挑选"善马数十匹，中马以下牡牝三千余匹"。

汉武帝得到大宛马之后十分高兴，为大宛马建造豪华的厩舍，并举行了盛大的仪式，"更名乌孙马曰'西极'，名大宛马曰'天马'"。古人对大宛马有许多神奇的描述，认为大宛马是"天马种"或"天马子"，并因为这种马日行千里之后，"蹋石汗血，血从前膊出"，更增加了神奇色彩。学术界普遍认为，西域马种的引进，使中原马的品质大为提高，"既杂胡马，马乃益壮"。张衡《东京赋》中所说的"天马半汉"，在汉画像石、汉画像砖常出现"天马行空图"，反映的都是这一状况。

三、厉兵秣马

但是从根本上说，农耕民族是在自己的期盼中营造了一个天马的神话。汉朝的马种从大的方面来说，主要有产于甘肃、青海、四川毗邻地区的河曲马（秦马的主要来源）、青藏高原东北部的浩门马（这种马以善走对策步著称，这种步可使骑手减轻颠簸之苦）、蒙古马、东北马、来自朝鲜一带的果下马（因为"马高三尺，乘之可于果树下行"而得名）、西南山地马（后来川藏地区的茶马古道上使用的主要就是这种马）、西域马和野马。这些马有的适合沙漠气候，有的适应于草原驰骋，有的则适宜在山区的崎岖道路上攀登，这些马种是物竞天择的结果，并非有一个绝对好的"天马"，不然我们就很难解释为什么蒙古人能骑着在汉人看来"千百成群"却"不中相法"的蒙古马，横扫欧亚大陆。

其次，利用引进马种改良原有马种，可以提高原来的马的性能。但是，对于汉民族来说，这种提高只是暂时的。

汉武帝时之所以能够以改良的马种与匈奴的蒙古马种抗衡，其原因不是简单的马种杂交之后的优化问题。《史记·大宛列传》记载大宛马："嗜（喜食）苜蓿，汉使取其实（苜蓿种子）来。于是天子始种苜蓿、蒲陶（于）肥饶地。及天马多，外国使来众，则离宫别观旁尽种蒲陶、苜蓿极望。"优质牧草苜蓿的引种和推广，对于繁育良种马，增强牲畜的体质和挽力发挥过重要作用。

在引进种马的同时，随着疆域的扩大，汉朝养马尽量采取放养的方式。放养的马匹奔跑速度快，上膘快，易驯服，对于提高马匹的品质有很大的帮助。

另外，中原以谷喂马有悠久历史，但这种饲养方式有利有弊。以谷喂马称秣马，汉朝对匈奴作战，为使战马能忍耐饥寒，长途奔袭，所以出兵之前往往要秣马。《东观汉记》记载汉宣帝时："五将出征，其奏言，匈奴候骑得汉马屎，见其中有粟，即知汉兵出，以故引去。"这就是所谓的厉兵秣马。这种做法有利的一面是战马可以不受季节影响，在任何需要的时候都能够有足够的体力和战斗力，以对敌方发起进攻。而匈奴战马则要等到秋高马肥之时才能远袭。

不利的一面也是很明显的。中原地区的饲养方法使这些马的优点很快丧失。晋张华《博物志》里面就已经说："马食谷则足重不能行。"马吃了粮食，又因为从放养变圈养，从骑乘改拉车，速度和耐力大大降低。由于中原与西域生活环境悬殊，饲养方式也不相同，即使引进了好的马种，时间长了也会发生退化，严重影响其遗传作用的发挥，这一点宋人已经看得很清楚。宋人在比较草原和内地牧马法后说："戎人畜牧转徙，旋逐水草，腾骑游牧，顺其生性，由是浸以蕃滋。暨乎市易之马于中国，则絷之维之，饲以枯稿，离析牡牝，制其生性……因而减耗。"

最终还有人畜争地的问题，这是在人口日益增加的中原地区无法解决的矛盾。秣马要消费大量粮食，根据居延汉简资料分析，每匹官马每天须配给二斗谷物，一匹马一个月吃的粮食，能够养活一个士兵一年。因此，"天马半汉"对于汉人来说，也只能是个美好的神话。

原载《马的中国历史》，香港商务印书馆，2008年

伯乐相的是什么马？

一、相马、《相马经》与相马法式

"世有伯乐，然后有千里马。千里马常有，而伯乐不常有。"今天很多人是通过韩愈的散文，才知道伯乐相马的故事的。在古代，相马却是广为人知的技艺，这就像"三代以上，人人皆知天文"一样，那时的马作为"六畜之首"，"上与国家建功立业而决战，下与士庶任重致远以骑乘"，和日常生活的关系太密切了。我们的祖先长期驯化和选育良马，很早就总结出一套凭借眼力和经验，从外观上鉴别马匹优劣的本领——相马术，并写成专门的著述——《相马经》。

比较确切的考古材料显示，家马在中原地区出现是在商代晚期，从那个时期开始，就有了相马的技术。甲骨文中出现了一些与马相关的文字。成书于东汉的《说文解字》，搜集了一百二十多个有关马的各种派生字。这些文字根据马的齿龄、性别、毛色、鬃尾、四肢、脾性等多方面的共性和个性特征，借助于中国文字的造字原则，用不同的汉字加以概括。如果不是对马的个体特征有深入了解，是不可能做这么细致的区分的，这些了解的过程，本身就已经具有"相马"的成分，只不过那时的相马人没有能够留下姓名而已。

伯乐是历史上第一个因善于相马而出名的人，他是秦穆公时代的人。伯乐出现在春秋中期的秦国不是偶然的。在春秋争霸的战争中，秦穆公"益国十二，开地千里，遂霸西戎"。秦国直接统治的地域，西界达到今甘肃中部甚至更远的地方，当地人善畜牧，多养马。《史记·秦本纪》记载秦部族的先祖非子就"好马及畜，善养息之……马大蕃息"。穆公派出护送晋国公子重耳的军队中就有"畴骑二千"，可见秦官府马匹之多。伯乐出现在这样的时代和环境，也就毫不奇怪了。

战国时期，秦国的战马最强。"秦马之良，戎兵之众，探前趹后，蹄间三寻者不可胜数。"（《史记·张仪列传》）有人研究秦始皇兵马俑坑出土的陶马，认为秦马主要是产于甘肃、青海相

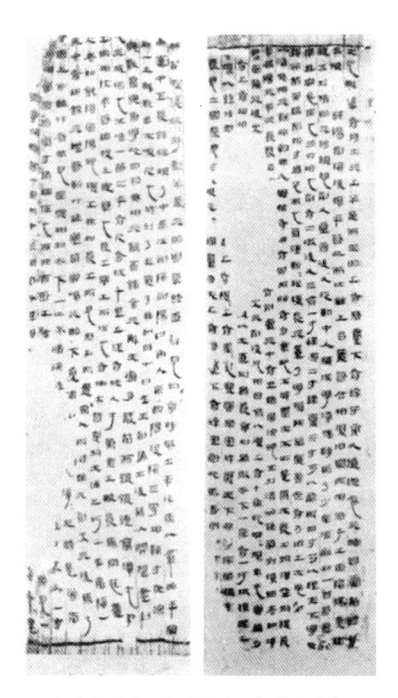

湖南长沙马王堆《相马经》帛书局部

毗邻的黄河弯曲处的河曲马,这种马形体高大粗壮,后肢发育良好,能持久耐劳,但奔跑速度不快,主要是挽用马。然而在盛行车战的时代,这种马可以增强"虎狼之师"秦国军队的作战能力。

二、伯乐著《相马经》

伯乐所著《相马经》原貌已经不可知。长沙马王堆三号汉墓出土与相马有关的帛书,其中可能保留了一部分《相马经》的内容。帛书《相马经》共有七十七行,五千二百字,包括经、传、故训三部分,并不是伯乐《相马经》的原本。但其第一篇就提到"伯乐所相,君子之马",并且多次使用相马"法曰"和"吾请言其解"的措辞,说明帛书《相马经》和伯乐《相马经》还是有传承关系的。帛书《相马经》的内容侧重从头部和眼睛相马,它把相马法的要领概括为"得兔与狐,鸟与鱼,得此四物,毋相其余",认为良马需要具备眼大有神的特点。

古代的相马术分为许多家,各家自成传统,自有师承。《吕氏春秋·观表》篇说:"古之相马者,韩风相口齿,麻朝相颊,子女厉相目,卫忌相髭……秦牙相前,赞君相后。凡此十人,皆天下之良工也。"这么多名目的相法,今人不好理解,在古人眼里,却殊途同归,《淮南子·齐俗训》就认为伯乐、韩风、秦牙、管青虽"所相各异,其知马一也"。

三、相马法的发展

两汉时期,养马业大盛。汉唐号称盛世,王夫之认为原因离不开畜牧业的发展,他说:"汉唐之所以能张者,皆唯畜牧之盛

辽代草原上的三种主要马种：果下马（左上）、西域、中亚马（右）、古代蒙古马（中）

司牧安骥集相良马图

也。"汉人自己对马的看法是:"马者,兵甲之本,国之大用,安宁则以别尊卑之序,有变则济远近之难。"所以,汉朝政府极力倡导发展养马业,同时还不惜动用武力,引进外来"天马",以期改良中原原有马种。顺应这种形势,两汉也出现了许多"以相马立名天下"的相马名家。

两汉时期的相马不再像先秦那样流派众多,而是趋向一致,曾经铸造出作为公认标准的"相马法式"。西汉的相马名家东门京曾经"铸作铜马法式献之,有诏立马于鲁班门,则更名鲁班门曰金马门"。东汉名将马援出身于相马世家,曾经在边郡畜牧,"转游陇汉间","至有牛马羊数千头"。他亲自经营养马业,积累了丰富的选育良种马匹的经验。他将远征交趾时所得的铜鼓熔化后,铸造了一匹高三尺五寸的铜马。他还写了《铜马相法》,对马的头部和眉骨四肢都有具体的要求。马援铸造的铜马后来经皇帝下诏置于宣德殿下,作为天下鉴别名马的标准。学者比较了汉朝前期和后期出土的马匹形象后,认为汉代后期的马匹都有明显的"天马"特征,说明这种"相马法式"至少影响了马的艺术创作。

北魏时期,游牧民族拓跋氏入主中原,养马业发展到一个新的阶段。这时蒙古马大量引入中原,相马术也进一步发展。北魏贾思勰的《齐民要术》整理汇编了系统的相马、养马和医马技术,《齐民要术》重视对马做整体观察,也对马的头部、腰脊、腹胁、四肢、后臀和尾巴,以及耳、鼻、口、唇、齿等器官,有形象而精辟的论述,比如说鼻子,"鼻欲得广而方",因为"鼻大则肺大,肺大则能奔"。

《齐民要术》的相马部分,是在前人的基础上发展的,但不是古本的相马经。《齐民要术》中相马经验的改进有其必然。时代在发展,所相马匹的种类也不相同,所以相马的要求也不尽相同，即使伯乐的《相马经》在汉朝和北魏可以看到，相信汉朝和北魏的人也无法"按图索骥"，翻着伯乐的《相马经》找到当时的千里马。

原载《马的中国历史》，香港商务印书馆，2008年

学问即使远在中国

学问即使远在中国,亦当求之。

——穆罕默德

"开远门前万里堠"。

开远门是隋唐长安城外城西城墙上最北的一座城门,建于隋初,唐代改称安远门。"开远"一词表明了刚刚建立的隋王朝向西开疆拓土的愿望。繁盛时期,以开远门为起点,隋唐帝国一路向西,构筑起顺畅的交通网络,为丝绸之路沿线的人们长途跋涉、无远弗届提供了便利的条件。《资治通鉴》卷二一六记载:唐天宝十二载(753年),"是时中国强盛,自安远门西尽唐境万二千里,间阎相望,桑麻翳野,天下称富庶者无如陇右。翰每遣使入奏,常乘白橐驼,日驰五百里"。

开远门内南侧义宁坊的东北角,有一座"波斯胡庙",它是基督教的聂斯托利教派传入中国之后最早建立的教堂。贞观十二年(638年),唐太宗为从波斯来的大秦国(罗马)传教士阿罗本在义宁坊建立景教寺,天宝四年(745年)改称大秦寺,民间称为波斯胡庙。开远门距长安城的国际贸易市场西市仅有两坊之地。西市由于其巨大的贸易量,又被称为"金市",李白的诗句

"五陵少年金市东……笑入胡姬酒肆中"，描写的就是大唐西市商业的喧闹景象。作为隋唐时期丝绸之路的起点，开远门见证过许多重要的历史事件。至德二年（757年）十二月，太上皇李隆基自蜀返回，即由此门而入。唐懿宗咸通十四年（873年）四月八日举行法事，从法门寺迎接佛骨的队伍就由开远门进入长安。

上引《资治通鉴》中的文献里面，至少涉及四个方面的主要内容：其一是道路，其二是丝绸之路上的重要城镇，其三是丝绸之路沿线的生业，其四是丝绸之路上的主要交通工具。

"自安远门西尽唐境万二千里"可以到达中亚的碎叶城，这里是唐的西境，唐朝最伟大的诗人李白就出生在碎叶。自长安至西域的丝绸之路可分为两大段：自西安至敦煌、玉门关、阳关为东段，自敦煌、玉门关、阳关入新疆为西段。东段的主要路线又分为南、北两路。南路虽比北路稍远，但路途平易，行旅较多。南路的具体路线是：西安（长安）→咸阳→扶风→凤翔→陇县（陇州）→天水（秦州）→甘谷（伏羌）→陇西（渭州）→临洮（临州）→兰州（金城）→永登（广武）→古浪（昌松）→武威（凉州）→张掖（甘州）→酒泉（肃州）→安西（瓜州）→敦煌（沙州）。北路的具体路线是西安→咸阳→乾县→彬县（邠州）→泾川（泾州）→平凉→固原（原州）→靖远（会州），而至武威→张掖→酒泉→安西→敦煌。

南北两路的汇聚之地都在敦煌，这就是隋代裴矩在《西域图记》序中说的"故知伊吾（哈密）、高昌、鄯善，并西域之门户也。总凑敦煌，是其咽喉之地"。敦煌附近有阳关、玉门关。"劝君更尽一杯酒，西出阳关无故人"，出自唐代诗人王维《送元二使安西》的著名诗句，反映了唐人心中"阳关"是一个文化分界。这里的安西指唐中央政府为统辖西域地区而设的安西都护府的简称，治所在龟兹（库车）。

自长安至西域的丝绸之路西段，即自敦煌玉门关、阳关西入新疆境内的路线，按时代和地域大致可分为三路：塔克拉玛干沙漠以南为南路，塔克拉玛干沙漠以北、天山以南为中路，天山以北为北路。南路从敦煌出玉门关或阳关至楼兰或米兰，西至若羌、且末、民丰、于阗、和阗、叶城、塔什库尔干，通过红其拉甫山口或瓦罕走廊至伊朗。也可从叶城北去莎车至疏勒、喀什。汉代敦煌至米兰出玉门关，走库木塔格沙漠北缘，经羊塔格库都克至米兰；魏晋以后则出阳关，沿库木塔格沙漠南缘，经葫芦斯台、安南坝，循阿尔金山北麓，过红柳沟口至米兰。玄奘回国便走这条南路。13世纪马可·波罗也是从这条南路入河西的。

上述三条路线，经始于汉，完成于隋（前2世纪—6世纪）。正如隋裴矩《西域图记》序中所说：

> 发自敦煌，至于西海，凡为三道，各有襟带。北道从伊吾，经蒲类海、铁勒部、突厥可汗庭，度北流河水，至拂菻国，达于西海。其中道从高昌、焉耆、龟兹、疏勒，度葱岭，又经钹汗、苏对沙那国、康国、曹国、何国、大小安国、穆国，至波斯，达于西海。其南道从鄯善、于阗、硃俱波、喝槃陀，度葱岭，又经护密、吐火罗、挹怛、忛延、漕国，至北婆罗门，达于西海。其三道诸国，亦各自有路，南北交通。

裴矩是隋唐时期著名的政治家和外交家，他知晓边事，隋炀帝在招募"能通绝域者"时，任命他"监知关市"，使"西域诸胡多至张掖交市"。"矩知帝方勤远略，诸商胡至者，矩诱令言其国俗山川险易，撰《西域图记》三卷，入朝奏之。"《西域图记》引起了隋炀帝高度重视，"慨然慕秦皇、汉武之功，甘心将通西域"，于是决定西巡，"及帝西巡，次燕支山，高昌王、伊吾设等及西蕃胡二十七国，谒于道左。皆令佩金玉，被锦罽，焚香奏乐，歌舞喧噪。复令武威、张掖士女盛饰纵观，骑乘填咽，周亘数十里，以示中国之盛"。这次中原王朝绝无仅有的皇帝西巡，对中西道路的畅通及文化交流是一次大促进。

唐代大体维持着这三条主要路线，又在天山南北设置安西、北庭都护府，不仅使"隋之三道"的主线西移，而且形成了众多的支线。中国境内发现的隋唐时期的外国遗物，都与这些主线和支线有关。这些道路如同血脉延伸向帝国的远方。随着唐朝的有效统治进入西域，汉化的佛寺系统也在西域地区建立起来。在碎叶城中就有武周时期敕建的大云寺。武则天在天授元年（690年）下令两京及天下诸州各置一所大云寺，至开元二十六年（738年）并改为开元寺。705年中宗复辟，命天下诸州各置一所"大唐中兴寺、观"，后改名龙兴寺。这些名称的寺院都可以在西域找到。在西域官寺的三纲领袖，有一些就来自长安的大寺，因此，西域地区发现了不少与汉文化西播相关的文物。

唐王朝统治者对于中外交流采取了更加积极开放的心态，"天可汗"唐太宗曾说："自古皆贵中华，贱夷、狄，朕独爱之如一，故其种落皆依朕如父母。"正是这种开明的政策，使得丝绸之路向西南延伸。太宗时文成公主入藏，与吐蕃结盟，就是从长安出发，经过甘肃、青海而进入西藏，王玄策率团巡礼印度的菩提伽耶等佛教圣地，也是走的吐蕃尼婆罗道，经上述路线进藏，再前往尼泊尔、印度。

丝绸之路也是一条动态变化的路线。唐代安史之乱以后，吐蕃自青海北上，逐步占领河西和秦、兰、原、会等州。建中二年（781年）占领沙州后，控制了整个西北，长安西通敦煌的南北两路皆阻隔不通。陆路阻隔的时候，人们又努力开拓海道。唐德宗贞元元年（785年），杨良瑶奉命出使位于阿拉伯半岛的黑衣大食，他从广州出发，经过三年多的远洋跋涉，完成了联络大食、夹击吐蕃的任务。他出使大食所走的线路，应该就是贾耽《皇华四达记》里记载的从广州到缚达（巴格达）的航线。

贾耽历仕玄、肃、代、德、顺、宪六朝，他对当时七条主要的中外交通路线做了考证，《新唐书·地理志》称："贞元宰相贾耽考方域道里之数最详，从边州入四夷，通译于鸿胪者，莫不毕纪。其入四夷之路与关戍走集最要者七：一曰营州入安东道，二曰登州海行入高丽渤海道，三曰夏州塞外通大同云中道，四曰中受降城入回鹘道，五曰安西入西域道，六曰安南通天竺道，七曰广州通海夷道。"

丝绸之路经过精心的经营，在唐朝出现了"九天阊阖开宫殿，万国衣冠拜冕旒"的盛况。在隋唐的两京（长安与洛阳）以及主要交通地，都居住着很多外国人。据《旧唐书·田神功传》记载，在唐朝后期的一次叛乱中，扬州一地"商胡波斯被杀者数千人"，可见扬州外国商客人数之多。代宗时，吐蕃占据河西、陇右，阻断东西交通，安西、北庭奏事者及西域各国使者皆留长安。唐德宗贞元三年（787年），李泌负责检括胡客，结果发现胡客留长安最久者已四十余年，皆娶妻生子，买田宅，无一人愿归，全部加入神策禁军。波斯王在自己的国家被大食吞并之后，也流亡到中国，客死长安。长期的华戎交汇，使得许多中国人也受到外国风俗习惯的影响。《东城父老传》说："今北胡与京师杂处，娶妻生子，长安中少年皆有胡心矣。"

丝绸之路上"闾阎相望，桑麻翳野"，在中外贸易之中，丝绸一直都是最受欢迎的中国物资，丝绸运到欧洲的时候贵比黄金，使得罗马屡屡有人出来指责穿丝绸服装是一种奢侈的行为。为了争夺对丝绸贸易的控制权，571—591年，波斯与东罗马之间还爆发了长达二十年的"丝绸战争",所以,丝绸之路上流传着蚕丝公主的故事,技术的保密与争夺一直持续了相当长的历史时期。

丝绸是中国人对于人类的一项重要贡献。世界上有两种昆虫被驯养成功,一是蜜蜂,一是蚕。"春蚕到死丝方尽",其实作茧自缚的蚕并没有死。丝的主要成分是氨基酸,蚕吐丝是为了在茧中安全发育,同时也是为了排除体内堆积过量的氨基酸,以免中毒而死。但是,缫丝和纺织都需要复杂的技术。中国文字中与灵巧相关的很多词与纺织机械相关,如机智、机巧、心机、机动等等。中国被称为衣冠王国,这和丝绸的兴盛是分不开的。孟子有个理想,就是"五亩之宅,树之以桑,五十者可以衣帛也"。中国人讲到功成名就,一定要提衣锦还乡。《康熙字典》里以丝做偏旁的字有800多个,可见丝绸和中国文化的关系之密切。

丝绸是隋唐王朝主要的赋税来源之一,《新唐书·地理志》记载贡绢的州郡有二十八个之多。只是丝绸之路上用以交易的丝绸,并非都是中原南方所产。王建《凉州行》中描写:"蕃人旧日不耕犁,相学如今种禾黍……养蚕缫茧成匹帛,那堪绕帐作旌旗。"就是河西地区纺织业的具体写照。玄奘法师西行求法,途经高昌的时候,高昌王厚赠法师的礼物当中有绫绢五百匹、托送西域二十四国的大绫二十四匹,送突厥叶护可汗的绫绢五百匹。到了素叶城,叶护可汗又送他五十匹绢和一袭绯绫法衣。丝绸之路沿线发现的纺织品,既可以说明内地有大量的纺织品西输,也可以说明文化的交流是双向的。输往西方的商品中,有不少是丝绸原料。唐朝诗人张籍《凉州词》中所描述的"无数驼铃遥过碛,应驮白练到安西"经常被用以描绘丝绸之路的繁盛。白练就是白色的熟绢,骆驼驮着绢的情形在唐代的壁画和陶俑中有极为生动的表现。马、骆驼和胡人,成为隋唐艺术中大量表现的内容，既有别于北朝，更不同于宋代。隋唐时期许多著名的艺术家，更多的是不知名的艺术家所创造的生动传神的骏马与骆驼，实在是中国历史上最意气风发的时代的真实写照。

"马者，兵之用也。""出师之要，全资马力。"隋唐王朝国力的强盛固然是多种因素造就的，但是，与获得西北良好的游牧地区也有相当的关系。唐玄宗在唐隆之变后，当上皇帝之前，亲自兼知内外闲厩一职，即位后又让心腹王毛仲检校内外闲厩兼知监牧使，可见对马匹管理的重视。丝绸之路畅通的时候，西域诸国得到丝绸，中原王朝需要良马，相互交换能够互通有无，"彼此丰足，皆有便宜"。骆驼号称"沙漠之舟"，驼铃并不总是悠扬。严寒酷暑中，骆驼不仅仅是一种交通工具，也是行旅赖以依靠的伙伴。《北史·西域传》中有对骆驼习性的记载："风之所至，唯老驼预知之，即嗔而聚立，埋其口鼻于沙中。人每以为候，亦即将毡拥蔽鼻口。其风迅驶，斯须过尽。若不防者，必至危毙。"骆驼的性情坚韧顽强，它既能在烈日炎炎、水干草枯时找到水源，又能在黄沙蔽日、尘土飞扬中找到归路。所以，隋唐时期有许多以骆驼为题材的艺术杰作，这些杰作把丝绸之路上曾经的欢歌笑语、愁苦悲戚都留给了后人。

除了外交、商贸的需要，漫漫丝绸之路上，还往来着许多舍身弘法的教徒。东传佛教最早的高僧之一摄摩腾"誓志弘通，不惮疲苦，冒涉流沙，至乎洛邑"。东土的中国信众为了求得真经，也不辞艰辛，西行求法。法显的《佛国记》记其度沙河时的感受，历历如在眼前："沙河中多有恶鬼热风，遇则皆死，无一全者，上无飞鸟，下无走兽，遍望极目，欲求度处，则莫知所拟，唯以死人枯骨为标帜耳。"海路同样充满艰辛和变数。与玄奘同为四大翻译家之一的义净，年十五即仰慕法显、玄奘之西游，唐高宗咸亨二年（671年）十一月间，从广州搭乘波斯商船泛海南行。他往来各地参学,经历三十余国,在印度佛教中心那烂陀寺学习十一载。游学途中义净染病,"身体疲羸","孤步险隘",又遭强人打劫,受尽凌辱,几乎丧命。他在印度写过一首宝塔诗,思念故土:

> 游,愁
> 赤县远,丹思抽
> 鹫岭寒风驶,龙河激水流
> 既喜朝闻日复日,不觉颓年秋更秋
> 已毕耆山本愿诚难遇,终望持经振锡往神州

入唐八家之一、日本天台宗的圆仁在《入唐求法巡礼行记》中述及船舶随波漂流的时候说:"东波来,船西倾;西波来,船东侧。洗流船上,不可胜计。船上一众,凭归神佛,莫不誓祈,人人失谋。"鉴真东渡,十年间五次失败,唐天宝十二年(753年)第六次泛海才成行。那个时候邀请他的日本僧人已经病故,他自己双目也失明。隋唐时期是东亚文明形成的重要时期。汉字、儒教、律令制度和佛教文化深刻地影响了东亚文明的进程。日本的遣唐使和中国的鉴真等一起,对于日本文化产生过很大的影响。

相比于佛教在中国生根开花,融入到中国传统文化之中,留下大量的遗迹遗物,深刻地影响了中国人的性格,中古时期传入中国的"三夷教"则命运要坎坷许多。"三夷教"指来自波斯和中亚粟特、吐火罗斯坦的琐罗亚斯德教(中国称祆教)、景教和摩尼教。随着商旅前来的祆教主要是粟特商人在丝绸之路沿线定居的聚落里传播,这些聚落里往往都有举行宗教仪式的祆祠,安禄山本人就是一个信奉祆教的胡人,在他统治下的营州(朝阳)、

幽州（北京）都有专门的"赛袄"活动。景教徒在唐贞观九年（635年）来到长安，在初唐宽松的对外政策下，景教首领通过天文历算、奇技异巧得以打动统治者，使得景教在唐朝站稳脚跟，安史之乱中，景教徒帮助平定叛乱的朔方军，并在唐德宗建中二年（781年），在长安城内竖立起《大秦景教流行中国碑》，碑中详细记载了景教的教义，阿罗本来长安布道受唐太宗优遇，以及景教在中国流传的情况。摩尼教借助于佛教而传播，在翻译的摩尼教经典中大量使用佛教词汇，所以在武则天统治时期得以公开传播，不过，当开元十九年（731年）唐玄宗理解到摩尼教的真实说教之后，第二年就加以禁断，摩尼教被迫转入地下活动。但是在丝绸之路沿线，这些宗教往往是和平共处的，各自的典籍和艺术品种也经常有相互交融的内容，并且共同影响了中国文化，只是这些影响或明或暗。

丝绸之路对于人类文明的影响是长远而深刻的。中国同样在中外交往之中受益。美国著名学者谢弗在《唐代的外来文明》中，分十八章详细探讨了外来物品对当时人们的思想观念和想象力所产生的强烈影响，郑振铎先生在《插图本中国文学史》中也强调了外来文化对中国文学包括唐诗的影响，他认为中国文学受"外来的影响，其重要性盖实过于我们所自知"。

历史时期考古大有可为

近年来，历史时期有许多重要的考古发掘入围全国十大考古新发现初评名单，其中不少还通过了终评，显示出历史时期的考古工作在中国考古学研究中的作用正在受到专家和社会越来越多的认可。

2012年的发掘项目中，共有11项汉代到明代的考古新发现入围初评名单，其中一个突出的特点是中原以外遗迹遗物的发现。

西藏阿里故如甲木墓地是一处分布相当密集的象雄时期古墓群（相当于中原汉晋时期），"穹窿银城"可能与象雄都城有关。发掘出的青铜器皿、黄金面具、铁剑等遗物，显示出象雄时期与邻近的札达地区、南疆地区、印度北部乃至中原地区都存在着广泛的文化交往。

辽上京皇城西山坡佛寺遗址位于上京北城西部的最高处，曾经被认为是皇宫，发掘表明它实际上是一处坐西朝东的佛寺，三座六边形佛塔一大两小一字排开，出土了大量的泥塑佛教造像。这些发现证明佛教在辽王朝中占有重要的地位，同时也表明辽朝的佛教有许多自身的特点。

贵州遵义海龙囤遗址是继湖南老司城遗址之后，考古发现的又一处重要的土司城遗址。这座城址毁于明万历时期"播州之役"的战火之中。考古工作清晰地揭示出山城格局，出土的大量遗物中包括有景德镇的官窑瓷器。它们既是研究土司制度的珍贵实物，也是研究西南山城体系的重要资料。

沈阳汗王宫是努尔哈赤于明天启五年（1625年）迁都沈阳后的居住之宫，汗王宫与沈阳故宫"大政殿"为同时期建筑，体现了早期"宫"与"殿"分离的满族宫廷建筑特色，这种特色是满族早期生活习俗在都城建设当中的反映，也是宫、殿分离的唯一实例。

中国古代都城考古工作又有新的进展。河北邺城赵彭城北朝佛寺占尽一坊之地，是发掘的中国古代最高级别的佛寺遗址之一。它以佛塔为中心，轴线上建造大型殿堂式建筑，多院落式布局。位于东郭城区的北吴庄埋藏坑，出土北魏到隋唐的造像2895件（块），是新中国成立以来出土数量最多的佛教造像埋藏坑。两处发现为研究东魏北齐邺城的都城布局和佛像瘗埋制度提供了重要的线索。

地方城址的研究一直是中国考古学研究中的薄弱环节。重庆老鼓楼衙署遗址兴建于南宋，是抗蒙山城体系的中枢，并为明、清至民国三个时期的衙署建筑所叠压。它是我们研究古今重叠型地方城址的重要实例，也为我们在城市中心区进行大遗址保护工作提出新的命题。

手工业遗存是考古学研究的主要对象之一。邢窑作为"南青北白"的主要代表历来受到关注。发掘表明内丘城关一带是邢窑遗址的中心窑场，2012年发掘出11座北朝至唐代的窑炉，出土瓷器和窑具残片20万片以上，其中尤以隋三彩的发现引人注目。

目前，丝绸之路正在跨国联合申遗，在遗产价值的评估过程中，中国境内的遗址类型相对单一，主要是佛寺和城址。丝绸之路在东西方文化交流方面发挥过重要作用,商品交换也是其中的一项重要内容,但是,与之关联的手工业遗址比较少。甘肃肃北马鬃山遗址作为西北地区目前发现的规模最大的玉矿开采手工业遗存,发掘的采矿和生活、防卫设施,揭示出比较完整的矿区聚落形态。

为配合申遗工作而取得重要发现的还有河南浚县的黎阳仓城遗址。仓城位于浚县大伾山北麓,黄河改道前曾经经过大伾山,山上开凿有民间称为镇河将军的大佛。除了发掘出隋唐时期仓窖遗存之外,还清理出北宋时期大型的官方建筑基址。北宋官仓的重要性并不亚于隋唐,北宋时河北地区面临着契丹人的巨大压力,战备的物资保障对于维护河北地区的稳定具有重要作用。

入围的两座大墓都留下了不少待解的谜团。山东定陶灵圣湖西汉晚期大型木椁墓,平面呈"甲"字形。这座黄肠题凑墓用材总量达 2200 余立方米。在以往发现的黄肠题凑墓葬中,这座墓葬规模最大,结构最为复杂,由此引发的一些学术问题还有待深入探讨。

河北曲阳田庄大墓规模巨大,南北长达 66 米。形制独特,墓室总数达 12 个之多,并有唐代风格的大型仪卫壁画。发掘者推测墓主至少应当为一位势力显赫的藩镇节度使。这座墓葬建成不久即被大规模毁坏,但是在金皇统年间又被重修。墓葬规制大大超越一般勋臣贵戚,具有明显的僭越现象。如果说文献记载的历史是"规定"的历史,那么考古发掘所展现给我们的,是"执行"的历史。这些重要的考古发现不仅使我们得以深入历史的细节,还原历史的真实面貌,还可以帮助我们认识许多传统史学所没有关注或者忽视了的领域。

原载《中国文物报》,2013 年 4 月 12 日

考古手工测绘的学与用

2014年8月，我在微信朋友圈里转发了一条题为"考古专家笔下美到爆的手绘老物件"的微信，微信中讲述了浙江省考古研究所方向明先生手绘考古线图的故事。这条微信引来了朋友们的热议，争论主要集中在现代科技日新月异，数码技术越来越多地运用到考古领域的情况下，考古线图是否还有必要？手工测绘是否还有必要？学生培养过程当中绘图课是否还需要必修？有些观点截然相反。朋友们的争论也促进了我的思考。现以本人比较熟知的石窟寺考古中的手工测绘为例，谈谈这些方面的看法。

日本学者在其大型调查报告《云冈石窟》中记录信息的手段有文字、照片、拓片和线图四种，四者之间相互配合。文字可以记述洞窟内容，但不直观；照片可以反映出所摄对象的形态，但无法反映洞窟的整体布局和造像之间的组合关系；拓片用于表现石刻文字与造像细节。对于一般的研究者，目前仍然需要通过线图来了解洞窟形制、造像组合、壁画与造像等具体内容。

云冈石窟13窟附近有一个未完成的洞窟，窟中五尊像的开凿进度不一样，其中右壁里面一尊菩萨像仅凿出了粗坯，在菩萨像的雕凿痕迹中，保留了工匠用于控制比例的关键点，在菩萨的脸部，尚残存竖向的中轴线以及与之垂直的横线，菩萨冠部、脸

云冈石窟未完成菩萨面部辅助线

部的几道横线分别控制发髻、眼、鼻尖的位置。由于未完成,过去对这个洞窟关注不够,雕凿的痕迹也容易被研究者忽略,其实凿痕的间隔、深浅、走向对于我们研究开凿过程都是有意义的。此前调查的学生几次上脚手架记录这个洞窟,都没有注意到这条中轴线,这条中轴线与我们手工测绘时布置的测量基准线是相同的,古代工匠用来控制造像比例的关键点,也是我们手工测绘的关键点。所以,绘图的过程是我们观察对象的过程,也是我们研究对象的过程。

究竟是否需要在石窟寺考古工作中保留手工测绘,我想分为教学与科研两个方面来说说自己的看法。

近两年我利用暑假带领一些学生在山西云冈石窟、河南巩县石窟进行调查,其中一项内容是练习手工测绘。这样做的起因之一,是有位同学做石窟寺调查的时候画了很多线图,毕业论文答辩时，一位答辩委员说这位同学虽然很勤奋，但是严格说很多图都不能用。主要问题是这位同学画的图，只是有些形似而已，没有把造像的特征表现出来。类型学是考古研究的基本方法，类型学排比的结果现在还需要线图来反映，如果测绘中造像的特征没有表现出来，对造像的排比就无法取得令人满意的结果。

参加实习的同学中有的能够比较熟练地使用全站仪等设备进行测绘，对比经过手工测绘训练前后的测图，同学们提高了自己观察对象的能力。手工测绘不可能测很多的点，所要测的点都是经过观察之后认为是关键的点，而现代测绘技术可以有很多的测绘点，但是这些点是机器完成的，不是自己观察的结果。

因此，我主张在教学中保留手工测绘的教学内容，教给同学基础的观察与测绘方法。一位朋友在微信中说："电脑技术致于用，重在获取数据、图像结果；手测手绘致于学，重在理解体悟过程。就像看一幅画，拍一幅画，扫一幅画，永远没有临一幅画更加接近作者，创作的心情、笔墨的用法、整体的布局，没有实实在在临过，光看光想是全然不同的。"

我们在现场比对了以前发表的巩县石窟寺的实测图，发现有一些清晰的纹饰画得模棱两可，有一些还有明显的错误，这些不足是因为部分图纸是对着照片后补的。照片代替不了现场的细致观察，现场观察不到的迹象，也不可能对着照片画出来。

那么，在科研上呢？

这个问题之所以还需要问，是因为现在三维激光扫描之后需要出线图，许多科研院所、测绘公司都在做这方面的实践，也开过一些评审会，但是，总的来说成图的效果还不理想。我曾经到一家测绘公司交流，公司里负责技术的高管对他们的设备和技术非常自信，他们刚做了一处摩崖造像群的实测和成图工作，我看了图纸之后指出一些存在的问题，他们承认我指出的问题，但是来不及修改，因为委托单位已经把相关稿件交给出版社付印了。这样的情况不是孤例，这样的报告和我们的研究需要还有不小的距离。

但是，石窟寺考古工作中运用现代测绘技术是一个必然的发展方向。我在实习过程当中观察同学们的绘图，大多数同学都处于练习阶段，有的同学连续参加了两年的实习，绘图能力有所提高，观察对象的能力有所加强，不过所绘的线图距离发表的水平还有差距。人工测绘需要投入大量的人力、物力和财力，新中国成立以来我们一直强调石窟寺考古报告的重要性，真正出版的报告却寥寥无几。这种状况难以满足对数量庞大的石窟寺考古遗存记录的需要，也难以应对目前由于自然风化、环境污染、人为破坏等因素对佛教遗存所造成的破坏。

同时，过去的记录手段无法达到复原洞窟的需要，而现代测绘技术提供了这种可能。现代测绘技术还具有人工测绘无法相比的优势。比如造像的高度、宽度等一些基础数据，如果是手工测量，尤其是在绘制复杂洞窟的立面、剖面时，不同的测量者免不了有一定的误差，而现代测绘技术可以很好地解决类似的问题。现代测绘技术可以逐步取代"测"的部分，而"绘"的部分有观测者的认识及其表达。所谓现代测绘技术在某种程度上类似于扫描仪的工作——它可以客观地记录书中的内容，却无法告诉我们书的主旨，对于书的理解还是需要由人来完成。要实现有效的观察和信息提取，还需要手工测绘的基本训练。

现代测绘技术在当前的石窟寺考古工作中还有不足之处，但不能因为这种不足而弃之不用，而是应该针对问题想办法加以改进，使之能够满足石窟寺考古记录的要求。现在存在的有些问题是因为"两张皮"造成的，研究者不懂得现代测绘技术，总觉得技术人员所做的图不能准确地体现观察的信息，技术人员又不懂得石窟寺考古的专业知识和要求，画出来的图难免走样。如果研究者有手工测绘的基础，又懂得现代的测绘技术，参与或者指导成图的过程，这个问题应该能够得到比较好的解决。

原载《中国文物报》，2014年10月24日

十年辛苦不寻常

——读王仁波先生主编的《秦汉文化》和《隋唐文化》

王仁波先生是我敬重的师长，1998年我来沪工作，当时正值《秦汉文化》进入统稿阶段，王仁波先生将书稿拿给我，叮嘱我尽量提意见，所以早在那时，我就已经很认真地通读过《秦汉文化》全部书稿。与眼前这本印制精美、尚散发着油墨清香的《秦汉文化》相比，可以知道王仁波先生对全书进行了大量细致的修改工作。

王仁波先生在交稿之后曾经对我说：今后多写一些论文吧，再也不做类似《秦汉文化》和《隋唐文化》之类的工作了，这样的工作太耗神。王仁波先生是那种做事一丝不苟的人，《隋唐文化》和《秦汉文化》的出版，中间间隔了十年的时间，两书凝聚了王仁波先生大量的心血，"字字看来皆是血，十年辛苦不寻常"，正可作为王仁波先生主编两书的真实写照。

《隋唐文化》和《秦汉文化》都是图文并茂、史论兼集的著述。随着中国考古事业的发展，埋藏在地下的"史书"越来越被研究者所重视。怎样能够充分利用丰硕的考古成果补史之缺，纠史之谬，已经成为历史研究领域的重要课题。从纯粹的文字著述，到书前配一些少量的图版，再到将图片插入书中的相关部分，一直到学林出版社、上海科技教育出版社共同推出的八集

"中华五千年文化丛书"这样一套以文论史、以图证史的巨著，其间走过了漫长的历程。而目前已经出版的图文类的历史著作，以"中华五千年文化丛书"水准最高，它不仅在文字方面集中了全国相关方面的专家学者，而且在选图方面既将全国有代表性的资料收罗其中，许多都是出土不久的新资料，在图片的质量上也严格要求，精益求精。对于这样一套丛书，王仁波先生无疑是具有开创之功的。

在2001年10月举行的一次丛书主编会议上，与会者高度赞扬了王仁波先生对于这套丛书的巨大贡献，王仁波先生当时已经重病在身，无法参加会议了，但是，不论是生前还是身后，王仁波先生得到这样的称赞都是当之无愧的。

"中华五千年文化丛书"的第一本是王仁波先生主编的《隋唐文化》。以现在的眼光来看，《隋唐文化》虽以文化命名，却主要还是一种考古资料的图示，作为文化史的角度来说，体例尚不完备。但是《隋唐文化》出版之后，连获大奖，好评不断，再次重版。这是因为它的出版，填补了当时国内没有高质量图文类历史著作的空白。由于诸多条件限制，在《隋唐文化》出版之前，即使是考古工作者，要想看到大量高清晰度的图片资料也是一种奢望，更何况普通读者。在当时，出版《隋唐文化》这样一本纯学术的著述，出版社要承担相当大的风险，作者也必须独具慧眼，从这个方面来说，筚路蓝缕的艰辛，只有身在其中才能体会得到的，王仁波先生也曾经向我略述一二。

《隋唐文化》体例上的不足，王仁波先生在编《秦汉文化》时已经充分意识到，他曾经和我讨论过这个问题。先生在《秦汉文化》"总论"部分中说"本书所谓的文化是广义的文化，而不是狭义的文化"，于是有了《秦汉文化》中"汉赋、乐府、《史记》《汉书》"等章节的内容，这些内容是完整体现秦汉文化风貌所不可缺少的，虽然在《秦汉文化》的相应章节中，有些章节的图片还是显得薄弱一些，但那是客观资料的局限，从《隋唐文化》到《秦汉文化》章节设置的变化，反映了王仁波先生不断追索的过程，也反映出图文类历史书籍不断完善的过程。

站在文化的角度看待考古材料，需要作者具有高屋建瓴的史观。多年以前，读张承志为俞伟超先生《考古学是什么》作的序言，其中有一段话深深地印在脑海中："岁月如流，在田野和标本库以及书海里，衰老了一代又一代的考古工作者。普通的、不使用考古学方法的历史研究者虽然也有对于历史的这种究明的渴望，但那与考古学有巨大的差别——因为考古队员真的触摸着逝者的遗留，从陶铜的冰凉触感到灰坑烧土的余温，都强烈地影响着思维，使他们无法回避这个学科的最朴素最原初的问题。仿佛这个满身泥土的学科有一句严厉的门规：或者当个特殊技术工人告终，或者攀缘成为思想家。"的确，田野工作的繁重与艰辛，室内整理的琐碎与耗费时日，都使得对于这些宝贵的考古材料的认识，较之于纯案头的研究工作，更加耗费精力，这也就使得中国考古界在相当程度上存在着"见物不见人"的憾缺。所以，如何用大量出土的文物印证古代文化面貌的工作，体现着作者的史识，而王仁波先生对于秦汉文化面貌的认识，无疑是非常深刻的。

王仁波先生将最新的考古成果与文献资料相结合，论证了秦文化承袭周文化的史迹见证和渊源脉络，并深刻指出："文化是维系一个国家、一个政权向心力、凝聚力的重要纽带，一旦纽带崩断，凝聚力、向心力散掉，强大的秦王朝就无法维系，逃脱不了覆灭的历史命运。"秦人得国之后，独尚法家而斥诸子，焚书坑儒更是造成了万马齐喑的局面，文化上丧失了活力，是造成大秦帝国短命覆灭的重要原因，而不仅仅把秦的灭亡看成是秦帝个人好大喜功、不恤民力的结果。与秦不同，政治上，"百代皆沿秦制度"，在文化上却是汉从楚风，这当然与汉政权为楚人所建有关，但博大精深的汉文化实际上更是一个充满活力的融合体，作者提出汉文化的要素有四，即秦的制度、楚的文学艺术、多姿多彩的西域和边远地区的少数民族文化都为汉文化注入了新鲜血液，从而使得汉朝国祚绵长。王仁波先生所做的如上论述，是十分精当的。史实为鉴，在此基础之上，王仁波先生总结性地提出秦汉文化多元性、融合性和统一性的总体特征，并阐明了其形成的历史特点与意义。秦汉文化发展的历程深刻说明了，只有兼容并蓄，开拓创新，才能使一个民族长盛不衰。

《秦汉文化》共十三章，数十个子题，24幅插图和600多张照片，反映着秦汉时期最有典型意义的文化层面，这些层面从不同角度论证了秦汉文化的总体特征，而在具体章节的设立上又充分体现了作者的匠心。如秦砖汉瓦在书中不是作为简单的建筑材料来看待，而是集文字、书法、绘画、雕刻等多种艺术于一体的文化载体，是这一时期社会政治经济在观念形态上一种具象的反映。万里长城也不仅是一项浩大的军事防御工程，它保障着丝绸之路的畅通，也维护着国家的稳定。汉赋、乐府、《史记》《汉书》等为代表的汉代思想界的"文艺复兴"，生动地描绘了两汉文化学术蓬勃发展的历史，而在此基础上民间风俗、百戏杂技及阴阳五行之术的流行，更给后人留下气象万千的追忆。张骞通西域更是浓墨重彩，它不但张大汉之天声于异域，更重要的是沟通了东西文化的交通，不仅让世界了解了中国，中国也在这种交流中获益匪浅。如此之类的论述，与总论的观点相互呼应，也使秦汉文化的历史地位彰显。

《秦汉文化》由王仁波先生的心血凝成，王仁波先生生前讲述书稿的情景历历都在眼前。他本来还有许多重要的选题要研究，即使在重病期间，王仁波先生也还在不断地探究学术。他不止一次地对我说起，因为自己病重，无法为恩师宿白先生的八十华诞撰写论文了，言语中有我能觉察出来的遗憾。许多人以为，先生并不知道自己的病情，我却知，以先生的天资，他一开始就清楚自己患的是不治之症。在一年多的日子里，先生忍受着生命中无法承受之重，还时常来看我，询问我的研究情况。他曾经告诉我，不要只顾读书，要注意身体，甚至坚持要我买昂立多邦。

行文至此，泪已沾襟。王仁波先生美风度，有个性，让你难以忍受一个血肉之躯就这样从自己身边永远地消失而去。现在每每路过先生门前，眼前还经常浮现先生的音容笑貌，这中间的哀痛，又哪里是用言语能表述的。人的一生从自己的哭声中开始，在他人的哭声中结束，想来是一出悲剧，但是消逝唯肉体，永存是精神。学者能够用自己的努力，为后人留下一些薪火相传的精神食粮，就算是这不幸中之幸运吧。

原载《上海文博论丛》，2002年第1期

《徐苹芳北京文献整理系列》后记

北京联合出版公司即将出版徐苹芳先生的"北京文献整理系列",其中所收各部作品是徐先生为做宋元考古研究,尤其是北京城市史研究而辑录的基础资料。在书稿付梓之际,徐师母嘱我写一篇前言,编辑也不时催促,我却一拖再拖。拖延的原因并非仅仅是因为先生的著作,我哪里敢写前言,最主要的还是因为徐苹芳先生是自己的恩师,在他去世之后的日子里,我不时想写一些感怀的文字,却一次次欲言又止,此次亦然。

徐苹芳先生是北京大学考古专业最早毕业的学生之一,也是北京大学考古文博学院的兼职教授。2008年秋至2009年夏,徐先生还为北大研究生开了最后一个学年的专题课。现在回想起来,2009年春季徐先生已经身患重病,我们只是在察觉到他嗓子沙哑、身体疲惫的时候提醒他保重身体。2011年春节之前,徐先生明显消瘦,我已经有种不祥的预感。4月29日,徐先生坚持到北大参加了他与宿白先生合带的博士生刘未的博士论文预答辩。那个时候徐先生身体已经很虚弱,但是精神尚好,我们总期待奇迹能够发生,不意徐先生于2011年5月22日晨溘然长逝。徐先生去世之后,不少媒体刊文悼念,有媒体用的标题是"'考古界的良心'徐苹芳走了"。这个标题给我以深刻的印象,几年来我想到徐先生的时候就会想，什么样的学者能够被称为一个学科的"良心"？

处于转型期的中国社会面临着诸多的问题。在生命的最后两年，徐先生以抱病之躯，频繁参加各种会议，为考古学科的健康发展、为文化遗产的保护做了"鞠躬尽瘁"式的呐喊。他反复提醒考古工作者关注考古学自身发展的历史，关注考古学的局限性。在北大的专题课上，他以"中国现代考古学的诞生、发展和传统"为题，带领同学重温中国现代考古学的发展历程，意在提醒年青的学子鉴往知来，不要在喧哗声里迷失了自己。他被称为北京城的"保护派"，看那时他发言的照片，说到动情处，真宛如一个斗士，直言："气死几个（徐苹芳）都没用！"在西高穴大墓是否为曹操墓的论争中，他顶着巨大的压力，坚持表述自己的学术观点。我去看徐先生的时候，能够感觉到他在人生的最后阶段，承受着生命中不应承受之重。当我把自己的感受告诉宿先生的时候，宿先生怅然回答："有些话也只能徐苹芳说了！"

宿先生一直不知道徐先生病情的严重性，得知徐先生去世消息的当晚，宿先生狂吐不已，血压骤升，被送往医院。徐先生在病情趋重，身形消瘦之后，也刻意不让宿先生看到自己生病的模样。但是，在学术问题上，两位先生一直都保持着密切的联系，他们两位是师生，也是挚友，相互对于对方的学术研究都了然于心。这次出版的《徐苹芳北京文献整理系列》，就是宿白先生亲自厘订的。徐苹芳先生一生对北京城的研究用力最勤，用情至深，通过这套丛书，我们可以看到他为深入研究北京城的历史所做的基础文献工作。徐先生有着深厚的文献功底，他按照时代对北京城的相关文献资料做了竭泽而渔式的收集和整理，这些工作不但是为自己的研究所准备，同样也嘉惠学林。试举一例：

南宋著名诗人范成大在乾道六年（1170年），以副使身份出使金国，著《揽辔录》，记其出使金国经历。《揽辔录》纪事生动，陆游在读到《揽辔录》中"中原父老见使者多挥涕"，乃"感其事做绝句"。《揽辔录》史料价值很高，可惜至迟在明代中叶已经散佚。学界现在一般使用的辑佚本，是中华书局出版的《范成大笔记六种》中孔凡礼先生的点校本。在叙及北宋东京城被金人改为南京，范成大颇有感触地说："民亦久习胡俗，态度嗜好与之俱化。"汉族男子也像女真人一样髡发，标点本做"男子髡顶，月则三四髡，不然亦间养余发，做椎髻于顶上，包以罗巾"，其中"不然亦间养余发"殊不易解，徐先生根据《永乐大典》卷一一九五一顶字韵下引《揽辔录》，录为"不然亦闷痒，余发做椎髻于顶上"。对于黄裳《黄氏日钞》所引《揽辔录》节文，孔先生置于文后单出，徐先生则插入正文，插入正文后，在经行线路上，减少了《说郛》本的跳跃感。徐先生的校勘思路，在《辑本析津志》校勘说明中有所论及："辑录既毕，凡能覆对者均为之校勘一过。直接出自大典或无他本可勘者，亦略为臆校。"可见，徐先生不单单对相关史料做了辑录，而且对辑录的史料做了认真的校勘。

徐先生字迹工整清晰，在辑录的各种史料中，还夹有一些便笺，本次影印时将这些夹页置于书稿最末，并在书中正文标出对应夹页在本书中的起止页码，供读者参考。《永乐大典本顺天府志》残本十卷这次出版保留了徐先生原来辑录时候的名称，但徐先生后来在《元大都考古序论》（未刊稿）中指出"修《永乐大典》的时候，在全国各府的韵下，皆立'××府'，这不是各地方政府所修的'府志'，而是在修《永乐大典》时特别编纂的该府的地志，但是，它从来都未单行成《府志》。……它不是正式出版的地方志，所以，我们只能以《永乐大典·顺天府》来命名"，这是需要说明的。

感谢北京联合出版公司影印出版徐苹芳先生的"北京文献整理系列",使读者能够尽可能看到徐先生手稿的原貌。整理徐先生的未刊文稿,可以看出徐先生有许多工作没有来得及完成。在徐先生家的书房西墙上,悬挂着他录自《道德经》的一段话:"为无为,事无事,味无味,大小多少,报怨以德。"他是一个忘我的人,2011年5月16日,徐先生病重入院,17日在病榻上,他还在坚持要修改文稿。他之所争,非为个人;他之所念,全在事业。一个人的生命是有限的,消失的是躯体,不灭的是精神。徐先生晚年奔走呼吁而未竟的工作,理应有后来者去完成。

中国人民大学历史学院刘未副教授、中国社会科学院考古研究所王子奇博士参加了手稿的整理工作,在此一并致谢。

原载《徐苹芳北京文献整理系列》(共四本),北京联合出版公司,2017年

夙夜孜孜沉潜贵，
朝夕默默惟苦吟
——记著名考古学家宿白先生

2016年5月，在首届中国考古学大会上，北京大学考古文博学院94岁高龄的宿白先生荣获中国考古学会终身成就奖，这是对宿白先生为中国考古事业做出的卓越贡献的肯定。

宿白先生是北京大学考古学专业的主要创办者之一，很多考古学界的知名学者都是他的学生或者再传弟子。宿白先生自己的学术研究在学术界享有很高的声誉，尤其是在历史时期考古学、佛教考古、建筑考古以及古籍版本诸方面，成就斐然。但是，这样一位被誉为是考古学界"百科全书式"的学者，外界却知之甚少。在为数不多的采访当中，他也只是谦逊地称自己只是北大的"一个教员"。

宿白先生1922年出生于辽宁沈阳，同年，北京大学研究所国学门成立考古学研究室，冥冥之中似乎是命运的安排，宿白先生与北京大学和考古结下了不解之缘。宿白先生的小学、中学都是在沈阳上的。中学期间，他逐渐对历史、地理产生了兴趣。当时的日本人在东北推行的奴化教育，历史、地理课的内容只涉及东北，中国的历史根本不讲。他们越不讲，宿白先生就越想知道。1939年，宿白先生考上北京大学历史系。

一、心无旁骛，醉心考古

1944年本科毕业以后，宿白先生留在北京大学文科研究所考古组做研究生，这个时期宿白先生听了许多外系的课程。如冯承钧先生的中外交通、孙作云先生的古代神话、容庚先生的古文字学、汤用彤先生的佛教史等，用他的话来说："这些外系的课对我后来的工作很有帮助。"

宿白先生的职业生涯是从北大图书馆开始的。抗战胜利以后，经冯承钧先生介绍，宿白先生来到北大图书馆工作，这为他的古籍版本目录学的研究提供了便利。先生晚年的一件大事，就是把自己的藏书全部捐赠给了北大图书馆，共计图书11641册并金石拓本118种。

宿白先生在图书馆工作一年多之后，北大恢复文科研究所，经考古组主任向达先生和图书馆馆长毛准先生商量，宿白先生上午到文科研究所考古组，下午到图书馆工作，这样一直到1952年，院系调整，北大从城里搬到城外，宿白先生才离开了图书馆，正式来到北大历史系考古专业工作。

2013年，宿白先生荣获北京大学第三届"蔡元培奖"，这是北大教师的最高荣誉。在相关的报道中，有一位记者用了《此中无限兴　考古可醉人》作为标题，文中写道：先生的人生显得波澜不惊，或深入田野，或埋首书斋，始终在历史考古研究和教学的天地里，求学、治学、讲学，心无旁骛，如痴如醉，成就了一位中国考古学界的"集大成者"和中国现代考古教育的大家。先生的人生，恰如他所喜爱的藏族《萨迦格言》中的一段话："山间的小溪总是吵闹，浩瀚的大海从不喧嚣。"

二、见微知著，融会贯通

宿白先生的田野考古报告和论著、讲稿正式出版的有《白沙宋墓》《藏传佛教寺院考古》《中国石窟寺研究》《唐宋时期的雕版印刷》《魏晋南北朝唐宋考古文稿辑丛》和《宿白未刊讲稿系列》6种，都是相关领域的经典之作。

1951年12月至1952年1月，宿白先生主持了河南禹县白沙水库库区三座宋墓的发掘工作。白沙宋墓是北宋末年赵大翁及其家属的墓葬，是北宋晚期流行于中原和北方地区的仿木建筑雕砖壁画墓中保存最好、结构最为复杂、内容最为丰富的一处。1954年，宿白先生撰写的考古报告基本完成，同年文化部在北京举办"全国基建中出土文物展览会"上展出了白沙宋墓的壁画摹本。1957年《白沙宋墓》正式出版，成为新中国成立后最早出版的考古报告之一。在我国历史考古学草创时期，《白沙宋墓》的编写无先例可循。至今整整50年过去了，《白沙宋墓》一版再版，其开创的编写体例和对墓葬结构、墓室壁画的精深考证，仍深刻地影响着历史时期考古学的研究。已故著名考古学家、曾经担任中国社会科学院考古研究所所长的徐苹芳先生在《重读〈白沙宋墓〉》中写道：重读《白沙宋墓》，使我体会最深、获益最大的是对宿白先生治学方法的认识。宿先生治学方法的精髓是"小处着手，大处着眼"。所谓"小处着手"是指微观，"大处着眼"是指宏观，也就是微观和宏观的有机结合。治学要从微观做起，从收集史料（包括考古学和历史文献学）、鉴别史料（史料的真伪和来源）、利用史料（指尽量利用第一手史料），并在最大限度上获得接近于史实的完整史料，去粗取精，抓住历史事物发展的规律，实事求是地研究和阐述与当时社会历史有关的重大问题，这便是宏观的研究；微观是学术研究的基础，微观研究做得愈细致愈扎实，宏观的研究也就愈可靠愈接近史实。这两者是相辅相成的关系。

宿白先生的《白沙宋墓》正是这样一部"微观"与"宏观"相互结合、"实物"与"文献"相互印证的典范之作。

宿白先生是公认的中国佛教考古的创立者，1996年8月出版的《中国石窟寺研究》一书，共收入宿白先生自1951—1996年间的23篇论文，忠实地记录了中国石窟寺考古学的创建历程。《中国石窟寺研究》出版后即获得美国史密森学会的第三届"岛田奖"，这是中国学者首次获得该奖项。1999年，该书获得国家社会科学基金项目优秀成果一等奖，被誉为是一部"转移一时之风气，而示来者以轨则"的著作。

宿白先生在学生时代就曾经参观过云冈石窟，深为"真容巨壮，世法所稀"的云冈石窟造像所吸引。1950年，宿白先生参加新中国成立后第一次大规模组织的雁北文物考察团的勘察，又曾到大同云冈考察。次年宿白先生去敦煌勘察石窟，他的中国石窟寺研究就是从云冈和敦煌开始的。1962年，宿白先生在敦煌文物研究所做《敦煌七讲》的专题讲演中，正式提出中国石窟寺考古学的问题。徐苹芳先生指出："什么是石窟寺考古学？简单地说便是用考古学的方法来研究石窟寺遗迹。考古学的方法最基本的是层位学（地层学）和类型学的方法。但是，石窟寺遗迹属历史考古学的范畴，毕竟和史前考古学上的各类遗址不同，如何用考古学的方法来清理、记录和研究石窟寺遗迹，确实是一个新课题。"

宿白先生认为，中国石窟寺考古学的内容和方法有四个研究程序：对石窟寺遗址做忠实、客观和科学的整理记录，达到一旦石窟寺全部毁废后，能根据记录基本上恢复其原貌之标准；洞窟造像壁画的类型组合与题材研究；分期分区的研究；关于社会历史的、佛教史的和艺术史的综合研究。这种研究思路，同样体现出宿白先生"小处着手，大处着眼"的治学方法。

《藏传佛教寺院考古》是在宿白先生年近七十，受西藏文物部门之邀，为了整理 1959 年藏地佛教遗迹调查资料而进行的研究成果，被学界称为"西藏历史考古学的奠基之作"。

自 7 世纪中叶迄 20 世纪 50 年代，西藏长期处于政教合一的社会状态，千余年来的政治、经济、文化、艺术等历史，几乎无一不在佛寺遗迹中得以反映。因此，对于西藏佛教寺院的研究，其意义和价值就绝不限于寺庙建筑领域本身，也关涉西藏历史时期其他诸多方面。

宿白先生曾于 1959 年 6 月赴藏，进行了为期 5 个月的调查工作，足迹遍及拉萨、山南、日喀则等地区大部分佛教寺院。宿白先生回忆 1959 年西藏之行的时候说："我身体健康，没什么高原反应，吃住和行动都能适应。解放军把寺庙的钥匙给我们，用专车拉着我们到处跑，愿意上哪儿就上哪儿，所以工作效率很高。"当时调查组成员每人一部照相机，宿白先生拿的是一台"莱卡"相机。除了照相，每个人都做了大量笔记。宿白先生还用日记的形式记录了调查全过程。当时，几乎每调查一座寺院，先生都会绘制平面图和立面草图，保留了大量珍贵的图像资料。由于当时的条件有限，无法用尺子一一测量。虽是步量目测，却"八九不离十"，先生治学的严谨与田野调查的功力可见一斑。

1988 年 8 月宿白先生再次赴藏的时候，得知当年调查的有些遗迹遗物已经不存在。西藏归来，他开始整理 30 年前的调查日记，此时他已经年近七旬。为了更好地掌握和参考藏地文史资料，他在古稀之年开始了西藏佛教寺院的研究，参考了 260 余种汉文、藏文和外文资料。经过七八年的艰辛努力，1996 年完成了《藏传佛教寺院考古》一书。在这本书中，宿白先生主要从寺院建筑形制——平面布局和藏式建筑中常见局部构件——柱头托木的演变两大方面，用考古学方法把藏传佛教54处寺院、89座建筑进行了分期研究，并列出详细的藏传佛教寺院分期图，结合这个分期，阐明了各时期演变的社会意义。先生自陈："写的时候，也是我读书学习的时候。""只盼能有益于今后的工作，无法顾及其他。"

三、身为示范，桃李天下

宿白先生治学严谨，每篇文章都经过反复修改之后才会公开发表，绝大多数文章后来结集出版，每部文集结集出版的过程中，宿白先生都会亲自加以修订，如收录在《魏晋南北朝唐宋考古文稿辑丛》中的《唐代长安以外佛教寺院的布局与等级初稿》，文后注明："本文初稿写就于1997年，最后一次修订于2007年11月。"收录在《中国石窟寺研究》中的《〈大金西京武州山重修大石窟寺碑〉校注——新发现的大同云冈石窟寺历史材料的初步整理》，公开发表于1956年第1期《北京大学学报》人文科学版，1987年10月再版的时候，增加了两处注释，增补了四处内容，此文初稿成于1951年3月，至1987年10月校讫，已逾36年。宿白先生常说"校书如扫尘"，有些文集出版之后，他随即加以勘误。1996年《中国石窟寺研究》出版，宿白先生做了长达三页的勘误表。所以，宿白先生的文稿即使再版，也并不是原样重印，许多文章都经过先生重新修订。宿白先生对待学问的态度，足以为后学者楷模。

宿白先生不但重言传，也重身教。他潜心治学，从不参加无谓的社交活动，但对于考古新发现，只要是身体尚可，他就会亲自去考察。我曾随先生赴内蒙古、河北考察，一天早晨我还没有起床，先生已经调查完古城归来。到河北宣化调查古建筑的时候，先生告诫我要先看清楚再记录，自己则边步测边记录，当时的调查资料，后来发表在先生的《宣化考古三题》中。

宿白先生在考古学教学岗位奉献了一甲子，故宫博物院前院长张忠培先生在总结宿白先生为中国考古教育做出的贡献时说："宿白先生是北京大学考古专业的一位主要创办人，同时，他也是被誉为'考古学的黄埔军校'的考古工作人员训练班的教学和主要教学管理人员。我国自50年代起参加考古、文物、博物馆和大学教学工作的绝大多数考古专业人员，无不是宿白先生的直接与间接的学生，宿白先生的桃李不但遍布中国大陆，还分布于境外的一些地区与国家。宿白先生是中国大学考古学科教育的开山鼻祖，是中国考古学杰出的教育家。"

原载《学习时报》，2017年7月28日

博学而详说

——从《宿白未刊讲稿系列》看宿白先生的治学之路

宿白先生具有深厚的文献功底，但是所撰述的文章集中在考古领域，均以考古发现的遗迹遗物为研究对象。举凡城市、墓葬、建筑、手工业、宗教遗迹，都有专门的系统研究。

宿先生为人低调，治学谨严，曾经不止一次抄写西藏《萨迦格言》"山间的小溪总是吵闹，浩瀚的大海从不喧嚣"，极少谈及自己。所以，读者要想了解宿白先生的研究思路，只有通过他的论文和讲义。在宿先生的论文中，发表于1992年《文物天地》第1、2、3期上的《武威行》是比较特别的一篇，宿先生的多数论文是针对某一个专门领域的，而这篇《武威行》分为四个部分，涉及了墓葬、馆藏重要文物、西夏蒙元遗迹等材料，甚至使用了武威当地现今犹谓人事纷杂为"天宝大乱"的俗语，来讨论久住凉州的昭武九姓之苗嗣问题。全文以武威城的变迁为主线，将考古材料与文献资料相结合，显示出先生宽广的史家情怀和深厚的学术素养，同时，也是我们领会宿白先生治学思想的一篇范文。有研究者曾经注意到《武威行》在历史时期考古学研究中方法论的示范意义。如刘翀在《再读〈武威行〉》中曾将宿先生在《武威行》中体现的城址研究方法称为"古城寻址的间接法"。认为"文章对武威历史遗迹进行了极为全面的阐述和分析，资料丰

宿白先生主要著作

宿白先生为博士班讲授《历代名画记》，2001年

富，理论卓著，是为古凉文化研究、历史时期考古的经典之作"。

文物出版社出版的《宿白未刊讲稿系列》共辑录六种讲稿，分别是《张彦远和〈历代名画记〉》《汉文佛籍目录》《中国古建筑考古》《中国佛教石窟寺遗迹——3 至 8 世纪中国佛教考古学》《汉唐宋元考古——中国考古学（下）》和《考古发现与中西文化交流》。相对于论文而言，这些讲稿虽经宿先生反复修改，但基本用的都是讲课时的语言，更加容易让我们领会宿先生考虑问题的思路。

一、《汉文佛籍目录》

宿先生文献功力是公认的，宿白先生的职业生涯从北大图书馆开始。抗战胜利以后，经冯承钧先生介绍，宿白先生来到北大图书馆工作。宿白先生在图书馆工作一年多之后，北大恢复文科研究所，经考古组主任向达先生和图书馆馆长毛准先生商量，宿白先生上午到文科研究所考古组，下午到图书馆工作，这样一直到 1952 年院系调整，北大从城里搬到城外，宿白先生才离开了图书馆，正式来到北大历史系考古专业任教。宿白先生在图书馆工作期间，曾参与李盛铎木樨轩藏书的编目工作。李盛铎是近代最负盛名的藏书家，李氏 9087 种藏书共计 58385 册，三分之一强是名贵的旧刊本和罕见本。宿先生在北大图书馆的工作为他的版本目录学研究提供了便利。前几年，宿先生将自己的藏书捐给北大图书馆，宿白先生曾经和我们讲起自己与北大图书馆的渊源："我那时上大学，时间主要是在图书馆。搁 40 年（1940 年）开始，天天在图书馆。那时开架书多，我成天在那儿待着。毕业后留校，还是在图书馆。……因此，把我的东西捐给图书馆，是很合适的。"

宿先生强调读书先要知书，他要求我们人手一册《四库全书总目提要》，这样可以很快知道一本古籍作者的基本情况、主要内容、版本流传以及这本古籍可能存在的问题。在《张彦远和〈历代名画记〉》中他说："使用一本重要的书，要对其有了解。否则会出问题。"具体到《历代名画记》而言，只有知道了张彦远的家世和张家丰富的收藏，才能够知道张彦远为什么能够写出此书来，以及此书可能具有的价值。但是，仅仅知道这些还是不够的，使用一本古籍还要知道所用书籍的版本情况。现在由于《四库全书》有了电子版，方便检索和使用，所以一些人写作的时候使用四库本，对于四库本，宿先生明确指出："使用四库本要慎重。只要不是四库独有的书籍，最好不用四库本。找四库根据的原本或与其无关的其他本。"

从《张彦远和〈历代名画记〉》中我们可以看出宿白先生使用古籍的基本思路。这种思路在《汉文佛籍目录》中有更系统的阐释。我读研究生的时候，宿先生并没有直接讲授《汉文佛籍目录》中的内容，而是要我们抄写吕澂先生的《佛典泛论》和《汉文佛籍目录》的讲义，并结合抄写的进程翻阅《出三藏记集》《高僧传》《续高僧传》《宋高僧传》《阅藏知津》等书籍，有问题再找他请教。这门课相对枯燥，里面涉及的书籍有很多我们是第一次接触。我们抄写的时候也并不完全情愿，抄写的过程中我的食指还起了一点茧子，说给宿先生听的时候，宿先生让我看他手上的老茧。现在看来，当初这门最枯燥的课，对自己的独立工作帮助最大，因为目录学是治学之门径，有了这门课，就可以比较快地找到《大藏经》中的需要资料。当时有一种传说，说宿先生只给自己的入室弟子上《汉文佛籍目录》，以至于我们抄写的讲义，后来被他人借阅，传着传着就不知道传到谁的手上了。

二、《张彦远和〈历代名画记〉》

《历代名画记》虽然重要，但宿先生提醒我们"当然我们不要忘了《历代名画记》只是张彦远一人的记录，只反映他个人的看法，不一定都很正确"。所谓"尽信书不如无书"，宿先生强调文献的重要性，但同时强调文献并不可尽信，而是要和考古材料相互印证，而且我们阅读文献，是要为考古工作服务的。《张彦远和〈历代名画记〉》共有五章，其中第五章为"《历代名画记》与考古发现和传世文物"，内容占了全部讲义的一半。对于文献不可尽信，而是要和考古材料相互印证，宿先生在《张彦远和〈历代名画记〉》第一章"张彦远的家世及其时代"中之"张家的收藏"一节，特意提及张彦远的家乡山西临猗，指出"张家虽然在两京和大州地方作官，猗氏乡里还有旧居，多聚族人"。而《雍正猗氏县志》卷一"坊巷里都"条记："邑城内有四坊……三相坊，城内西南地。唐三相旧居，故名。"对于这条文献，宿先生认为："雍正县志所记据云源于旧志。旧志是指万历、康熙的两县志。但是，明清志书记载唐宋事迹必须另有实证，不能轻易相信。"

如何对待这样一条旧志的记载，宿先生先论及1989年山东济宁发现了元泰定元年（1324年）张楷墓，墓志载其为唐张嘉贞后裔："公讳楷，字道宁，河中猗氏人……父讳普，字大济，金泰和丙寅（六年，1206年）夏五月二十七日诞于邑之三相坊，盖唐中书令张嘉贞暨子延赏、孙弘靖俱佐唐为达官故云。"[1] 这块墓志记楷之父普其诞地猗氏三相坊。因此，我们知道明清《猗氏县志》所记的三相坊，应至晚还有13世纪初的文字根据。

在古今重叠型城址的研究工作中，是由今及古地去做复原的，这种工作的程序类似于考古发掘中的地层揭露是由表土向生土开展的。既然明清《猗氏县志》所记的三相坊，至晚还有13世纪初的文字根据，那么，是不是能够说唐代就有三相坊呢？宿白先生紧接着进行了一段考述：

> 《县志》记县城周七里余，四门，东西两门内有横街相通，南北两门内竖街都止于上述横街，不相通，北门开于北墙偏西位置，南门开在南墙偏东位置。北门内大街在与其相对的横街之南，还连接一条较窄的街道——

[1] 王政玉、苏延标：《山东济宁发现两座元代墓葬》，《考古》1994年第9期。

坊门南巷，向南直抵南城墙。根据其他中原北方旧城街道改变的规律，推测猗氏城这条从北门向南直抵南城的街道，可能是原来的设计，而现在南门内大街约是后来改建的。这个推测如果不误，那么猗氏城内的原始规划应作十字街安排，这就可能是宋金以前的布局了。《县志》记猗氏县为隋代创设，8世纪70年代唐德宗时，河东节度使马燧为防李怀光之叛兴建土城，以后沿用。16世纪中期，明隆庆初始砌砖，以迄20世纪50年代以前。以上记载从城内现存文物看，是可以相信的。首先城内东北隅偏西，尚存两座唐代方形七层砖塔，东西相峙。其后方即北方，有一处高米余的基台上建有奉祠马燧的庄武王庙，俗称马王庙，庙正殿歇山重檐，康熙重建，但多用旧础，旧础覆盆部分施雕刻，可据此断年。最早者雕盛唐流行的简单的宝装莲瓣，其次是若干种变形的宝装莲瓣，再晚些的雕相对环绕的孔雀，后两种应是北宋、金的遗物。可知清重建庄武王庙是在旧建筑台基上，并利用了旧建筑物的构件而兴建的。从庙内所存碑刻等有纪年的文物可知，该庙始建于晚唐乾符六年（879年），北宋、金一再重建；而始建又是在其前兴建的佛寺的基址上改建的，所以庙前方左右还保有晚唐以前所建的东西双塔和大殿还使用盛唐纹饰的柱础。遗憾的是这座佛寺原来名字已失传了。猗氏县城内东北隅有盛唐的大寺院，可推知此城创建应不晚于盛唐。又城内有创建不晚于北宋的天王楼和西塔寺还有金建的文庙，还分布有北宋和金初的铁人、铁钟和经幢，还有元建的妙道寺，因可知此城宋金元沿用以迄明清。这样就可估计现猗氏旧城的布局至少晚唐以来改变不大，因此前面对城内西南隅的三相坊至晚13世纪即已存在的推测，似乎可以向上追溯，说不定从宋金的13世纪后半，可上推到晚唐，名称也许有不同，张家旧居的位置可能一直未动。能够对一个唐代家庭大致方位的推定，在历史遗迹上也是较罕见的。如果再考虑天王楼旧址位于东西大街的北侧，我们知道相传各地天王堂的兴建，是由于平息安史之乱后，唐肃宗诏令而创建的话，那猗氏县城这样的布局，也许有可能开创于8世纪后期了。

读到这里，我们叹服于宿先生思考问题的广度和深度。宿先生行文干净利落，我相信在论文体中，宿先生是不会在讨论张家的收藏中插入一段上述临猗故城的考证的，但是从讲义中，我们能够看出宿先生对于所研究问题的方方面面都经过了长期细致的考虑。

三、《汉唐宋元考古——中国考古学（下）》

《汉唐宋元考古——中国考古学（下）》是宿先生给本科生所上的通论课讲稿，宿先生曾经跟我说：博士刚毕业只能讲专题课，因为这个时候他只在某些专题上有所研究，给本科生上课，一定要教授，因为这个时候的教师才有较强的把握材料的能力。在这部讲义中，每一个大时间段的考古学面貌宿先生都做了高屋建瓴的总结，后面的内容则紧紧围绕着这些特点展开。比如在《五代宋辽金元考古》的"概说"中，宿先生说：

> 这个阶段，从考古学角度来看，存在以下几项极为显著的时代特征：
> 1. 长城以北和长江以南的各种遗迹急剧增多。前者是这个阶段中许多北方少数民族与汉族之间，在各个方面交往日益频繁的具体反映；后者是这个阶段中南方经济文化进一步发展的结果。以上情况清楚表明，当时中华民族的活动范

围大大地扩大了。这些状况为以后明清两代的发展奠定了基础。

2. 民间手工业遗迹急剧增加。如果说汉唐手工业遗迹主要出自中央和地方的官府作坊，那么五代宋元的手工业遗迹则主要出自民间。这种变化不仅反映到遗物发现地点的扩大上，甚至反映到产品外销、在海外大量发现上。

3. 手工业产品的增多、地点的扩大等都是商业越来越繁荣的具体表现。这也反映到大小城市的发展、交通工具的发展、新的交通路线的出现上。同时对外贸易活动的增加、海上航线的往返也是证明。

4. 手工业生产和商业的发展，极大地冲击了传统的封建等级制度。在墓葬形制和随葬品方面，反映比较突出。宋元墓葬已和汉唐墓葬等级森严的情况大不相同了。

5. 由于经济的发展，生产关系出现某些松弛。中国封建社会进入后期以后，人们的身份出现某些变化，社会交往愈来愈多，与北方的民族关系日益密切。因而使广大汉族的生活习俗、生活习惯也发生变化，这反映在家居室内布局方面，十分明显。

总之，宋元时期的考古面貌，又和隋唐时期大不相同。假如说隋唐时期与两汉不同，那么宋元的变化则更大，变得愈来愈接近于近代了。

汉唐宋元考古时间跨度很大，但是，这部讲义并不厚。现在出版的一些称为教材的书，很多都是材料的胪列，教师不可能在有限的课时内讲完书中的内容，造成这种现象的原因，归根到底，还是因为宏观把握材料的能力有限，研究得不够深入，提炼得不够到位。

四、《中国佛教石窟寺遗迹——3至8世纪中国佛教考古学》

宿白先生是公认的中国佛教考古的创立者，1996年8月出版的《中国石窟寺研究》一书，共收入宿白先生自1951年迄1996年间的23篇论文，忠实地记录了中国石窟寺考古学的创建历程。该书出版后获得国家社会科学基金项目优秀成果一等奖和美国史密森学会的第三届"岛田奖"，被誉为是一部"可以转移一时之风气，而示来者以轨则"的著作。

对于什么是石窟寺考古学，徐苹芳先生指出："简单地说便是用考古学的方法来研究石窟寺遗迹。考古学方法最基本的是层位学（地层学）和类型学的方法。但是，石窟寺遗迹属历史考古学的范畴，毕竟和史前考古学上的各类遗址不同，如何用考古学的方法来清理、记录和研究石窟寺遗迹，确实是一个新课题。"[1]

宿白先生认为，中国石窟寺考古学的内容和方法有四个研究程序：对石窟寺遗址做忠实、客观和科学的整理记录，达到一旦石窟寺全部毁废后，能根据记录基本上恢复其原貌之标准；洞窟造像壁画的类型组合与题材研究；分期分区的研究；关于社会历史的、佛教史的和艺术史的综合研究。这种研究思路，同样体现出宿白先生"见微知著，融会贯通"的治学方法。今天被我们视为专门考古的佛教考古，在宿先生看起来是研究魏晋南北朝考古的必需，《中国佛教石窟寺遗迹——3至8世纪中国佛教考古学》即为此目的而讲授。

五、《中国古建筑考古》

1951年12月至1952年1月，宿先

---

[1] 徐苹芳：《中国石窟寺考古学的创建历程——读宿白先生〈中国石窟寺研究〉》，《文物》1998年第2期。

生主持了河南禹县白沙水库库区三座宋墓的发掘工作。白沙宋墓是北宋末年赵大翁及其家属的墓葬，是北宋晚期流行于中原和北方地区的仿木建筑雕砖壁画墓中保存最好、结构最为复杂、内容最为丰富的一处。1957年《白沙宋墓》正式出版，其开创的编写体例和对墓葬结构、墓室壁画的精深考证，仍深刻地影响着历史时期考古学的研究。

宿先生对宋代仿木构建筑的深入研究是《白沙宋墓》中的突出成果。实际上在白沙宋墓考古报告编写之前，宿白先生已经发表有《浑源古建筑调查简报》《敦煌莫高窟中的"五台山图"》《朝鲜安岳所发现的冬寿墓》等涉及古建筑相关内容的文章。新中国成立初，他参加了雁北文物勘查团的工作，但是宿先生的古建研究始终是为考古服务的，后来发表的《浑源古建筑调查简报》"与雁北文物勘查团古建筑组同仁的研究理路相比，则充分体现出其文科专业背景及学术专长"。[1]

就如同宿白先生将佛教考古视为研究魏晋南北朝所必须具备的知识一样，建筑考古在宿先生看来，学术目的也完全不同于建筑院校的建筑史研究，而是因为人类的大量活动，都是在人造的环境之中，也就是建筑内进行的，不懂得建筑考古，很多遗迹遗物的研究无法深入，在《中国古建筑考古》中，宿先生开宗明义地说：

>《中国古代建筑》课是专为学考古的同学开设的，它不同于一般的中国古代建筑史。一般建筑史是为建筑创作（设计）服务的，是为今天的建筑实践做借鉴的，是古为今用的。我们的古代建筑课也是古为今用，但是为今天的考古工作服务的，因此，这个课的内容是从考古工作的

[1] 温玉清：《雁北文物勘查团溯往》，《建筑创作》2009年第2期。

需要考虑的。

《中国古建筑考古》实际上是从考古学的视角提炼出的一部中国古代建筑史,讲义中对考古发掘的早期建筑遗迹多有精彩的论述,如对陕西岐山凤雏西周早期建筑群,宿先生指出:"仔细观察它的柱网排列,纵向仍未成列,因此可知内外柱之间并不能有'梁'这样的联络构件,因而在结构上基本上还与以前的二里头、盘龙城做法相同。尽管如此,从整个凤雏建筑群来讲,它比盘龙城复杂多了。"

六、《考古发现与中西文化交流》

早在北大读研究生期间,宿白先生就对冯承钧先生教授的中西交通、南海交通和中亚民族很感兴趣。《考古发现与中西文化交流》可以说是在把中国考古学置于中西文化交流的视野下进行考察。讲稿中所涉及的内容,不仅仅是中国境内发现的外国遗物,同样涉及中国古代物质文化的西传,而且这种交往时间之早、地域之广超出我们的想象。如新石器商周考古中常见的三足鬲:

> 这种陶器是前二千纪末期突然出现在东迄巴基斯坦北部,西经伊朗北部的里海南岸,迄伊拉克北部的广大的游牧地带;在伊朗北部,大约一直存在到前一千纪的晚期。这里的陶鬲,并不完全和黄河流域的相同,我们见到的有三种形式:三种鬲的样式虽不相同,但它们有一个共同点,即都是尖裆。尖裆鬲在前二千纪末至前一千纪之初,还存在于甘肃和内蒙古一带,这个地带正是中原和伊兰语族的游牧民族,还有畜牧民族的羌等生活的草原区域相接触的地方。大耳下

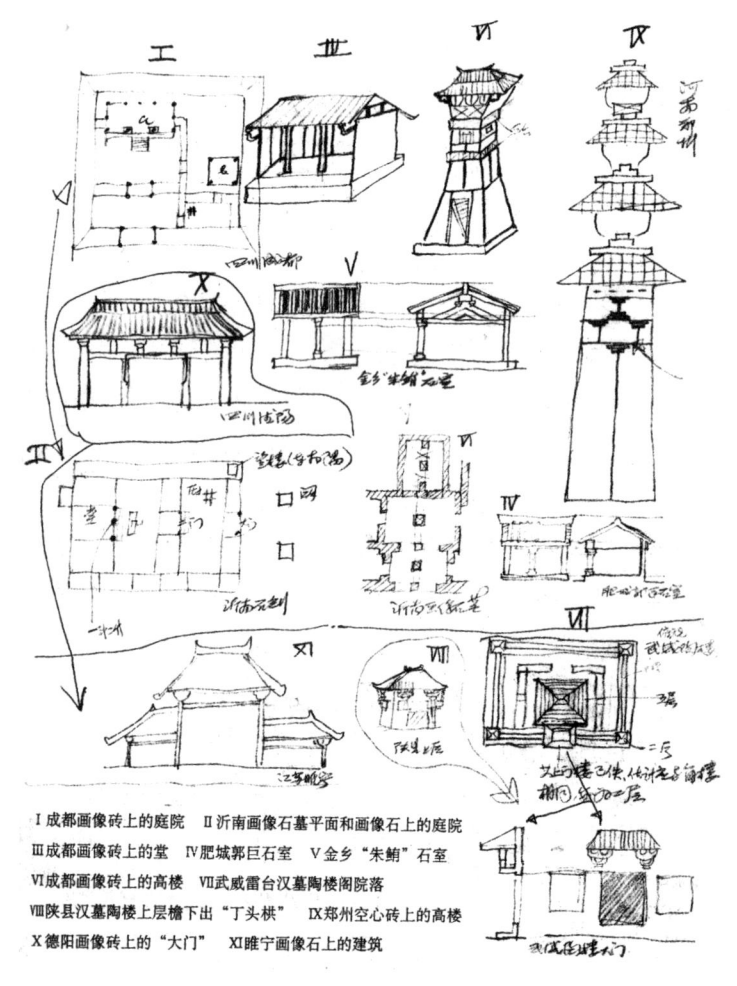

Ⅰ 成都画像砖上的庭院　Ⅱ 沂南画像石墓平面和画像石上的庭院
Ⅲ 成都画像砖上的堂　Ⅳ 肥城郭巨石室　Ⅴ 金乡"朱鲔"石室
Ⅵ 成都画像砖上的高楼　Ⅶ 武威雷台汉墓陶楼阁院落
Ⅷ 陕县汉墓陶楼上层檐下出"丁头栱"　Ⅸ 郑州空心砖上的高楼
Ⅹ 德阳画像砖上的"大门"　Ⅺ 睢宁画像石上的建筑

《中国古建筑考古》彩版五·东汉庭院布局和个体建筑的发展

部出分歧、环形耳、流下有支撑，这些在黄河流域不见或少见的做法，应当都和畜牧、游牧民族生活流动、喜欢便于携带、吊起来使用的器物有联系。我们当然不能设想像易碎的陶器，能够直接从黄河上游地区传到中亚，乃至西亚。但作为黄河流域文化特征的陶鬲，如这种触火面积大、有迅速煮沸而又易于制造等优点的陶鬲，是有可能经畜牧、游牧民族的介绍，经过间接的传播而影响到中亚乃至西亚的。

中外文化交流涉及的时空跨度大，学科领域众多，研究资料分散，宿先生在讲义中举重若轻，对不同阶段中外交流的特点和参与交流的主要人群都有高度的概括，同时，对所讨论的对象让学生们能够知其然还能够知其所以然。比如玻璃制品是古代地中海东部沿岸的特产，那么为什么玻璃制品首先产生在地中海东岸呢？

玻璃的主要原料是硅酸盐岩石中的石英，石英含有少量的铁，铁在一般情况下，使玻璃带有绿色，很像绿松石。石英哪里都有，但单纯的石英熔点很高，需要1700°以上的高温，如加助熔剂可降到1400°以下。最好的助熔剂是纯碱（碳酸钠），地中海东岸分布有大量的天然纯碱，所以很早这里就烧制玻璃制品了。……玻璃珠、管饰，物美价廉，而且色彩多样，所以它很快地不仅代替绿松石制品，而且还可以代替其他矿物质、动物质的装饰如翡翠、水晶和珊瑚等制品。近年在陕西宝鸡、扶风西周晚期墓中发现的玻璃珠、管，它的形状大小和地中海发现的很相似，有人怀疑它是西方传来的，这是有可能的。西方玻璃制品除了以天然纯碱作助熔剂之外，他们涂玻璃质釉的器物也有用铅丹作助熔剂的，因此，即使我们化验西周晚期墓所出土玻璃珠、管有铅的成分，也不排除西来之可能。

宿白先生上述讨论玻璃制品的文字虽然简短，但是，所含的信息量很大。

徐苹芳先生在重读《白沙宋墓》时说：

> 使我体会最深、获益最大的是对宿白先生治学方法的认识。宿先生治学方法的精髓是"小处着手，大处着眼"。所谓"小处着手"是指微观，"大处着眼"是指宏观，也就是微观和宏观的有机结合。治学要从微观做起，从收集史料（包括考古学的和历史文献学的）、鉴别史料（史料的真伪和来源）、利用史料（指尽量利用第一手史料），并在最大程度上获得接近于史实的完整史料，去粗取精，抓住历史事物发展的规律，实事求是地研究和阐述与当时社会历史有关的重大问题，这便是宏观的研究。微观是学术研究的基础，微观研究做的愈细致愈扎实，宏观的研究也就愈可靠愈接近史实。这两者是相辅相成的关系。

宿白先生的讲稿系列，都是"微观"与"宏观"相互结合的结晶，也是"实物"与"文献"相互印证的典范。

原载《中国文物报》，2017年8月11日

宿白留下的考古学之思

2018年2月1日,著名考古学家、杰出的考古学教育家宿白先生逝世。海内外各界人士以不同形式表达了对先生的哀悼和敬意。宿白先生是一位百科全书式的学者,是中国历史时期考古学的开创者和集大成者。他以一己之力,研究了历史时期考古学的多个领域,举凡城市、墓葬、手工业、宗教遗存、古代建筑、中外交流以及版本目录等,先生均有开创或拓展之功,后学皆可得以循径拾阶而入。

宿白先生青年时代就读于北京大学,本科毕业后留校在文科研究所考古组做研究生。其间,他没有把自己的课程仅仅局限在考古学科内,而是尽可能地拓展自己的知识储备,冯承钧先生的中外交通史、汤用彤先生的佛教史、孙作云先生的古代神话等课程对宿白先生构建历史时期考古学都有帮助。出版于1957年的《白沙宋墓》被考古学界奉为圭臬。在这本田野发掘报告中,先生"严格区分报告主体正文和编写者研究的界限",将客观、详细的考古信息作为正文,正文之外做了大量的研究性注释,内容涉及宋代历史、地理、建筑、家具、绘画、器用制度与墓葬选址、营建过程等,不仅体现出先生对考古学的深刻认识,也体现了先生见微知著、融会贯通的史家视野。

先生旧学功底之深厚为学界公认，他曾手书朱熹诗句"旧学商量加邃密，新知培养转深沉"，就是其治学的真实写照。在先生那里，考古学各个分支之间、考古学与其他人文学科之间的隔阂得以打通。他明悉现代考古学的研究目标和学科特点，在此基础上，结合自己熟稔的传世文献、出土碑铭，将考古材料充分运用于具体历史与社会问题的分析之中，在不同的时间断面上展现古代社会的复杂面貌。

先生去世后的生平由北京大学考古文博学院的教师集体撰写，撰写过程中征求了一些历史学界知名学者的意见，这些学者普遍认为应加上宿白先生是一位历史学家的评价。先生生前多次说考古就是研究历史，但是一直说自己只是一位考古工作者。笔者以为，先生这样说不仅是自谦，也是在有意强调考古学的学科属性。

考古学通过古代人类社会的实物遗存来研究人类历史的发展，和利用文献研究历史的传统史学构成史学研究之双翼，不可偏废，却各有侧重。中国传统史学有着深厚的积淀，而现代考古学则由国外传入，如何将西方的考古学方法合理地运用于中国的历史研究，其中一个关键问题就是考古学的学科定位以及由此而来的学科教育体系。宿白先生亲身垂范，告诉了我们考古学是什么，对历史研究有什么用。

考古学长期被视为冷门学科，但小学科事关大事业，考古材料保存着一个国家发展历程的物质文化基因。党的十九大报告强调："没有高度的文化自信，没有文化的繁荣兴盛，就没有中华民族的伟大复兴。"而中国特色社会主义文化的重要来源之一，就是"中华民族五千多年文明历史所孕育的中华优秀传统文化"，对于中华优秀传统文化的阐释，考古学理应发挥更大作用。回望宿白先生的一生，就是在"为往圣继绝学，为民族立根基"。

中国现代考古学经过近百年的发展，积累了丰富的研究材料，学科内部分支也越来越细，甚至有了考古"围城"之说。我们在精细化专业研究的同时，也应不忘初心，明白考古的学科意义所在。考古学是一门继往开来之学，宿白先生是继往开来的大学者。先生在北大度过八十载，历经中国社会翻天覆地的变革，勇于担当，始终以学生培养和学术研究为己任。他是一位纯净的学者，尽学者之所能，报效了自己的国家，指引了后学前行的方向。

原载《光明日报》，2018年2月13日

从源到流

我们有当前的物质文化，也有当前流行的非物质文化，这些不需要我们政府出面去保护。一种文化成为遗产，就说明它的传承出现了危机，这种危机不是仅仅靠传承人就能简单解决的，而是要出台国家层面的相关扶持政策，鼓励这些文化遗产的传承人进行自我造血，进行生产性传承。

——《要关注生产性文化传承》

"源流运动"的发起源于一场"如何把考古所得的知识体验带入日常生活、把古典美好与现代社会有机结合"的讨论。"源"即面向古代，追本溯源；"流"即关注当今，面向未来。"源流运动"的定位是"考古、艺术、设计"，"考古"科学地提取原始信息，"艺术"加深我们的人文修养，"设计"影响今人的生活。"源流运动"希望通过这一跨领域平台的建设，搭建一个连接古典美好与现代生活的桥梁。

——《活态传承需要普及和人才》

片面地强调保护，容易占据道德高地。但近几十年的实践表明，由于没有综合考虑到国计民生和中国考古遗址的特性，许多部门并没有将文化遗产作为一种特殊的资源加以妥善利用，而是当成了社会发展的一种羁绊，实际的保护效果并不理想。谈"合理利用"我们文物界不能画地为牢，而是要积极寻求社会力量的多方面参与。

——《"让文物活起来"的一些思考》

要关注生产性文化传承

萧伯纳曾经说:"人生不是一支短短的蜡烛,而是我们暂时拿着的火炬,我们一定要把它燃得十分光明灿烂,然后交给下一代。"文化的传承对于维系一个民族的发展具有重要意义。因此,任何负责任的政府,都会重视自己民族的文化传承。2005年12月22日,国务院发布了《国务院关于加强文化遗产保护的通知》。这个通知,注重了物质文化与非物质文化的区别,也强调了两种文化遗产保护十六字基本方针侧重点的不同,即物质文化遗产保护要"加强管理",非物质文化遗产保护要"传承发展"。这里结合自己的工作实际,谈谈对文化传承问题的几点思考。

一、理解"器以藏礼"

中国古代有"器以藏礼"的说法,许多学者对物质与非物质文化的相互关系也早有论述。举例来说,周代对于鼎的使用有一套严格的等级制度,天子九鼎八簋,如果撇开了用鼎制度,鼎可以做烧饭的锅,也可以做烧香的炉。古代有一种浅的青铜盘,上面的铭文说是酒器,现在的人一般无法理解怎么会用这么浅的盘子喝酒,怎么喝?实际上这种盘子确实是酒器,是一些人拿着吸管同时喝的，经常是结盟时以示无猜，聚会时表示亲密。所以，如果我们不将这些物质的与非物质的因素合在一起考虑，就无法完整地理解这些文化遗产。如果不能深入地了解文化遗产的内涵，也就谈不上文化的传承与发展。

二、培养潜在的传承人

2005年，文化部颁布了第一批国家级非物质文化遗产名录，也在这一年，开始了非物质文化遗产传承人的认定工作。从公布的名单来看，有许多遗产原来都是有广泛的群众基础的。如川江号子，在川江上的纤夫普遍都会。又如传统的手工造纸技艺，曾经是许多地区的人民借以谋生的手段。现在仅仅靠个别的传承人，加上政府的少量资助，这样的传承是被动的。如果能培养许多潜在的传承人，传统文化的传承才会有真正的希望。比如，手巧有助于心灵，手工课的目的，就在于培养学生的心灵手巧，我们许多的非物质文化遗产项目，其实都可以经过改造进入当地中小学的手工课中。在设计这些课程的时候，我们要注意原理的理解对文化传承的重要意义。比如，中国古代木构建筑对东亚文化圈曾经产生过重要的影响，墙倒屋不塌的框架体系使许多古建筑经受了多次的地震而留存至今。我们可以通过古建筑模型的搭建，在寓教于乐中让学生了解古代建筑的结构体系。古人为我们留下了两本重要的建筑文本，即宋代的《营造法式》与清代的《工部工程做法则例》。这两部文本重在用料和用工的估算，结构和设计上则是一些原则。但是，我们现在建造的许多仿古建筑，就是两部文本的照搬，这样的仿造，谈不上是文化的传承。文化的传承在于文化的创新，而不在于文化的固守。我们如果要在学校开设相关的建筑手工课，课程的设计重点在于让同学们认识古代木构框架体系的模数制度,重在其神而不是其形。只有原理性的知识被学生掌握之后,才会激发学生的创造潜能,使文化的传承与文化的创新结合到一起。

三、注意开展生产性的传承

《美术观察》2009年第6期刊发了题为《造纸技艺与文化传承》的访谈,在这次访谈中,大家就现代机制纸张和古代手工造纸等问题展开了探讨。机制纸张由于木浆的酸性高,加上蒸煮液、漂白剂、施胶剂等的使用,尽管纸的纤维细且纸面洁白,但难以像古代手工纸那样"纸寿千年"。所以,许多20世纪的图书和档案,现在已经焦黄发脆。另一方面,目前在一些手工纸的生产中也加入了现代的科技手段,而使纸的质量有比较大的改变,如果在这样的纸张上进行艺术创作,无疑是在缩短那些艺术作品的寿命。这个问题的严重性在短时间内看不出来,但放到时间的长河,放到对民族艺术的保护中去看,是应该加以重视的。在古代,存在过许多有名的纸张,生产纸张的地域也曾经遍布南北,以这些纸张作为载体,古人有更广阔的天地施展自己的才华。不像今天,手工纸的产地和种类都在萎缩,我们没有给当代的艺术家提供更多的选择。再者,中国古代有数量庞大的纸质类文物,保存在国内外的许多机构,甚至个人收藏家手中,修复的任务很大。从理论上讲,这些纸质文物的修复,理所应当用与原来纸张最为接近的仿古纸去修复。以上这些潜在的需求,都为我们进行生产性传承提供了基础。其实,在这方面有些国家已经给我们提供了可资借鉴的经验,比如日本的"人间国宝"计划等。

另外,我们需要认真考虑国家在文化传承中的角色,我们要分清物质文化、非物质文化和物质文化遗产、非物质文化遗产之间的关系。我们有当前的物质文化,也有当前流行的非物质文化,这些不需要我们政府出面去保护。一种文化成为遗产,就说明它的传承出现了危机,这种危机不是仅仅靠传承人就能简单解决的,而是要出台国家层面的相关扶持政策,鼓励这些文化遗产的传承人进行自我造血,进行生产性传承。

原载《社会科学报》,2009 年 7 月 30 日

活态传承需要普及和人才

文化遗产的保护受到国际社会的普遍关注，尤其是1972年联合国教科文组织通过《保护世界文化和自然遗产公约》以来，保护文化多样性已经成为全人类的共识。文化遗产并非完全"客观"，就如同英国学者哈里森在其所著 Heritage: critical approaches 一书的序言"遗产无处不在"所论述的那样："遗产最重要的不是关乎过去，而是我们与现在、未来的关系。"他认为："遗产不能仅仅理解为对存留至今的古物进行被动地保护，它还是一种将物、场所与实践主动聚集起来的过程，其中，我们的选择犹如一面镜子，映照着我们在当代所持并希冀能带进未来的某种价值体系。"同样，我们可以明确地说，我们保护文化遗产是为了增强文化自信。

我们保护和弘扬传统文化的工作尤其艰巨。清末民初，在中华民族救亡图存的形势下，许多人探索着不同的路径，其中包括一些著名学者，都曾经希望全盘西化。中国的现代考古学就诞生在这样的背景之下。1921年，瑞典地质学家、考古学家安特生发掘河南渑池仰韶村遗址，标志着中国考古学的开始。这门在进化论的影响下产生于19世纪中叶的学科之所以能够被中国学术界所接受，是因为新文化运动和古史辩派怀疑中国传统的古史体系，我们面临着如何看待自身历史的需求。在为庆祝北京大学建校120周年所举办特展"寻真——北京大学考古教学与科研成果展"的前言中，笔者写出了自己对考古学科作用的认识——"为往圣继绝学，为国家固根基"。

经过近百年的发展，中国考古学取得了长足的进步，为我们积累了巨大的物质文化基因库，这些丰富的资源不应该仅仅是我们书斋里研究的对象，它还应该在当代和未来发挥更大的作用。但是，当你想了解这一宝库的时候，却会发现巨大的资源以学术的形式一丝不苟写就，就像医生写的病历一样，让普通人无从下手。一方面，我们每天都在面临海量的信息；另一方面，我们很难看到民国时期那样的"大家小书"，其实，深入浅出从来都是一种难以达到的境界。最近，美国考古学家罗伯特·凯利的《第五次开始——600万年的人类历史如何预示我们的未来》受到好评。在书的具体写作中，作者想"有意保持本书短小、愉悦，有时甚至是轻松"，他希望的是写一本"大家真的会认真阅读的书"，而不是"一本充斥了拖沓冗长、涩滞不便的大段引文的书"，虽然"这样的书俯拾皆是"。每一个学科都有自己的社会责任，如果我们不能很好地重视文化遗产知识的普及，将其变为公民素质教育的一部分，我们也就不可能有效发挥物质文化基因库的作用。

我们更缺少能够将文化遗产领域的研究成果进行有效的社会转化的人才。怎样才能真正"让文物活起来"，让传统文化的传承形成良性循环，还面临很多瓶颈。如何突破瓶颈寻求发展，这是文化遗产保护工作者必须回答的问题。做好文化遗产知识的普及工作，也并不代表着资源就能够被充分利用。就如同20世纪荷兰著名设计师瑞特维尔德认为的那样：只有一件经典作品不足以改变现实状况，只有在日常用品都带有正确价值观的情况下，人类的行为才有可能朝着他所盼望的方向发展。

为此，北京大学考古文博学院在三年前发起了"源流运动"。"源流运动"的发起源于一场"如何把考古所得的知识体验带入日常生活、把古典美好与现代社会有机结合"的讨论。"源"即面向古代，追本溯源；"流"即关注当今，面向未来。"源流运动"的定位是"考古、艺术、设计"，"考古"科学地提取原始信息，"艺术"加深我们的人文修养，"设计"影响今人的生活。"源流运动"希望通过这一跨领域平台的建设，搭建一个连接古典美好与现代生活的桥梁。正如无印良品艺术总监原研哉所说："也许未来就在面前，但当我们转身，一样会看见悠久的历史为我们积累了雄厚的资源。只有能够在这两者之间从容地穿行，才能够真正具有创造力。"平台目前已有诸多线上线下实践，并且产生了一定的社会影响。

笔者常对学生说，"源流运动"要坚持做下去，现在的工作仅仅只是开了一个头。日本在20世纪20年代从西方文化的冲击中苏醒，设计师们反思什么是"日本的"，并引发出一场以民众生活为基础、发展日本原创产品为目标的民艺运动，力求重新树立日本文化的独立性。民艺运动的发起人柳宗悦在1957年发表的《日本之眼》中说："向国外学习是好的，但若是盲目崇拜和追随，就没有了文化的独立……日本民艺馆虽小，但能够承担如此使命，毫不犹豫地发挥着'日本之眼'的作用，不再追随西方，不为'现代之眼'所迷惑。"

在追求中华民族伟大复兴的道路上，我们必须面向未来重新审视传统文化的价值，使之发挥当代的意义。我们必须正视任务的艰巨性。事业的成败关键在于人，我们目前还没有培养出有规模的复合型人才队伍，源头的活水不足，也就不能奢望溪流能够汇集成大江大河。

原载《光明日报》，2018 年 8 月 11 日

激发内心的创造力

"蔡元培与北大"展览正在北京大学赛克勒考古与艺术博物馆举行,蔡元培先生一向十分重视博物馆在美育教育方面的重要作用。我们欣喜地看到,目前中国博物馆正处于一个快速发展期,登记注册的博物馆数量已经达到4692家,博物馆事业在我们的文化建设中已成为不可或缺的重要力量。

高校博物馆也越来越得到社会的关注。清华大学、武汉大学、浙江大学等高校都建造了规模可观的新型现代化博物馆。在国际上,许多一流高校也都拥有驰名的高校博物馆,如牛津大学有五座博物馆,其中的阿什莫林博物馆创建于1683年,是世界上最早向公众开放的博物馆。在2009年,阿什莫林博物馆经过改扩建之后重新向公众开放,英国女王参加了新馆的开馆仪式。

那么高校博物馆有什么特殊性呢?或者说高校博物馆除了位于高校之内,更多地方便学生和教师群体之外,还有什么不同于社会上的博物馆的功能和职责呢?

总的来说,高校博物馆的功能和教书育人的宗旨是一致的。我们博物馆的展览都具有教育功能,也可以成为学生受教育的资源,但是,高校博物馆展览应该更多地根据各个学科的特点进行组织，如北京大学赛克勒考古与艺术博物馆（以下简称赛克勒博物馆）的基本陈列尽量按照遗迹遗物的组合关系去布展，比如一座墓葬，社会上的博物馆基本采用的是选取其中一部分精美的文物去组织展览，而我们的展览方式可以提供完整的研究信息；高校博物馆还可以根据教师的教学需要去设计展览，如我们正在筹划的"陈寅恪的南北朝"展览，教师在组织读书班的同学研读陈寅恪先生关于南北朝著述的基础上，用陈寅恪先生自己的话去组织展品，这样既对相关文献进行了深入的学习，又能使学生知道哪些学术观点是可以反映在物质文化资料上的，从而加强学生用文献与考古资料相结合的办法去进行历史研究的能力。

高校博物馆可根据自己的科研成果去组织展览，结合展览举办研讨会和学术讲座，比如2014年赛克勒博物馆举办了"秦与戎：秦文化与西戎文化十年考古成果展"，展示了5个单位合作10年的早期秦文化研究成果，展览期间图录就已售罄。但是，还有一类与科研相关的展览几乎没有开展，就是在文化遗产领域，一篇好的论文或者专著本身就可以成为一个好展览的基础，这类展览如能开展，将会加大我们展览的学术含量，同时，也加速科研成果的社会推广。

高校博物馆的展览大多数都可以视作直接服务于学生培养的（本文所说的学生培养特指学生自己策划和组织实施的展览）。近两年来我们让学生自主策划了"燕园记忆"，展出从全校毕业生中征集来的值得纪念的物品；结合考古专业本科田野发掘实习期间开展的公众考古工作，让不同专业的学生合作策划了"墙内外：北京大学平粮台考古队2016年社区考古展"。

高校博物馆不同于社会博物馆的另外一个重要方面，是高校肩负着提升广大学生对考古与艺术理解、欣赏能力的责任。当前，中国越来越重视传统文化的传承与发展，反映了处于时代变革中的国人寻求建立文化自信的诉求。但怎样才能"让文物活起来"，让传统文化的传承形成良性循环，还面临很多瓶颈。突破瓶颈寻求发展，这是文化遗产保护工作者必须回答的问题。正如学者哈里森所说："遗产不能仅仅理解为对存留至今的古物进行被动地保护，它还是一种将物、场所与实践主动聚集起来的过程，其中，我们的选择犹如一面镜子，映照着我们在当代所持并希冀能带进未来的某种价值体系。"

高校博物馆可从理论和实践层面对于文化遗产的保护利用进行更好的探索，这也是北大考古文博学院发起"源流运动"的初衷。自2015年9月起，"源流运动"举办了"首届高校学生文化遗产创意设计赛"，结合大赛，赛克勒博物馆举办了"看见桃花源——源流·首届高校学生文化遗产创意设计赛成果展"。在活动期间陆续推出了"云想衣裳花想容——考古与当代服装设计""念念敦煌文创手工作坊"等活动，微信平台也推出了"一物""观展""创艺""节气"等栏目。"源流运动"中的所有项目均由学生参与或主导，旨在通过多元化的培养方式使学生加深对学科的认识，在不同的专业领域得到历练。

人类历史200余万年，从一柄石斧到现代城市，我们以设计改变命运，同时不忘追求美的情感。中国5000年来，以这样的渴望创造了灿若星河的文化遗产，然而如今，它们却沉默于博物馆与荒野，成为往昔消退的标本。考古的目的在于追本溯源，而一切古代遗物，无不凝聚着先人的设计理念和精神。因此，北京大学考古文博学院搭建"源流运动"这个古代文化与当代设计的交流平台，去分享那些永不过时的美好，探寻真正融合传统与当代的设计，以解放古物，唤醒创造力，让传统美重回日常。

这是北京大学考古文博学院在文化遗产创意设计赛的启事中

所说的话。我们希望通过"源流运动",用中国之眼看待中国的文化。一所著名大学的博物馆在保持学术严谨的同时,能够为中华传统文化的复兴做出探索性的努力,这是时代赋予我们的使命。

原载《人民日报》,2017 年 5 月 18 日

谁谓古今殊

——关于"源流运动"的思考

2017年12月3—5日在浙江省乌镇举行的第四届世界互联网大会上，国家文物局展示了"互联网+中华文明"三年行动计划的成果，其中也选择了北京大学考古文博学院主办的"源流运动"平台的相关内容参与展示。

2017年12月15—17日，受组委会的特别邀约，"源流运动"参加了"第三届广州国际文物博物馆版权博览会"。此前不久，"源流运动"在北京大学党委宣传部、共青团北京大学委员会的指导，首都博物馆、上海博物馆、河南博物院、浙江省博物馆、辽宁省博物馆、山西博物院、敦煌研究院、浙江大学出版社以及中国博物馆协会文创产品专业委员会的支持下，启动了"源流·第二届高校学生文化遗产创意设计赛"。本届大赛以"风雅·宋"为设计主题，宋人崇古修文，有宋一代诗有远致，画有逸品，书有韵味，工艺美术也呈现出与域外文明不同的、简素优雅的风格，成就了中国历史上文化的黄金时代，"源流"希望每份来稿作品都建立在对宋人精神、思想的深入探求上，用设计将那份风雅与当代文化接续，变古为新，书写未来。

北京大学官网主页对本届大赛做了大幅报道。早在2017年9月13日，北京大学官网就公示了"北京大学大众创新万众

"源流·第二届高校学生文化遗产创意设计赛"海报

"源流运动"在第三届广州国际文物博物馆版权博览会

创业示范基地建设工作方案","源流运动"是其中的示范基地之一。

"源流运动"创立于2015年9月,以"考镜源流、以故为新"为宗旨,搭建"考古·艺术·设计"交流平台,线上推送原创文章,线下举办活动、展览,受到了业内的肯定,在社会上形成了一定影响。

那么,"源流运动"两年多来做了哪些思考和努力呢?

一、有温度的文物

如何"透物见人"是考古学中讨论多年的一个老话题,严文明先生就将考古学定义为:"考古学是研究如何寻找和获取古代人类社会的实物遗存,以及如何依据这些遗存来研究人类社会历史的一门学问。"这里的物,更多的是指如何通过考古地层学、类型学的研究,揭示器物和器物群背后所蕴含的古代人类的活动。但是,还有许多文物指向了特定的使用人,对这些文物不少学者进行过深入的研究,不过这些研究基本是考证文物的名称、制作工艺、使用方式等物化的层面,如何穿越时空,通过这些文物看到它们的使用者,感受到历史的温度,让文物"活起来",还是一个有待进一步探索的领域。"源流运动"为此专门创设了"一物"栏目,发刊语这样写道:"《一物》是源流运动认真策划,酝酿已久的小项目。在这里,每位作者将以自身的学识和感受,勾勒一件有生命的文物。美成在久,巾短情长,请和我们翻阅《一物》,感受历史的温度。希望有一天,您在博物馆中再与这些文物相遇时,它们与您不再是陌生的过客,而是久别的故人。"

栏目的第一篇文章是笔者撰写的《金枝玉叶的早殇》,所选文物是隋朝李静训墓出土的嵌宝石金项链。这件项链是国宝级文物,人见人爱,即使观者没有背景知识,也会为这件文物的造型、工艺和华丽的装饰所吸引。笔者以前也阅读过熊存瑞先生的《隋李静训墓出土的金项链、金手镯的产地问题》等文章,但这件文物并没有更多地想让我去写的冲动,直到有一天再翻阅李静训墓的发掘报告,看到这样一个集万千宠爱于一身的九岁女孩,墓葬位于大兴城(即唐长安城)内休祥里的万善尼寺内的时候,突然心有所感,写下了"宗教都会许给人一个身后的世界,对于生者,这也许是距离另一个世界最近的心理距离……小姑娘也许

《一物·金枝玉叶的早殇》

《一物·戎马未解鞍》

《一物·百工皆圣作》

《一物·云中谁寄锦书来》

并不懂得这些珍宝的价值,更不知道它们来自何方,但是她的长辈,显然想用这些华丽的装饰,妆扮一下她们再也看不到的容颜"。文章的写作即由此生发而来。此文在"源流运动"的微信平台发出之后被刷屏,《光明日报》的李韵同志看到后联系我们,希望《一物》的文章以后能够在《光明日报》上连续刊载。《一物》也成为"源流运动"影响最大的一个文章栏目,《一物》上发表的文章,也即将由三联书店结集出版。

值得一提的是,有一天早上笔者接到张忠培先生的电话,电话那头是张先生浓厚的乡音,以他惯有的语气说,你写的李静训项链的文章我看了!听到这里心中有一丝惴惴不安,谁知道张先生后面都是鼓励的话,尤其是"这才是真正的公众考古"!张先生去世之后,笔者时常想起张先生生前的教诲,他的这个电话,也成为我们坚持开展"源流运动"的一个动力和鞭策。

二、以"中国之眼"看待中国文化

"源流运动"的发起源于一场"如何把考古所得的知识体验带入日常生活、把古典美好与现代社会有机结合"的讨论。"源"即面向古代,追本溯源;"流"即关注当今,面向未来。"源流运动"的定位是"考古、艺术、设计","考古"科学地提取原始信息,"艺术"加深我们的人文修养,"设计"影响今人的生活。"源流运动"希望通过这一跨领域平台的建设,搭建一个连接古典美好与现代生活的桥梁。

平台目前已有诸多线上线下实践。线上平台已推出《一物》《观展》《创艺》《研图》《节气》《有约》等栏目,发布原创文章百余篇。每个栏目都对以往文化遗产保护与传承中反映出的问题,在深入讨论的基础上,进行新的努力和尝试。

"源流·设计分享夜"上首届高校赛获奖选手介绍设计思路

"云想衣裳花想容——考古与当代服装设计"活动中齐东方教授讲座

线下先后举办"源流·首届高校学生文化遗产创意设计赛""云想衣裳花想容——考古与当代服装设计""源流·设计分享夜""念念敦煌手工作坊""翩若惊鸿——考古与当代首饰设计""风雅·宋——考古与艺术设计中的宋人精神""图像中的远古——早期文明对当代设计的启迪"等多项活动,并已策划"源流·感受文化遗产之美""念念敦煌——丝路上的美学源流""看见桃花源——源流·首届高校学生文化遗产创意设计赛成果展"等主题展览。现在"考古与当代"系列已经成为我们今后工作的一个重点方向。

2016年3月的女生节,"源流运动"举办了"云想衣裳花想容——考古与当代服装设计"活动,邀请北京大学考古文博学院教授齐东方、APEC（亚太经合组织）领导服装设计师之一的楚艳女士,分别以"淡抹浓妆总相宜——考古所见唐代女性"和"中国女性服饰的古典与时尚"为题作了讲演,配合专业模特的时装表演,进行了一场有关考古与当代服装设计的对话。一方面,使学者们重新审视考古与日常生活联系之紧密;另一方面,当代设计师也在从古老的元素中汲取着设计的灵感。就如同20世纪荷兰著名的设计师瑞特维尔德认为的那样:"美术馆只是美好人生的前奏,而不是结果。美术馆含有指引我们如何面对人生的提示,但美术馆与艺术的关系,终究就像学校与人生的关系一样,到了一个阶段,我们必须走入世界。"他认为只有一件的经典作品不足以改变现实状况,只有在日常用品都带有正确价值观的情况下,人类的行为才有可能朝着他所盼望的方向发展——他希望世人能够更加活泼开朗,对儿童更加有爱心,对不同阶段的人更加包容。

当前,中国越来越重视传统文化的传承与发展,反映了处于时代变革中的国人寻求建立文化自信的诉求。但怎样才能真正"让文物活起来",让传统文化的传承形成良性循环,还面临很多瓶颈。如何突破瓶颈寻求发展,这是文化遗产保护工作者必须回答的问题。一种社会变革必然有与其相适应的社会思潮。考古的目的并不仅仅是为了复原古代的历史,就如同文艺复兴运动一样,重新发现古希腊罗马的人文精神,迎来的是近代的曙光。现在,在世界范围内遗产得到越来越多的保护。英国学者哈里森所著 *Heritage: critical approaches* 的序言标题是"遗产无处不在",作者认为:"遗产最重要的不是关乎过去,而是我们与现

2016年发布的第一张节气图"立春"　　2017年"秋分"节气图

在、未来的关系。"他认为,"遗产不能仅仅理解为对存留至今的古物进行被动地保护,它还是一种将物、场所与实践主动聚集起来的过程,其中,我们的选择犹如一面镜子,映照着我们在当代所持并希冀能带进未来的某种价值体系。"正如无印良品艺术总监原研哉所说:"也许未来就在面前,但当我们转身,一样会看见悠久的历史为我们积累了雄厚的资源。只有能够在这两者之间从容地穿行,才能够真正具有创造力。"在追求中华民族伟大复兴的道路上,我们必须面向未来重新审视传统文化的价值,使之发挥当代的意义。

笔者常常对学生说,"源流运动"要坚持做下去,现在的工作仅仅只是开了一个头,今后不论遇到再大的困难,我们都应该有坚定的自信。这种自信来自于内外两个方面:内的方面,文化遗产资源是一个富矿,"源流运动"的优势是学术的准确性和

"看见桃花源——源流·首届高校学生文化遗产创意设计赛成果展"中的产品设计一等奖作品

"看见桃花源——源流·首届高校学生文化遗产创意设计赛成果展"的第三单元"还家"

对遗产价值的认知,这是考古专业的学生应该充分自信的地方。"源流运动"要做得有深度有温度,做更多有益的思考和尝试,形成一些理念的引导,而不是随波逐流,单纯追求点击率。外的方面,他山之石可以借鉴。

日本在"二战"后从西方文化冲击中苏醒,设计师们反思什么是"日本的",并引发出一场以民众生活为基础、发展日本原创产品为目标的民艺运动，力求重新树立日本文化的独立性，其成就有目共睹。民艺运动的发起人柳宗悦在 1957 年发表的《日本之眼》中说："东京的国立近代美术馆出版了名为《现代之眼》的月刊杂志……仔细看去竟全是'西洋之眼'的风格，似乎'西洋之眼'就是'现代之眼'，或者'现代之眼'等于'西洋之眼'，我对此深感不安——向国外学习是好的，但若是盲目崇拜和追随，就没有了文化的独立……未来，东方艺术所孕育的文化财富会不断扩大，因为有很多与欧美相异的因素。……日本民艺馆虽小，但能够承担如此使命，毫不犹豫地发挥着'日本之眼'的作用，不再追随西方，不为'现代之眼'所迷惑。"

三、北大的教学综合改革

"源流运动"有两个主要面向：一个是面向社会的文化传承与创新，另一个是面向学校的人才培养。北京大学近些年正在进行教学综合改革，加强学生的通识教育，以应对快速变化的外部世界。本科生在二年级第一个学期可以自由转专业（现改为学部内自由转专业）。考古学不像语数外等学科，学生在中学就有所了解，由于应试教育片面地追求升学率，历史教学在目前的中学教学中有弱化的趋势，考古学的内容更是几乎空缺，而本科生在一年级所修的主要是外语和马列等公共课，在这种情况下，不积极想办法让学生对考古学科有更多的了解，调动他们深入学习的积极性，就有可能造成潜在考古人才的流失。

"源流运动"线上线下的所有项目均有学生参与甚至主导，旨在通过多元化的培养方式使学生加深对学科的认识，在不同的专业领域得到历练。2016 年 2 月 4 日为立春，"源流运动"制作发布了第一张节气图，之后的每个节气都发布一张原创图片。

2017年，"源流运动"又设计了第二个系列。《节气》虽是很小的项目，却承载着并不小的愿望：重拾我们与宇宙、万物的默契。每到一个节气，"源流运动"都会推出一张与之相关的文物图片，并配有相应的诗词。同学们为了找寻一张合适的图往往会翻阅很多图录和考古报告，从构思到成图，既锻炼了他们的艺术素养，也在无形之中增加了他们的专业知识。现在二十四节气图已经坚持了两年，在"源流运动"推出这一形式之后，一些公众号也推出了形式相近的图片，可以说"源流运动"的一些理念已经起到了引领和示范作用。

自2015年9月起，"源流运动"举办了"首届高校学生文化遗产创意设计赛"，结合大赛，北京大学赛克勒考古与艺术博物馆举办了"看见桃花源——源流·首届高校学生文化遗产创意设计赛成果展"。笔者在接受北京大学校报采访的时候说，"看见桃花源"这一展览，从策划到布展全由学生自主完成，"一方面，希望展览能够体现学生自己的想法；另一方面，希望学生得到锻炼，遇到困难时自己克服"。

眼下《国家宝藏》正在播出，这个节目改变了过去鉴宝类节目片面宣传文物的市场价格的弊端，而试图用比较生动的形式阐释文物文化价值，编导组的努力值得肯定。这个节目在引发社会热议的同时，也有一些专业方面的不足。而另外一档栏目《假如国宝会说话》，每集用五分钟的时间介绍一件国宝，其形式便于互联网时代的传播，但是也有相当的难度。以上两档节目的推出，反映了文化遗产资源的价值正在越来越得到社会的重视，节目的不足也说明我们在这些方面的努力还有很大的提升空间，其中解决问题的一个重要举措，就是培养出复合型的专业人才，能够在准确地传达文物文化内涵的同时，也能够懂得时尚的传播方式。北京大学考古文博学院与中央纪录片频道的编导合作，在 2016 年秋季开设了"考古类纪录片的制作与传播"课程，就是希望在这些方面做出努力，能够在不远的将来拿得出与世界同类水平比肩的节目。为此，"源流运动"同样希望给学生提供一个好的平台，在学习专业课程的同时，能够在不远的将来推出微视频作品。

目前，考古学科也在面临转型，在坚守考古学传统的同时，也必须考虑到考古学科发展的趋势，考虑到新时代考古教学的变化。除了"源流运动"，北京大学考古文博学院还将实验考古和虚拟仿真教学作为教学改革的内容，调动学生的学习主动性，学院积极建设教育部实验实践中心和虚拟仿真中心两个国家中心，目前已经开展了冶金考古实验研究、史前建筑实验考古研究、青花画法研究和佛教造像模拟开凿等项目，《中国文物报》的李政同志在北大开展实验考古的开始阶段就予以关注，后来《中国文物报》以《绝知此事要躬行》为题，报道了北京大学考古文博学院的实验实践课。

事业成败的关键在于人才的培养。现在考古学科的建设得到越来越多的高校重视，考古学守护的是国家的物质文化基因，考古的成果应该为更多的人所知，成为国民素质教育的一部分，这需要我们培养多方面的人才。

原载《中国文物报》，2018 年 1 月 26 日

"让文物活起来"的一些思考

"让文物活起来"成为近年来博物馆行业内的普遍呼声。关于这个问题,我想先从博物馆文创说起。

2017年,我指导一个文化遗产方向的研究生撰写了博物馆文创方面的硕士论文(赵冰清《试论博物馆文创的几个问题》),论文讨论了国内外博物馆文创的不同案例,得出的主要观点之一是:"博物馆文创是博物馆教育功能的延伸,不宜提博物馆文创产业,博物馆文创也无法形成产业。"

2016年,国务院下发专门文件,国家文物局等相关部门出台一系列落实文件和措施,鼓励博物馆依托馆藏资源开展文化创意活动,积极探索文物活起来的有效途径。有关部门相继推出《关于推动文化文物单位创意产品开发的若干意见》《关于促进文物合理利用的若干意见》等文件,博物馆界也积极响应,有国家博物馆天猫旗舰店上线、故宫博物院与腾讯达成战略合作等实质性举措,这一年几乎每个月都有关于博物馆文创的利好消息,因此,2016年被媒体称为博物馆文创元年。

但是,在叫好声中,也有不同的声音,如马继东的《中国博物馆IP开发不容乐观》、魏金金的《博物馆文创开发如何突破困境?》,有的文章以标题直言《2016博物馆文创:激情遭遇体制性头疼》，甚至认为《博物馆就不该做文创》。

　　博物馆文创产业的全称由四个部分组成：博物馆，文化，创意，产业。在我看来，博物馆文化创意活动首先得明白自己作为一家博物馆为什么要做这件事情，这件事情是不是基于博物馆自身的定位和资源，是不是引领了文化的健康发展。我们常说博物馆是非营利机构，这并不意味着博物馆不能营利，不能参与市场竞争，但是得要考虑到营利性的行为，在博物馆发生之后会对博物馆产生什么样的影响。可能有经济收益，可能有社会效益，也可能会产生某些争议。不是说有争议的事情就一定不能去做，也不是说有收益的事情博物馆就一定要做，博物馆应当对这些问题有全面的考量。但是，国内外的博物馆没有哪一家是靠经营文化创意产品的收入去作为自己博物馆的主要财政来源，更谈不上形成了市场经济所定义的产业。博物馆可以根据自身的资源优势、专业人才队伍的实际情况从事一定的文化创意活动，但是，将这种活动与产业直接画等号，以为博物馆文创能够产生很好的经济效益，甚至形成产业规模，会对博物馆行业形成误导。博物馆文创活动的实质是"把博物馆带回家"，是其教育功能的扩展。

　　除了博物馆文创以外，"让文物活起来"的呼声下还存在着片面追求博物馆观众数量的倾向。

　　博物馆当然需要观众，门庭冷落自然无法发挥博物馆的社会职能，但是，博物馆是不是参观的人数越多越好？博物馆参观人群过于庞大，除了带来管理上的一系列问题之外，我们还需要认真分析一下，我们是否达到了让观众参观的目的？上海博物馆2002年举办"晋唐宋元书画国宝展"的时候，观众通常需要排队数小时才能进入展厅参观；故宫博物院举办"石渠宝笈特展"的时候，为了看《清明上河图》，甚至引发了"故宫跑"。这些现象似乎说明，博物馆的展览正在越来越受到社会大众的欢迎。但是，人多未必是真看懂了。笔者曾经参与"晋唐宋元书画国宝展"维持秩序的工作，也作为专场观众参观过"石渠宝笈特展"。这两个展览的展品都很珍贵，不过，引起观众兴趣的主要是《清明上河图》，从每个人只能有几分钟在画前参观的时间看，观众更多的是好奇和从众心理，是景点休闲的游客而不是博物馆学习的观众，刺激眼球却未必刺激了大脑。因此，不能片面地说吸引了更多的观众和形成了媒体的热度就是把文物搞活了。

与之相关联的一个现象在于，我们的许多展览习惯动辄以"一级品超过百分之多少"作为宣传的热点。中国博物馆界现在每年要举办两万多个展览，许多展览筹备时间短、精品集中，对于馆方而言操作简单，对于观众而言看起来热闹。但是，实际效果如何呢？以2014年北京APEC会议期间主办的"丝绸之路展"为例，业内一位资深人士在微信中评论："这场'丝绸之路展'无法复制"，"因为出借文物，陕西历史博物馆还关闭了一个展厅"，"除了媚宝，没觉得什么历史文化，感觉展览水平真对不起文物"。现在国内的许多博物馆千馆一面，展览的同质化日趋严重，为了拉近和观众之间的距离，增加观众体验，一些博物馆过度依赖数字技术，片面强调博物馆文创，而没有在深入探讨文物本体的价值内涵上下功夫，也就无法真正将博物馆的资源转变为国民素质教育的有机组成部分。

当然，合理利用媒体资源、加强宣传不可谓不重要。让文物活起来经常需要多领域共同合作，在合作的过程中我们需要理解不同合作方的难处。如《国家宝藏》播出了两季，有些地方从考古、文物专业的角度看表达得不够准确，有议论说"靠明星拉流量捆绑文物"的做法可以休矣。我的看法是《国家宝藏》改变了过去鉴宝类节目片面宣传文物的市场价格的做法，试图用比较生动的形式阐释文物的文化价值，编导组的努力值得肯定。专业上的问题可以多请专业的人士把关,可以更多地考虑德艺双馨的演员,而不仅是在年轻观众中的知名度。站在博物馆的立场上,需要我们有勇气去积极探索不同的途径。但是,这种探索始终应该不忘初心,时刻考虑:博物馆存在的宗旨是什么?当遗产被展示利用成某一个样子之后,于自己、于社会的意义何在?作为社会文化机构,要避免"观众就是上帝"的想法,一味地去迎合观众心理是不可取的。2016年秋季,我们与央视纪录片频道的编导合作,在北京大学考古文博学院开设了"考古类纪录片的制作与传播"课程,希望在高校中培养复合型人才,能够在准确地传达文物文化内涵的同时,也能够懂得新的传播方式。在合作的过程中,央视的编导们剪辑了几个数分钟的短片,分析了现在年轻人的观看习惯,用了比较多的网络语言。可以说央视的编导们是很尽心尽力的,他们有收视率的压力,不然筹措不到资金。我们的老师看了之后,觉得北大和央视合作的项目,希望既能考虑适当迎合现代年轻观众的心理,也能适当引导年轻人的文化走向,也就是说既要有迎合,也要有引导,我相信不远的将来我们能够找到共同的契合点。

总的来说,"让文物活起来"并非易事。文物工作的十六字方针是"保护为主、抢救第一、合理利用、加强管理",保护不是文化遗产工作的终极目标,所以"合理利用"和其他十二个字一样,是文物工作者必须考虑的问题。现在的问题是,什么是合理的尺度?

如何"让文物活起来"是新时代遇到的新问题,在文物本体得到有效保护的前提下,应该允许有不同形式的探索。中国的文物古迹有自身的特点,材质不同,国情有别。因此,我们在认真学习国际同行先进的保护理念的同时,应该结合自身的实际,探索更加符合中国文化遗产保护的理念和方法,用于指导我们的具体实际。中国古代的建筑以土木结构为主，在成为遗址之后，观赏性差，对于那些价值高、范围大的遗址，我们设立了考古遗址公园加以保护，但是普通的观众难以理解。在考古发掘中，过去的做法都是发掘到生土，既然发掘到了生土，为什么不能在发掘过的地方考虑建设适当的展示性建筑？或者考虑公园属性的公共设施建设？片面地强调保护，容易占据道德高地，但近几十年的实践表明，由于没有综合考虑到国计民生和中国考古遗址的特性，许多部门并没有将文化遗产作为一种特殊的资源加以妥善利用，而是当成了社会发展的一种羁绊，实际的保护效果并不理想。谈"合理利用"我们文物界不能划地为牢，而是要积极寻求社会力量的多方面参与。

原载《中国文物报》，2019年3月6日

作为资源的文化遗产

英国有一本文化遗产研究领域的教科书《文化和自然遗产：批判性思路》，书的序言指出遗产最重要的意义，不是关乎过去，而是我们与现在、未来的关系，其中，"我们的选择犹如一面镜子，映照着我们在当代所持并希冀能带进未来的某种价值体系"。

当前，文化遗产之所以越来越受到重视，是因为文化遗产是一种特殊的资源，而这种资源不可再生，我们有义务完成代际之间的传承。因此，任何对文化遗产资源的利用都应当以保护为前提。同时，我们也要看到问题的另外一面，就是片面地强调保护，而忽视它的资源属性。近几十年的实践表明，由于没有综合考虑国计民生和中国文化遗产的特性，文化遗产还没有作为一种特殊的资源加以充分利用，一些部门甚至将文化遗产当成社会发展的一种羁绊，口头上谁都不会说不保护文化遗产，但实际的保护效果并不理想。

要切实保护和利用好文化遗产资源，就需要认识其价值。《世界遗产公约》强调了文化遗产在历史、艺术、科学方面的价值。我们每一个人都是历史当中的人，文化遗产的历史价值最容易被感知。对于文化遗产的科学价值，更重要的是通过了解前人的智慧，培养公众的科学精神。对于文化遗产的艺术价值，科技在飞速进步，但艺术的情况却有所不同，许多原始艺术也很具有当代性。

关于文化遗产的价值，近些年来学界又提出了文化价值、社会价值、经济价值等，虽然尚有争论，但反映出社会对于文化遗产的认识在不断深化。习近平总书记强调，优秀传统文化是一个国家、一个民族传承和发展的根本，如果丢掉了，就割断了精神命脉。从这个意义上说，文化遗产的文化价值有助于建立文化自信。记得住乡愁，是文化遗产在社会认同方面的价值。而对于文化遗产的经济价值，有部分专家是讳言的。

笔者以为，只有真正了解文化遗产的价值，我们才能更好地加以利用。文化遗产的价值是多方面的，所以，对于文化遗产的利用，不能仅仅关注文化旅游一途。现在文化遗产的利用似乎成了时尚，文创成了热词，但是，繁华的背后有许多落寞。文化遗产与当今社会有时空的隔膜，要想利用好文化遗产资源并非易事。尚刚教授曾直言："工艺美术行业被设计的乱象缠绕，大抵有两种：沉迷仿古，妄自出新。"他指出"文化修养影响着设计的品质"。

明代江南有不少优雅隽永的佳作，何以如此？明清之际的张岱在《夜航船》的序里留下一段文字，可供我们索解："唯余姚风俗，后生小子无不读书，及至二十无成，然后习为手艺。故凡百工贱业，其《性理》《纲鉴》皆全部烂熟。偶问及一事，则人名、官爵、年号、地方，枚举而未尝少错，学问之富，真是两脚书橱。"当时的手艺人"无不读书"而有"学问之富"。文化遗产的利用，首先要求利用者有文化，而不只是简单运用什么元素。

王国维先生在《古雅之在美学上之位置》一文中认为："古

雅之能力，能由修养而得之，故可为美育普及之津梁。"同样强调了文化修养对于理解"古雅"的津梁作用。可见，文化修养的培育并非一朝一夕之功，实现传统文化的创造性转化、创新性发展，使之与现实文化相融相通，任重而道远！

原载《学习时报》，2019年1月4日

从年度报告看国家考古遗址公园的展示问题

自 2009 年，国家文物局着手探索通过建立"国家考古遗址公园"促进大遗址的科学、有效保护以及协调大遗址保护和社会经济文化需求二者之间的关系，希望"以重要考古遗址及其背景环境为主体"，建成"具有科研、教育、游憩等功能，在考古遗址保护和展示方面具有全国性示范意义的特定公共空间"。6 年过去了，根据《国家考古遗址公园评估总报告（2011—2013）》（以下简称《报告》）提供的数据，目前已经列入名录的 68 家国家考古遗址公园（24 家挂牌，44 家立项），在空间上覆盖了全国四分之三的一级行政区，公园规划总面积合计 959.95 平方公里，约占我国国土面积的万分之一，已建成开放的"12 家国家考古遗址公园在评估期内，共接待游客 6562.5 万人次，年平均增长率达 9.27%"。可以说，得到了地方政府的响应和民众的关注。

对于大遗址保护和国家考古遗址公园建设，国家文物局副局长童明康在 2014 年《世界遗产》10 月号上发表《以国家考古遗址公园积极保护大遗址》一文，对这个问题做了综合的回顾与展望，认为："国家考古遗址公园概念的提出，是我们对时代发展和社会变迁的有力回应，是积极保护的重要举措，是遗址展示与

鸿山遗址公园邱承墩原址保护展示大棚

建成的良渚博物院

鸿山国家考古遗址公园湿地生态环境

良渚遗址点标石

良渚博物院第二课堂

汉阳陵帝陵外藏坑保护展示厅内景

阐释的一种整体策略。"学术界围绕这个问题深入的讨论，虽然不乏对其中存在问题的质疑，但整体上对国家考古遗址公园对于大遗址保护的作用和意义都抱有积极的态度，有的文章甚至认为国家考古遗址公园的建设标志着"大遗址保护工作迈入了全新阶段——国家考古遗址公园阶段"。实际上，从资源管理的角度看，国家考古遗址公园是对大遗址及其所在区域综合条件的筛选和资源重组，除了考虑大遗址的历史、艺术、科学、文化价值外，遗址的可观赏性及其所在区域的区位条件、基础设施情况等也是起决定作用的要素。

在国家考古遗址公园的建设中，遗址的阐释和展示是一个重点。在谈到国家考古遗址公园阐释和展示工作的基本原则时，童明康先生强调国家考古遗址公园建设要秉承"保护为主、考古先行、面向公众、因地制宜的基本原则，强调遗址展示与阐释要准确全面、直观生动，重视遗址与环境的和谐统一"。《报告》在总结国家考古遗址公园在展示利用方面的工作时认为："国家考古遗址公园在遗址展示利用方面积极开展了有益的创新和探索，"并指出，"我国历史上以土木材料为主的营建体系，决定了我国重要遗址多为土遗址。与土遗址的本体保护一样，如何科学有效地展示利用土遗址也是困扰着广大文物保护工作者的世界性难题。国家考古遗址公园坚持大胆探索、审慎尝试的原则，在确保文物安全的前提下，广泛和灵活运用多样化的保护展示理念来指导展示项目，掌握了系统、科学展示遗址的主导权，在遗址展示实践上迈出了极具意义的一步，受到了广大民众的积极支持和好评，成效显著。12家国家考古遗址公园展示区总面积达2266公顷，占公园建成区总面积的25%，综合采用了本体原状展示、标识展示、模拟展示、覆罩展示等不同展示形式。11家国家考古遗址公园建立了高水平的遗址博物馆，建筑面积合计118934.32平方米;8家建设了遗址保护展示棚,建筑面积合计98570平方米,其中评估期内新增39020平方米;2家设立了与遗址主题相关的参与性体验馆,建筑面积合计21685平方米;其中6家设立了影视厅/馆。除了以上展示方式外,圆明园还开创了遗址数字复原、遗址现场增强现实交互展示、导览等新的展示阐释模式。满意度调查数据显示,不论游客还是社区居民,对12家国家考古遗址公园的遗址展示总体满意度均达到80以上。"但是,《报告》同时也发现:"根据游客调查数据,最吸引人的仍是以出土文物为主要内容的遗址博物馆。基于遗址现场的展示内容与形式,距离人民大众的文化需求仍差距较大;如何在业界口味和民众口味之间寻找平衡,仍是需要广泛研究的课题。"

根据《报告》内容和参观考古遗址公园的个人体验,笔者提出以下三点思考:

首先,参观者到了公园之后,"最吸引人的仍是以出土文物为主要内容的遗址博物馆"。比如秦始皇陵、汉阳陵、三星堆、金沙等遗址博物馆,展出的文物对观众具有相当大的吸引力,遗址起到了"氛围烘托及遗址景观环境保护"的作用,这就要求相关的出土文物应在遗址博物馆里展陈,文物尽量不要脱离其原生环境。与此同时,遗址博物馆应当思考怎么更好地将出土文物与遗址阐释相关联,遗址博物馆不能只是建在遗址上的博物馆,而是通过文物阐释遗址及其内涵的博物馆。《报告》指出:"导览系统在第一批国家考古遗址公园中较为普及,但游客满意度不高……有6家国家考古遗址公园设立了影视厅/馆。公众对这一形式较认同,但对播放内容评价不高,主要因为未充分体现考古遗址公园不同于普通公园的特殊性,对遗址的突出价值和深厚的历史文化内涵展现不够。"说明不少考古遗址公园在文物的阐释方面还有较大的改进空间。

其次,部分公园在展示和阐释方面"用力过度"。有些遗址公园"综合采用了本体原状展示、标识展示、模拟展示、覆罩展示等不同展示形式",这样的展示效果如何呢?笔者以为未必能够受到观众的好评。如《报告》在指出"大明宫国家考古遗址公园在常见的展示方式基础上,大胆探索了不同材料、不同体量和不同艺术形态的展示手法,尝试了多种可能性,为面向大众的阐释和展示积累了大量案例"的同时,也指出"大明宫的大量展示尝试使全园景观失于驳杂,整体性和系统性有待提高"。

关于这个问题的另外一个方面是,这样做的目的究竟是为了让观众更好地理解遗址的内涵呢?还是把经济因素放在了重要位置?这也是值得讨论的问题。一些遗存或区域并不需要过多的展示,特别是通过添加大型硬件设备或建设工程的展示;一些本体脆弱并不适合露明展示的遗址,却要通过各种手段揭露出来,造成花费过多却威胁遗址安全的问题,并给未来公园运营中的本体维护造成压力。此外,根据《报告》的数据,国家考古遗址公园并非全面免费开放,多个遗址公园整体或部分区域售票经营,为了吸引游客,一些公园就通过在园区中过多地设置景观小品、游乐设施等提升吸引力,不但未能更好地阐释和展示遗址及其内涵,有些甚至对遗址造成不利影响。根据《报告》提供的数据:"12家国家考古遗址公园在评估期内,共接待游客6562.5万人次……其中免费游客接待量达3557.62万人次,占总接待量的54.21%……"付费参观的观众几乎占到了参观人数的一半。

实际上,很多遗址并不需要过多的阐释和展示,这样既对大遗址保护有利,也对促进民生有利。国家考古遗址公园在类型上,城址最多,占56%;大型聚落遗址次之,占20%;墓葬占7%,陵寝占4%;其他类(古建筑园林址、古窑址、古矿业遗址等）占11%。这些城址基本都是古今叠压型的，中国古代的城市本就缺乏供市民休闲的城市空间，近代以来很多遗址周边甚至遗址上又居住了大量的城市人口，因此，通过遗址公园建设能够改善环境，带来绿色公共空间是对城市发展和民生改进的一大贡献。比如，郑州商城城墙遗存附近原来人口密集，居住环境差，遗址公园建设只是对城墙本体做了保护，再把周边环境整治好，做好绿化，在阐释和展示方面仅设置一些简单的说明牌，并对市民免费开放。笔者曾在郑州商城遗址公园做过随机访谈，当地居民因为有了休闲的公共空间，对郑州商城遗址公园持有正面的态度，几位游客表示看过说明牌之后了解到这里是商代早期的城墙遗址，看到真的有几千年历史的城墙实物让他们觉得很震撼。因此，郑州商城遗址公园做好本体保护、环境改善是最重要的工作，并不需要在遗址上附加过多的展示阐释手段，更多、更深入的阐释可以通过博物馆、说明手册、数字化信息发布等方式实现。

第三，对考古遗址公园的公园属性应当加以认真思考。《以国家考古遗址公园积极保护大遗址》一文中，童明康先生在谈到国家考古遗址公园展示问题的时候说：国家考古遗址公园"不同于一般的城市公园，或者主题公园，是以遗址为内容，以公园为形式，包含了丰富的文化内涵和历史底蕴，与单纯的遗址相比，它更加强调公益性，更加注重遗址的展示与阐释，更加注重文化遗产保护成果的全民共享"。童明康先生在这里强调更多的是国家考古遗址公园的遗址属性，对"国家考古遗址公园"的公园属性并没有进一步的阐释，只是强调它"不同于一般的城市公园，或者主题公园"。而国家考古遗址公园作为一个公共空间，既然采用了公园这种形式，就需要考虑它的休闲、游憩、教育等方面的设施配置和功能实现，正如有的学者所指出的那样："这些功能恰恰就是我国大量考古遗址长期以来的短板弱项。"当然，由于国家考古遗址公园是一种特殊的公园，在遗址保护这一最高要求和目标下，如何使公园属性和遗址属性结合，需要更多的探讨和实践。

原载《中国文物报》，2015年5月22日

大遗址保护中的展示工作

大遗址是中国考古的精华所在，本文以大遗址保护中的展示为题，是将展示作为大遗址保护的一种措施来看待的。大遗址首先要保得住，保住了才谈得上管理、研究和如何利用。近年来大遗址的展示工作日益加强，遗址公园和遗址博物馆的建设使我们有比较多的实例，去思考大遗址展示工作当中存在的问题。本文从以下三个方面对此问题进行思考。

一、遗址的展示工作中，遗址本身是重点

在大遗址的展示工作中，展示不是目的，展示只是一种手段。应当把遗址本体视为大的展品，对其采取一定的展示措施，使公众更多地理解到遗址的价值，进而促进遗址的保护工作。目前，我国的文物保护单位建有保护标识，但是，保护标识上内容简单，有的只有遗址名称、保护级别和公布单位、时间等简单的信息，相对于面积广大的遗址来说，这样的标识系统起到的作用有限。我们应该加强大遗址标识系统的研究，而这种标识系统需要与周边的道路标识系统等相互衔接，使民众能够在大的空间尺度上认识该遗址的价值。笔者非常担心由于遗址公园、遗址博物

馆的建设而影响到大遗址作为一个整体的保护和研究工作。遗址公园通常只是大遗址的一部分，过分关注遗址公园的建设，而忽视了遗址其他部分的保护，这在一些遗址公园的建设中已经显现出来。同时，笔者担心另外一个问题，就是一些地方因为有了大遗址公园和遗址博物馆，而忽视了对其辖域内其他遗址的保护。

二、遗址博物馆的展陈内容需要进一步探索

目前，遗址博物馆还是大遗址展示中的主要手段。一些遗址博物馆在公众对大遗址的认知方面起到了良好的作用。但是，也有一些遗址博物馆的展陈内容与所在遗址之间的关系并不密切。遗址博物馆应该重视"还原"工作，"还原"应该是它的主要展示方式之一。还原包括对当时地层关系的还原和生存环境的还原，这种"还原"可以和田野操作规程结合起来考虑。发掘是展示的基础。过去的发掘都是挖到生土，但是，中国古代许多遗址都是层累叠压的，在文化遗产保护的视野下，考古发掘工作怎么做，做到什么层位合适，牵扯到后来的展示怎么做，这是应当引起重视的一个问题。同时，也要考虑复原的"还原"，即我们专业人员对遗迹遗物的理解，而这部分还原，随着我们考古工作的不断深入，是有改进空间的。研究是展示的基础，即要从国家的层面上规划有组织的主动发掘项目，解决考古学科建设中的重大学术问题，需要展示的遗址单位也应该制定考古发掘规划，解决遗址展示中的需求。

遗址博物馆展示中的另外一个问题是展品的问题。我们现在的体制是高度集权化的，具有发掘权的单位不多，发掘品的集中管理，使文物的安全有所保证，但是，也使得许多新建的博物馆

在展示的时候缺少展品，这是遗址博物馆面临的一个普遍问题。文物高度集中在一些大单位里，利用率不高，整体上不利于我国博物馆事业的发展。

同时，遗址博物馆中现场展示物的文物保护也是当前遗址展示工作的一个难题。有计划地组织力量解决土遗址保护的核心技术，适当利用现代化的展陈手段，对大遗址的展示工作进行一些必要的探索，都是大遗址展示中应该加以重视的问题。

三、并非所有的遗址都适合建造遗址博物馆

中国古代遗址有许多是土、木建筑，遗址观赏性差，这与展示中强调的观赏性有矛盾，哪些遗址适合建遗址博物馆，哪些不适合，要具体问题具体分析，避免一哄而上、手段单一、盲目建设。遗址博物馆建设要提前考虑综合因素。大遗址有不少不在核心城区，在这样的地方建造博物馆，需要综合考虑道路建设、居民搬迁、网管铺设等因素，远较在核心城区建造博物馆复杂，涉及的管理部门比较多，因此，我们在建造遗址博物馆的时候，有必要提前对可能涉及的这类问题加以应对。要注意与上、下区位规划的衔接，避免不必要的损失。有些遗址即使价值较高，也不一定非要在目前的状况下建设遗址公园和遗址博物馆。文物部门的权限有限，保护才是第一位的，展示可以留待条件成熟时再进行。

原载《中国文物报》，2013年7月19日

公共考古学
推动考古学发展

考古学是文理兼容、魅力独具的一门学科，它通过研究古代人类活动留下来的遗迹、遗物复原人类历史，让我们能够更加深刻地认识人类起源、发展以及人与环境之间的互动。考古学与公众之间有着紧密关系，它是人类了解过去最主要的方式之一，人们天然地会对自己的过去和埋在地下的"宝藏"充满好奇。英国女作家阿加莎·克里斯蒂根据在美索不达米亚乌尔考古遗址的经历而写出的《古墓之谜》(*Murder in Mesopotamia*) 广受欢迎，成为畅销小说，反映了公众对考古学的兴趣。

考古学在诞生后的 200 年中已经改变了公众对世界的看法，考古新发现还在不断刷新我们对自身历史的认识。田野考古发掘获得的各类遗物充实了博物馆，成为现代社会非常重要的公共文化和教育资源。但在第二次世界大战后，随着世界经济快速发展，大规模的开发建设以及受利益驱使的盗掘，令越来越多的考古遗产遭到人为破坏。严峻的形势使很多学者意识到仅仅依靠考古学界的力量难以全面保护分布广泛、数量巨大的考古遗产，考古遗产的保护需要政府的介入和社会、公众的支持。这就要求考古学界必须向社会阐明考古学的意义和考古遗产的价值，让更多的人参与到考古遗产保护中。出于以上多种原因，国际上开展了许多面向社会和公众的考古活动探讨和实践，欧美学术界逐渐形成了公共考古学（Public Archaeology）这个研究领域。

尽管 Public Archaeology 这个概念在我国还存在着是翻译成"公共考古学"还是"公众考古学"的争议，不同国家和地区对其所涉及的研究内容也存在不同看法，但是考古资料的公共属性和遗产保护的现实需要，使得这些争论并不妨碍各国学者在这个概念下开展多方面的研究和实践，公共考古学逐渐成为国际考古学界关注的热点。在与欧美国家愈来愈频繁和深入的学术交流中，一些中国的考古学者看到国际上已经相对成熟的面向公众的考古活动，开始反思我国应该如何更好地让社会和公众了解考古学，提出中国亟须构建公共考古学，并逐渐开展了相关理论探讨和社会实践工作。1990 年，国家文物局委托中国文物报社和中国考古学会开始评选"全国十大考古新发现"，使每年一次的评选成为公众了解考古工作和成果的平台。2002 年在杭州召开的"全国十大考古新发现颁证与学术研讨会"，第一次将"考古学与公众——考古知识的普及问题"作为会议主题。2005 年 12 月，国务院决定从 2006 年起每年 6 月的第二个星期六为我国的"文化遗产日"，从国家层面推动社会对文化遗产的认识和保护。2007 年"文化遗产日"准备期间，国家文物局下发通知，要求全国"具备开放条件的文化遗产地、文物保护单位、古迹遗址、博物馆、纪念馆等在'文化遗产日'当日或前后根据实际情况免费（或优惠）向公众开放；有条件的考古发掘工地可有组织地向公众开放"。此后，一些考古科研机构陆续尝试进行了面向公众的考古活动，围绕考古学和公众的学术研究也大幅增多，并且进一步加强了与国际公共考古学界的交流。

经过近 10 年的摸索和发展，我国越来越多的考古学者转变了理念，认同并尊重公众拥有了解、接触和利用考古遗产的权利，认同考古研究的成果应该尽快转化为社会知识。因为只有这样，专业的学术研究才真正具有社会价值。审视我国公共考古学发展状况，目前这一领域主要呈现以下一些特点：一是从偶发性（甚至有时会带有一定表演性）向常态化发展。越来越多的教学与科研机构建立专门的公共考古部门，中国考古学会也设立了公共考古专业指导委员会，从而形成了组织机构保障，能够长期、固定地开展常态化的活动，并与大众媒体建立了常态化的联系与合作。二是从不固定状态逐渐向制度化发展。由于缺少制度保障，过去的公共考古工作面临缺少资金和人员的困境，主要靠工作人员的社会责任感和工作热情支撑。近年来这种情况已经有所好转，考古领域非常重要的"田野考古奖"在评定中将是否开展公共考古活动作为考量的内容之一，《国家考古遗址公园评定细则》也将是否开展公共考古活动、是否面向公众进行考古科普教育活动列为重要的考量标准。三是公共考古活动越来越多样化。除了常见的出版、讲座、参观，现在的公共考古活动更加注重面向不同人群设计各有特点、形式多样的活动。新媒体在传播公共考古知识过程中发挥着重要作用。除了一些考古科研机构的微信公众号，一些青年学者利用微信等新媒体做出了很有影响力的公共考古传播平台。四是关注考古遗产与文化创意产业的融合。比如，有的考古科研机构通过举办创意设计赛、展览、论坛等活动，汇集考古、艺术、设计等多领域的学者，共同探索如何把考古所得的知识体验带入日常生活，希望能够以故为新，联结过去与未来，解放古物，唤醒创造力，让传统美重归日常。

　　从目前状况来看，公共考古学涉及的内容主要是考古学的科学普及，而考古学的科学普及所体现的考古学与公众的关系主要是单向度的，公众是受众而不是参与者。事实上，考古学的科学普及只是公共考古学的主要内容之一，并不是全部内容。如果我们把公共考古学仅仅理解为考古学的科普教育或者大众化，实际上就忽视了公共考古学的公共性、政治性和伦理性。但目前我国考古学界在这些方面的理论探讨和研究还比较少，今后应该在这些领域进行更深入的思考。总之，我国公共考古学应在中国的社会、政治、经济背景下探讨考古学与社会、公众的关系。公共考古学的发展会促进考古学者转换思维，批判性地反思学科伦理，扩展研究视角，关注考古学所处世界的现实问题。从这个意义上说，公共考古学是推动考古学不断发展完善的重要方式，也是提高全民智识和审美水平的重要手段。

原载《人民日报》，2016 年 9 月 26 日

考古是人民的事业

2014年是北京大学"文物爱好者协会"成立三十周年，在协会刚成立的时候，苏秉琦先生担任了名誉会长，他在庆祝协会成立的发言中，提出考古学要面向社会，就是面向人民群众、面向未来。

苏秉琦先生类似的想法由来已久，在1984年之后又不断有所阐述。1987年，他在《向建立中国学派的目标攀登》一文中指出："考古不再是少数人的专业，它将越来越公众化，真正成为人民的事业，这已经为期不远了。"

1994年，他在为《华人·龙的传人·中国人》撰写的自序《六十年圆一梦》中讲述了自己的考古中国梦："第一，考古是人民的事业，不是少数专业工作者的事业。人少了成不了大气候，我们的任务正是要做好这项把少数变为多数的转化工作。第二，考古是科学，真正的考古学需要'其大无外，其小无内'，是大学问，不是小常识。没有广大人民群众的参加也不成，科学化和公众化是这门学科发展的需要。"

由苏秉琦先生的论述反观美洲考古学会倡导的"国际考古日"，我们也许会问，我们需要参与到"国际考古日"的活动中去吗？我们看国际考古日已经举办的活动，各国政府、高校和相关研究机构面向民众积极宣传普及考古发现和考古知识，让公众参与到活动中来，让他们以主体的身份亲自体验考古发掘和考古研究，切身感受这些活动带来的乐趣。类似的许多活动我们近年来都有所开展，而且文化遗产日的相关活动，似乎声势更大。但是，如果我们冷静下来，看一看活动的效应，想一想苏秉琦先生的话，我们的工作还有很大的提升空间，参与"国际考古日"也有必要。

近些年来，各地考古界的同行举办了多种形式的公众考古活动，取得了良好的社会效应，出版了专门为公众考古活动编辑的图书，作为一个标志，今年还成立了中国考古学会公共考古专业指导委员会，这些都说明我们在考古学的公众化方面有了长足的进步。但是，从一些公众关注的考古发现中，从我们面临的严重文物保护形势中也可以看到，考古对于公众来说，还是一个相当陌生的领域。

我们的专家在论证安阳西高穴大墓墓主的时候，会疲于应付社会上的很多质疑；隋炀帝陵发掘之后，我们还要面对一些网民"所谓发掘就是官方组织盗墓"的指责；前不久蒋卫东先生向公众介绍考古学，要从"盗墓与考古的区别"开始讲，所有这些，多少反映了我们专业人员的无奈与公众对于考古的陌生，考古还远远没有成为人民的事业。

对于考古该不该是人民的事业，考古怎样成为人民的事业，学术界其实是有不同争论的，《读书》杂志就专门讨论过考古"围城"。私下里我也曾经听到有些学者认为考古就是象牙塔，考古报告就像病历，病历就不是让普通人看懂的。原子弹是需要人人都懂的吗？既然原子弹不需要人人懂，考古学又为什么需要人人参与呢？原子弹确实不需要人人都懂，但是，原子弹的威力却是很多人都知道的。考古学是一门基础学科，它为许多领域的研究提供了一个相对科学的基础，参与考古研究的只是一小部分人，但是考古研究的成果却应该为越来越多的人知道。国家现在正在提倡弘扬优秀的传统文化，传统文化的弘扬不能只靠阅读经典，不能只是依赖文献。在历史研究方面，我们常说文献和考古是两个车轮，不可偏废。同样，在传统文化的保护与传承方面，考古学也大有可为。我们要把苏先生所说的科学化做得精深，我们也要把苏先生所说的大众化做得叫好，要努力争取把考古研究的成果转化成国民素质教育的一部分。所以，积极参与"国际考古日"的活动还是需要的。

也许我们会问，不是已经有了文化遗产日了吗？文化遗产日对于提升民众保护文化遗产的意识，提高社会对于文化遗产的关注程度的确起到了不小的作用。但是，文化遗产毕竟不能等同于考古，考古研究的科学化需要专门的知识，考古研究的深入与否与考古成果的大众传播有密切的关系。简单地说，考古研究越深入，考古成果在大众化的时候亮点就越多，也恰恰是在这一点上，目前的文化遗产日还做得不够，对宣传对象研究得还不够深入。我们需要节日的仪式，但是，我们更需要节日的内涵。正像苏秉琦先生对于中国学派的思考那样，我们的考古日活动，应该更加注重针对中国的实际情况和实际问题。

原载《中国文物报》，2014年7月4日

我有一个梦想

我有一个梦想：让考古所得的物质文化遗产资源成为公民素质教育的一部分。

日前，国家发布《中国教育现代化2035》，要求构建服务全民的终身学习体系，在推进教育现代化的八大基本理念中，特别强调教育要更加注重面向人人、更加注重终身学习。在这一体系的构建中，各类博物馆、美术馆、科技馆等公共文化设施理应发挥更大的作用。仅以博物馆而言，截至2019年1月8日，全国的博物馆总数已达5136家，2018年在国内举办的各类展览超过2万个。春节和长假期间，一些博物馆人头攒动，各种以博物馆为目的地的游学活动也风风火火。但是，简单地回顾一下历史，就知道要想达到《中国教育现代化2035》中构建服务全民的终身学习体系的要求，我们在理念和行动中都要付出巨大的努力。

早在1950年，著名的考古学家苏秉琦先生就发表《如何使考古成为人民的事业》一文："考古是人民的事业，不是少数专业工作者的事业。人少成不了大气候。我们的任务正是要做好这项把少数变成多数的转化工作。"此后的数十年间，苏秉琦先生一直在践行自己所倡导的这一理念。但是，新中国刚成立的时候,百废待兴,专业的考古工作者人数很少,当时有一个考古工作者在讲到建设热潮与考古工作的矛盾的时候说:"例如我个人就曾在一天发掘了七个墓,其中还有一个较大的汉墓;有的两个干部一天发掘了十二个墓葬,虽然墓是清理出来了,但是白天就仅是能在很快的速度下做完绘图和照相,记录就得留到晚上来写,一个晚上要做七个墓的确是一件难事,因此也就不可能记录得详细。"在这样的情况下,考古工作者即使有普罗大众的想法,也很难有精力去做切实有效的工作。

改革开放之后,考古事业也进入了一个快速发展的时期,考古专业人数增加,考古资料大量积累,各类文博考古机构不断出现。1987年,苏秉琦先生在《中国建设》第9期上发表《华人·龙的传人·中国人——考古寻根记》,在这篇两千多字的短文中,他纵论距今五六千年仰韶文化与红山文化这两个不同文化传统的共同体南北相遇,"碰撞而迸发出以'花(华)与龙'为象征的文明火花,到距今四五千年陶寺遗址文化面貌具有的从燕山以北到长江以南广大地域的综合体性质,与史书记载虞、舜、禹时期的'中国'观念相对应,至距今四千到二千年间夏商周三代各国的'逐鹿中原',到秦统一实现了中华一统概念从理想到现实的转变"。同年11月,《新华文摘》转载了此文。1988年,这篇文章被选作了高考语文阅读题,这是考古学家的论述第一次进入高考学生的视线。不过,此事更多地反映了苏秉琦先生作为一个先行者的远见卓识,却并未化作行业内普遍的行动。20世纪80年代,考古学界在不断讨论考古的纯洁性问题,一直到2004年,李零先生还在《读书》杂志上重提"考古围城",他说:

前些年,《读书》杂志组织过一个关于"考古围城"的讨论。参加者，除陈星灿先生是城里人，其他人和我一样，都是城外人。有的前辈不以为然，说这是虚构的问题，考古是个自我满足的系统，城中之人绝未打算出去，城外之人也休想进来。我看，如果真是这样，这个会也就不必开了。因为，如果没有出来进去行内行外的沟通，还谈什么"传播"。你只要把该挖的挖出来，记下来，存档查档，也就够了。公众不读考古报告，也读不懂考古报告，这没错，但沟通并非不可能。我说，考古需要知识的普及化和通俗化，这不等于说，考古报告也可以通俗化。相反，我强调说，这需要转换，而且是很复杂的转换。

李零先生说的这种"很复杂的转换"，今天依然是我们面临的一个难题。一方面，百年来的考古工作为我们积累了大量的田野发掘和调查材料，构成了中华文化巨大的物质文明基因库，但是，另外一方面，考古工作者试图通过手铲（考古工作者使用的最常见的一种发掘工具）试图解读的埋藏在广阔大地上的"地书"，却又变成了考古报告所呈现的"天书"。葛兆光先生在《槛外人说槛内事》中说："考古文献专用的术语概念，造成了考古与思想学术历史的第二层隔膜，它的'文化''类型''地层'，在发掘报告中有它特定的含义，那种看上去规范而整齐的考古简报常常冷冰冰地使人无法运用他的想象力，多年以来，考古学尽管在大学总是与历史系有缘，但是，他们的论文和著作却始终自我封闭地在运用很接近自然科学的语言、格式，当外行人读他们的报告时，要么觉得他们的话让人难懂，要么觉得他们是在自言自语。"历史学家周一良先生生前曾经有一个愿望，就是设立一个基金，鼓励考古学者能够写出历史学者看得懂的报告。这种"很复杂的转换"之难，由此可见一斑。

近年来，随着响应中央"让文物活起来"的号召，社会各界做了多种有益的尝试，如今的情况大为改观，公众考古似乎成为了一个时髦的名词。在今年全国两会的"部长通道"上，国家文物局局长刘玉珠说，根据中国旅游研究院的统计，今年春节假期期间，7天有4.15亿人次参观了博物馆，最近三年，每年入博物馆的参观人数增量都在一亿左右。到2018年年底，中国博物馆参观人数已经达到了10.08亿人次。但是，刘玉珠局长也坦言现在博物馆处于"成长期的烦恼"。在笔者看来，去看了和看懂了之间还是有很大的差别的。庞大的参观人群中，有多少是到此一游的观光客，有几成是沉浸其中的学习者，是需要打问号的。一个显著的表征就是，我们的少数博物馆门庭若市，大多数博物馆却比较冷清，甚至门可罗雀。就在今天下午，笔者看到有一位考古学家参观北京一家"中国"字号的博物馆，发了一个朋友圈说："里面七八个工作人员，就我一位（参观者）。"

进一步说，看是第一步的，看懂并转化为自己的知识体系是第二步的。就如同20世纪荷兰著名的设计师瑞特维尔德认为的那样："美术馆只是美好人生的前奏，而不是结果。美术馆含有指引我们如何面对人生的提示，但美术馆与艺术的关系，终究就像学校与人生的关系一样，到了一个阶段，我们必须走入世界。"博物馆、美术馆、科技馆等社会公共文化服务机构，理应在构建服务全民的终身学习体系方面发挥重要的作用。我国丰富的文化遗产是我们继续前进的道路上取之不尽的源泉，无印良品艺术总监原研哉曾说："也许未来就在面前，但当我们转身，一样会看见悠久的历史为我们积累了雄厚的资源。只有能够在这两者之间从容地穿行，才能够真正具有创造力。"在追求中华民族伟大复兴的道路上，我们必须面向未来重新审视传统文化的价值,使之更好地发挥其当代的意义,成为公民素质教育的有机组成部分。

原题《让考古资源成为素质教育的一部分》,刊于《学习时报》,2019年4月5日第6版,本稿有所修改。

考古，无用之用是为大用

尊敬的各位老师、各位同学：

大家好，欢迎大家来到北京大学考古文博学院！

又到了一年一度迎接新生的时候，这几天我在赛克勒考古与艺术博物馆，看到许多新生在参观我们为2016届毕业生举办的"燕园记忆"展览，还看到一位同学在帮助艾滋病患儿的志愿者提供的展品前感动得哭了，看到一张张充满朝气的脸，再次让我想起孟子说的君子有三乐："父母俱存，兄弟无故，一乐；仰不愧于天，俯不怍于人，二乐；得天下英才而教育之，三乐。"

做老师一个最大的快乐之处，就是可以有更多时间和年轻人在一起，共同进步。

在学校的培养、家长的关怀下，同学们使出自己的洪荒之力来到北大，确实值得自豪。但是，长期的应试教育，使得考试成绩好坏成了我们评判学生的主要标准，这样的标准，其实掩盖了一些可能在高中、初中、甚至小学时，我们身上就存在的问题。有的同学在大学里出现各种各样的问题，甚至不能够完成学业，这是我们不愿意看到的。

人生就是一个修炼场，修炼是一辈子的事情，像曾国藩，一辈子都在自我修炼之中。但无疑，大学是人生的一个关键时期。

来到北大，我们面临着一个全新的环境，相对自由的学习氛围、同样优异的同学、集体的生活、专业知识的获取，都需要我们认真对待。

大学中，专业知识的学习是非常重要的。吾生也有涯，知也无涯。在有限的生命中，我们都需要通过一个窗口去看待世界，这个窗口可以是文学、历史、哲学、艺术，也可以是考古学、人类学、社会学等等。其实，这些学问都在研究人，只是看大家自己更喜欢通过哪个窗口研究。我们当然希望更多的同学在了解考古学的基础上，能够通过考古这个窗口去观察人类与社会。

我们经常会面对一个问题，那就是考古有什么用？类似的问题别的学科也有，比如历史有什么用？对于这个问题，我想说的是考古有其"无用"的一面，但无用之用是为大用。比如下围棋有什么用？登山有什么用？1924年，英国登山家乔治·马洛里（George Mallory）回答《纽约时报》"你为什么要攀登珠峰"时说："因为山就在那里。"这句话成了登山界无人不知无人不晓的名言。乔治·马洛里于1924年在珠峰遇难后，他的尸体一直没有被找到，直到1999年被美国登山家康纳德·安柯（Conrad Anker）发现，后来美国拍摄了一部非常震撼的纪录片《最狂野的梦想：征服珠峰》(*The Wildest Dream*：*Conquest of Everest*)。

对于无用的知识，美国著名教育家、普林斯顿高等研究院首任院长亚伯拉罕·弗来克斯纳（Abraham Flexner）于1939年发表了经典文章《论无用知识的有用性》，其中讲到："从实用性的肤浅角度来看，知性和精神生活是一类无用的活动形式，人们沉湎其中的原因在于，它们能带来其他方式无法给予的巨大满足感。"在本文中，我将着力论述这样一个问题：对这些"无用"满足感的追求，究竟在多大程度上成就了多少做梦也想象不出的"用处"。

英国著名考古学家格林·丹尼尔（Glyn Daniel）在谈到考古学的时候说："如果考古学不能给人们带来快乐，那它就一钱不值。"

所以，我们鼓励同学因为纯粹的学术兴趣而去研究看起来无用的学问。

同时，我想说的是，我们院里的四个专业（方向）中，考古学专业是关于如何科学地获取埋藏于地下的文物信息，文物建筑方向是有效记录和研究地面文物信息的，不管是地下还是地上，两者都有一个文物保护的问题。因为文化遗产是一种资源，它是人类几千年甚至上万年智慧的创造。但是，这种资源又具有不可再生的特殊性，所以，每一代人都有责任和义务为后代保护好它们。保护好了，还要尽可能地向公众展示，以期这种资源能够为全民所共享。所以，北京大学考古文博学院的考古学、文物与博物馆学、文物保护技术、考古学（文物建筑方向）这四个专业（方向），构成了物质文化遗产的比较完整的教学链，同时它们都有很强的实践性。任何一个人文学科都有它的作用，有它的社会责任，而且这种作用是随着社会的不断前进、学科的不断积累而发展变化的。

在这里，我用我们去年9月开始举办的一个活动为例，来说明我们的想法。这个活动在大家的手册上有，微信公众号叫"源流运动"，运动是个中性词，比如启蒙运动、日本的民艺运动。"源流运动"倡导考镜源流、以故为新，这两个提法都不是现在提出的。考镜源流来自于《校雠通义》，《校雠通义》序里面说："校雠之义，盖自刘向父子部次条别，将以辨章学术，考镜源流。非深明于道术精微、群言得失之故者，不足语此。"以故为新来自于苏轼《题柳子厚诗》："诗须要有为而作，用事当以故为新。"

简单地讲,"源"就是追本溯源,就是我们面对过去的材料,努力把它们研究透彻;"流"就是面向未来,这些材料研究清楚之后,还要考虑怎么样才能够更好地嘉惠于民众。我们举办了一场基于文化遗产资源的全国大学生文化遗产创意设计赛,其间还举办了一些活动,其中今年3月初女生节的一场活动是"云想衣裳花想容——考古与当代服装设计"。活动的两位主讲人一位是我们院的齐东方老师,一位是北京服装学院的楚艳老师,她给 APEC 会议的领导人设计过服装。两位老师分别就唐代妇女风貌和中国元素的服装设计发表了演讲,然后是专业模特的服装表演。在对谈环节两位主讲人发表感想,齐东方老师说,考古也可以很时尚;楚艳老师说,我们应该早点认识,早点认识我的设计能做得更好。

　　昨天我和中央电视台纪录片频道的编导商量这个学期给研究生开设的"考古纪录片基础与拍摄"课程。很多观众认为国外许多考古类纪录片拍得很好,我们应该反思一下,我们的差距在哪里?其中的一个差距是,国内教育体系中没有培养既了解文化遗产,又了解数字传媒的综合型人才,所以,我们的纪录片易流于肤浅,甚至出现谬误。但是我们不能只抱怨而不行动,如果我们学院的同学能够在掌握专业知识的基础上,写出构思好、文笔动人、信息传达准确的文本,我想中国的考古类纪录片一定能够上一个台阶,引导更多国人理解和热爱我们自身的文化。

　　我还想说的是,这不仅仅是一个纪录片制作的课。随着时代的变革,信息的记录手段也在发生着变化。过去常说北大好,好在什么地方呢?好在"一塌糊涂(一塔湖图)",所谓"一塔湖图",就是一座博雅塔,一个未名湖,一座图书馆。北大的图书馆是非常好的,那里代表着信息高地,一个学科,一个学校,要想超一流,就必须有超一流的信息高地。这个信息高地,过去是纸质的图书，现在正在变革，具体到我们考古工作上，数字化会影响到我们记录手段的变化，记录手段的变化会带来出版的变化，出版的变化会带来应用的变化。

这是一个变革的时代，我们要有面对变革的健康心态，我们要有面对变革的专业技能。

所以，我们面对的，不是一个专业，而是一项事业，一个朝阳初生的事业。

对于一项事业而言，如果大家觉得今天在座的同学人数还少，那么，去做火种，星星之火，可以燎原。

谢谢大家！

原载《永远的校园：北京大学开学典礼毕业典礼致辞精选（2015—2017）》，北京大学出版社，2018年。

源头活水

学有承绪，最大限度地利用前人的学术成果和考古新发现，是考古学想取得成就的必然之路，中国文明形成的研究概莫能外。但是，受当前社会科学界浮躁学风的影响，目前考古学的繁荣，在一定程度上是由20世纪80年代之后考古资料的丰富造成的假象，而不是研究真正的深入了，这也是毋庸讳言的事实。考古学有学科自己的发展规律，有自己的学科局限性，指出这些问题，并在该书的写作中避免目前文明形成研究中的一些"热闹"，也是该书作者严谨学风的一个体现。

——《中国文明形成问题的一部新作》

　　《武威行》一文运用多种考古资料和历史文献，以武威城的变迁为主干，将考古资料置于历史背景中加以阐释，如讨论赵家磨魏晋一号墓出土的单只马镫具有原始性，这与汉以来"凉州兵马，横行天下"的情况是相符合的；同时，又不局限于文献，而是证之以考古材料，补之以考古信息，显示出先生宽广的史家情怀和深厚的学术素养。

——《〈武威行〉导读》

　　不知道从什么时候开始，写这样的大家小文，被看成了是半个人做的事情，考古学更有点"自绝于人民"，以至于《读书》杂志专门组织讨论考古的"围城"。其实，文章不应该有固定的写法，就如苏轼在《与谢民师推官书》所说："所示书教及诗赋杂文，观之熟矣。大略如行云流水，初无定质，但常行于所当行，常止于所不可不止。"文章也不在于长短，《老子》只有五千言，谁又能超得过呢？

——《读〈古物的声音：古人的生活日常与文化〉》

　　在我看来，一个好的展览一定要有学术支撑，一个好的展览可以表达不同的学术争论。展览一定不是"一级品"的堆砌，展览不只是传达知识，还要能够启发心智。而这些问题的讨论，我在本书中都看到了。看了这些文章，我向年轻人学到了很多，有的时候禁不住自己的眼泪，因为源流运动一路走来，并不容易。为生存做证的，只有时间。

　　如果将来我有什么值得骄傲的，一定是我的学生。

——《什么样的展览是一个好的展览》

中国文明形成问题的一部新作

《中国文明的形成》是中国新世界出版社和美国纽黑文耶鲁大学出版社共同编辑出版的"中国文化与文明"丛书中的一本，主要探讨中国文明的起源和文明社会的形成，包括诸如中国人的起源、中国旧石器时代的特点、中国农业的起源、中国原始氏族社会的形成与解体、商周文明社会的特点和演进、秦的统一及其对中国历史的巨大影响等重大学术课题。撰写者是徐苹芳、严文明、王幼平、张忠培、邵望平、张光直、卢连成、许宏、王仁湘九位著名学者。

正如宿白先生在该书封底评价中所说的："中国文明形成的研究是中国历史学和考古学界的重点研究课题，具有很强的现实意义。本书利用中国考古学的资料和研究成果来阐述中国文明起源、形成和发展的历史，取材丰富，论证严谨，为近年所见论述这类课题的比较全面的专著，尤其是对中国文明形成的特点及其在世界文明史上的地位的探讨，更是值得深思的问题。"

《中国文明的形成》有以下三个突出的特点：

首先，立意的高远，反映出作者的学识。

中国文明的形成不仅仅是一个涉及许多重要研究课题的学术问题，"文明社会的出现及其形态对一个国家的历史发展方向政

《中国文明的形成》封面图

体模式有着决定性的影响",因此,中国文明的形成过程中"所见的文明发展史的规律和经验,对了解世界各国古文明史是很有现实意义的"。该书的论述从"中国早期人类"开始,时间下限定在汉武帝元封五年(前106年)在全国设立十三刺史部,全国实现真正的统一,这样的时间节点,超出了以往学者在讨论这个问题上的时间跨度,表明此书的作者不但将文明社会的形成看成是一个漫长的历史过程,而且着眼于文明社会形成之后对于中国历史发展的惯性影响。该书立意的高远还表现在对于中国文明在世界文明史上所占有的地位、意义的思考上。在该书的第九章"中国文明的形成及其在世界文明史上的地位"中,作者在概括中国文明的形成及其特点的基础上,认为中国文明的形成是一个连续性的政治程序过程,财富的集中是靠政治权力的强化,"国之大事,在祀与戎",中国青铜时代的文明成就,并没有体现在生产工具的改进上,所以,中国文明形成过程中的财富分化是靠人与人之间关系的变化,也就是政治、军事手段,而不是像西方那样，是靠生产技术和贸易的革新产生的，因而中国文明的产生也与西方文明的产生模式不同，表现出来的形式也就具有多方的差异。比如，文字是文明形成的一个重要标志，但是，甲骨文主要是用来占卜的，为统治阶层所独占，而两河流域的古文字几乎都是用来记录经济往来的；在宗教方面，通过巫术进行天地人神的沟通是中国古代文明的重要特征，而西方的宇宙观中，存在一个与人截然分开的神界，所以会出现独立的宫廷与教廷，等等。这些明显的差异，无不客观地揭示了中国文明的形成过程，"与我们一向奉为圭臬的西方社会科学所定的规律不相符合"，也就是说，世界文明起源问题上不是只有一种模式，经典作家总结出的西方模式并不适用于全世界。

其次，探讨问题的深入，反映了学术的长足进步。

上述结论的得出，必须建立在对与之相关的考古资料的科学论证上。这些论证，既有赖于日益丰富的中国考古资料，也必然有赖于具体作者的学术研究。阅读该书会明显地感觉到对中国文明形成过程中许多重大学术问题的研究，都在不断深化。比如，山西襄汾丁村的旧石器过去一直作为华北地区旧石器时代中期的代表，现在的研究表明它们不但应该有早晚之别，而且文化面貌也相差甚远，其中以大型石器为主的一些地点，处于暖湿的森林环境中，其石器加工与华南地区的砾石石器工业技术联系密切，中国南北文化上的差异和交流，是远在旧石器时代就已经存在了的。仰韶时代诸文化所表现出的史前社会的繁荣与转变，龙山交互作用圈的相互影响，是区系类型学长期实践、逐步深入的研究成果。对于三代社会中二里头与夏文化、商文明、商方国文明、周文明及其东周社会之巨变、秦汉帝国的形成与统一诸问题，书中既有微观的阐述，又有宏观的总结，而这一切研究都是基于20世纪20年代以来大量田野考古工作的基础上。阅读此书，再次让我们深切地感受到中国古代历史的研究，离不开中国考古学的丰硕成果。

第三，重视学术传承，反映出作者优良的学风。

中国考古学从诞生的时候起，就一直关注着中国文明的起源与形成，徐苹芳先生在《中国文明形成的考古学研究》[1]一文中，明确将中国文明形成的考古学研究分成两个阶段，前后两个阶段的转变，以夏鼐先生1983年在日本所作的《中国文明的起源》为标志。前一个阶段有的学者敏锐地提出了一些重大的学术命题，对文献资料也做了许多梳理，反映了这些学者卓越的学识；但是由于考古的材料还比较薄弱，对这些问题的论证还不充分，因此，可以将前一阶段的工作看成是探讨中国文明形成研究的准备阶段。20世纪80年代之后，与中国文明形成问题相关的考古资料不断出现，苏秉琦、严文明、张忠培、张光直等一批中外考古学家对这些资料进行了综合性的研究，本书的目的就是"要继承中国考古学的学术传统，充分利用考古学资料，为建立科学的中国远古史和上古史（先秦史）而作"。学有承绪，最大限度地利用前人的学术成果和考古新发现，是考古学想取得成就的必然之路，中国文明形成的研究概莫能外。但是，受当前社会科学界浮躁学风的影响，目前考古学的繁荣，在一定程度上是由80年代之后考古资料的丰富造成的假象，而不是研究真正的深入了，这也是毋庸讳言的事实。考古学有学科自己的发展规律，有自己的学科局限性，指出这些问题，并在该书的写作中避免目前文明形成研究中的一些"热闹"，也是该书作者严谨学风的一个体现。

以上三个突出特点，使笔者相信该书自当成为研究中国文明形成问题的必读书目。

[1] 原载《吉林大学社会科学学报》第45卷第1期，2005年1月，第15—21页；《中国文物报》2005年2月25日、3月4日第7版转载。

文明的形成是考古工作者必然关心的重大学术问题，笔者是抱着学习的心态去阅读《中国文明的形成》的，学习中也有产生疑问和引起思索的地方。比如，正如作者在第四章的结尾时所概括的："近四十年来，史前考古发现的研究成果是对'中国文明西来说'和在近代中国史学界曾占主导地位的'中国文明起源于中原而后光被四夷'观点的强劲挑战。"阅读该书可以明显感觉到中国文明被认为是多元一体的。诚然，中国文明是从多元逐步走向一体的，这是主流，但在走向一体和一体形成后的多元，依旧是我们需要充分关注的。中国幅员辽阔，自然环境差别很大，这是造成不同地区文化差异的客观因素，即使在科学昌明、文化交流空前频繁的今天，京派海派的差异，南人北人的区别，也还时时见诸于媒体和日常谈话当中。这是从宏观的角度讲的。从微观的层面上，我们有更多的问题需要进一步研究。比如，发轫于渭水的西阴文化的扩张，对周边地区的文化造成了极大的压力，其情形在书中甚至被描写为"西阴文化居民占据原先属另一文化居民的分布地区后，考古学家在这里见到的事实是，后者消失得无影无踪。导致这一结果必然是西阴文化居民为占据新土地，曾展开过激烈的、残酷的战争"。战争当然是酷烈的，扩张的压力也是显而易见的，这就必然促使周邻地区的文化在对抗与发展中求得生存的空间。因此，我们看到的是，一方面，中原地区的文化向外界的扩张；另一方面，中原地区以外的诸考古学文化都获得了较大的发展。大汶口文化就曾经扩张到豫中地区，屈家岭文化也有北进之势。如果我们不把这些此消彼长的过程详细地揭示出来，中国文明形成过程的研究，就有可能失之于简单。楚国虽然最终灭亡了，但其文化并没有随着楚国的灭亡而消亡，而是成为深沉博大的汉代文化的重要来源之一，这是值得我们深思的。中国文明形成过程中的财富积聚，固然主要不是靠生产技术和贸易的革新，但具体是什么原因导致了一些特定文化的衰落，还是值得我们深究，像高度发达的良渚文化的衰落，有没有环境的因素在内？三代文明的中心为什么最后诞生在中原地区而不是以前文化面貌并不落后的周邻地区？书中将中国的青铜器概括为"巫师用来沟通天地的法器"，但我们也应该看到，在浙江地区出土的青铜器中，生产工具曾经占有相当的比例，以致有些学者认为，强调"事功"自古以来就是这个地区的文化传统。在文明形成每一个要素的研究上，我们同样有许多工作要做。比如，城作为一个围合的空间，是为了防御的目的而修筑的，但是，防御要看防御的是什么。这既要看城址里面的内涵，也要看它的形制和修筑技术。内蒙古地区的一些石砌城址，基宽不足一米，加上收分，高度肯定有限，它们能不能有效地防御敌人的军事进攻？南方地区的一些城址，坡度不到三十度，究竟是不是主要用来防御水灾的？筑城以卫君，造郭以守民，有些城址的规模很小，这样的城址是抵御外部势力的侵袭，还是为了防止内部不安定因素的反抗？城址不仅应该单个地考察，更应该作为一个群体，放在不同的考古学文化下加以研究。我们至今没有发现某一地点的中心聚落直接演变成为城邑的证据，但是，在中国文明形成过程中有一些国都是没有城墙的，而现在发现的许多城址，显然并不具备担当中心聚落的功能，那么，这些城址在文明形成过程中究竟扮演了什么角色？凡此种种，都说明中国文明的起源与形成问题中，有许多重要的课题还留待我们去做进一步的研究。

原载《中国文物报》，2005 年 7 月 24 日

为有源头活水来

——读《中国史前城址与文明起源研究》

笔者关注隋唐以来地方城址的研究，但万物有源，史前城址的起源与发展，实际上孕育着后代城市发展的因子。近年来，随着中国考古学的长足进步，史前城址研究取得了令人瞩目的成就。50多座城址分布于黄河中下游和长江流域的广大地区，并且形成了显著的地方特色，可以清楚地划分为若干不同的组群，它们时代不同，规模各异，类型有别，提供了许多重要的学术命题，成为城市史研究中必须关注的领域，更何况这个问题还和文明起源紧密相关。所以，笔者就史前城址的有关问题写信向钱耀鹏博士请教，不意他却寄来了他的新作《中国史前城址与文明起源研究》，展读之余，收获颇多。

后人的学术研究，总是建立在前人研究的基础之上，对于前人学术成果的总结，既是对前人所做工作的尊重，也体现出作者自身的学术功底。对于材料的掌握程度，直接影响到自身研究的广度和深度，所以作者在第一章"史前城址的发现与研究"中，将以往的田野考古和研究工作划分为"史前城址的探索期""史前城址的确认与初步研究期"和"史前城址发现研究的深化期"，对过去史前城址的发现和研究进行了全面的梳理，从而使自己的研究建立在一个坚固的基础之上。

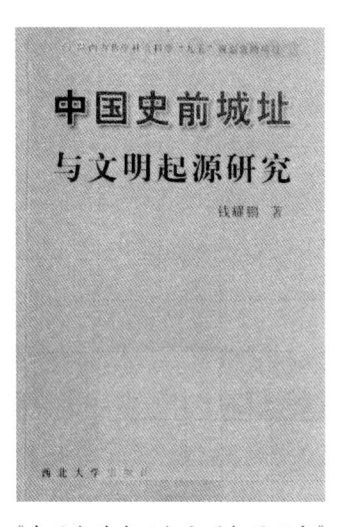

《中国史前城址与文明起源研究》
封面图

在城址发现和研究的初步阶段,就城论城的现象是不可避免的,但城址的研究之所以重要,在于它是人类活动的综合体,它的产生和发展,不但与周围的自然环境密切相关,而且也受到影响文化和社会发展的人文环境的制约。因此,将城址置于环境视野下加以综合考察,本身就是城址研究逐渐深化的表现。该书的第二章"环境视野中的史前城址"不但讨论了环境差异造成的城垣修筑方式、平面结构、修筑技术、城址类别之间的区别,还将史前城址置于不同的文化分布和聚落群体之下予以动态的考察,从而得出"以城址为中心,对抗性极强的扇形聚落群结构须是在长期激烈对抗局面下形成的,而且须以超越聚落群的社会组织存在为前提条件"的重要结论。

史前城址与文明起源之间存在着密切的关系,而具体到每一座城址与文明起源之间的关系究竟如何,关键取决于对城址的内涵和性质的判定。该书第三章"史前城址的内涵与性质"

首先研究了史前城址的规划布局和营建技术上的差异，进而在研究城址的内涵、分类、性质的基础上，讨论了中国早期城市的特点。

史前城址在新石器时代晚期出现，并在铜石并用时代繁荣，是有其深刻社会背景的。史前农业的发展带来史前手工业的分化，与此同时，社会集团的规模日益扩大，并导致社会集团内部的分化，集团首领社会权力的加强，最终迎来了王权的诞生。在此过程中，战争扮演了催化剂的作用，使得作为防御设施和防御体系的环壕聚落与城址不断演进，并导致超越单个聚落甚至聚落群的更大规模、更大范围的防御体系的出现。该书第四章"史前城址发生的社会背景"详细讨论了以上与环壕聚落和城址发生发展密切相关的诸问题，并将史前城址划分为龙山时代之前的城堡和龙山时代以来的城乡分化两个阶段，为后面讨论史前城址与文明起源的关系理清了思路。

史前城址的出现和发展与社会变革密切相连，从而成为探讨城市出现和文明起源的重要线索。作者在第五章讨论"史前城址在文明起源过程中的作用"时，将文明要素与文明形成标准区分开来，接着把文明起源要素区分为物化形态要素和社会形态要素，在探讨文明起源与形成问题时，既要将两者有机地结合起来，又要区分它们在文明起源过程中所起的不同作用。在此基础上，作者指出文明形成的标准应该是"私有制、阶级和国家的出现与存在"，进而考察了史前城址与国家起源的关系问题。

环壕聚落长期以来一直是作者研究的一个重点，将史前城址放置于聚落和聚落群体形态之中加以考察，使作者能够有效地考察史前城址发生与发展的诸多因素，从而得出许多重要的研究成果。如作者研究了中原地区史前城址的分布后认为，这些城址与聚落群其他聚落一直紧密分布在一起，而且多与聚落群主体部分呈扇形结构，处于这种扇形结构中的城址实际上是不稳定的，一旦内外部的情况发生了变化，这些城址往往也就是最先受到攻击的对象。所以，这种对抗性极强的扇形聚落群必须以超越聚落群的社会组织存在为前提条件，组成共同的防御体系，才能够达到有效的防御目标。这种情况与仰韶文化后期以来周邻文化的迅速崛起且不断向中原地区推进，以及龙山时代气候变迁给中原地区居民造成极大的生存危机相呼应，"证实了陶唐氏、有虞氏和夏后氏诸集团平等式联盟的存在，以及尧舜禅让故事的可信性和历史真实，进而说明中国早期国家已经处在形成和发展过程之中。最后随着外部环境变化和内部力量对比失衡，夏禹父子终于打破了联盟体内的均衡态势，在废除禅让制的基础上便导致了以夏王国为主体的不平等式联盟体的出现，使中原地区政治一体化进程迈向了一个新的阶段"。这些讨论涉及一系列的学术论争，作者的观点无疑是富有启发意义的。作为一种防御设施，作者认为史前城址的发生与环壕聚落有着密切的关系，表现在早期城址的圆形平面结构以及外凸的城门结构等特点上，而由圆形平面发展为方形和长方形平面，不仅仅是平面结构上的一种简单变化，它不但隐含着防御体系的重大变化，而且还隐含着社会内部组织结构的重要变革，这些观点都是很有见地的。

作为第一本全面而系统研究中国史前城址、进而探讨文明起源的专著，该书聚焦于当前学术界的重点问题，在总结前人的研究后自出新意，提出了许多引人深思的观点，表现出作者开阔的学术视野和勇于探索的学术勇气，使之无疑会成为史前乃至城市发展史研究中必须参考的学术著作。

作者对于环壕聚落及早期城址的形态变化，做了军事防御与社会结构上的探讨，无疑是深刻的，但环壕聚落形式的发生，应当还有建筑本身的因素值得探讨。作者在该书中还引进了一些新的方法，试图从人口统计学的角度研究筑城工期等一系列问题，这种研究如果能够结合历史时期文献中一些城址修筑工期、人力等的记载，将会更有说服力。

原载《中国文物报》，2002年10月11日

补白之作

——读《7—14世纪中日文化交流的考古学研究》

学术史上许多有价值的著作都是补白之作,之所以特地将其作为这篇读书笔记的题目,是因为这本书所补之白,不仅仅补中国学者在这方面研究之白,也补了日本学者在这方面的研究之白。正如徐苹芳先生在该书序言中所指出的那样:"中外关系和文化交流的考古学研究,是中国考古学研究中的一个很重要的课题,它比研究中国考古学的其他专题更为复杂和困难一些,除了掌握中国的考古资料外,还要掌握与中国在文化上有交流的国家和地区的考古资料。其研究内容可分两方面:一是研究中国境内发现的外国遗物;二是研究在国外发现的中国遗物。这两方面合起来才能构成中外关系和文化交流的考古学研究的全部内容。"但是,长期以来由于封闭的政策、资金的缺少和外语水平等因素的制约,中国学者在中外关系和文化交流的考古学研究方面所做的工作,整体上讲是不能令人满意的。好在随着中国形势的稳步发展,这种情况正在逐步改变,新近出版的荆岚博士的《7—14世纪中日文化交流的考古学研究》就填补了这个领域的一项空白。该书对这个时期的中日关系和文化交流的考古资料,做出了阶段性的总结,相信它对今后研究中日古代关系史将起到颇有价值的参考作用。

苌岚博士的这本书首先集中介绍了日本各地出土的 7—14 世纪的中国陶瓷、漆器、铜镜和铜钱的情况。陶瓷是中国对外物质交流中的主要内容之一，在日本有大量的中国陶瓷出土，日本学者将其称为"贸易陶瓷"，并在 1979 年成立了以三上次男为代表的"贸易陶瓷研究会"，出版了《贸易陶瓷史研究》（三上次男）、《日本贸易陶瓷史研究》（龟井明德）等许多著作。苌岚从窑口，分别介绍了唐三彩与绞胎陶器、越窑系青瓷、邢窑与定窑系白瓷、长沙窑陶瓷、南方白瓷和龙泉窑系青瓷、景德镇青白瓷等在日本出土的具体情况。这些瓷器所揭示的问题是多方面的，如日本发现了一些江苏宜兴窑唐代生产的粗制青瓷，笔者在参观宜兴窑的时候，没有想到这种粗制的青瓷也能批量出口日本，这说明了什么问题？许多问题的解决还有赖于中国国内的基础性工作，正如苌岚所呼吁的："这些都有赖于中日双方学者的合作研究，尤其中国方面窑址调查的成果亟待总结发表。"日本是世界公认的漆器大国，如同 China 是中国，而 china 是瓷器一样，Japan 在英文中是日本的意思，而 japan 则是指漆器。日本的漆器同样受到过中国的影响，如剔红漆器曾经被大量引进日本，并迅速被模仿生产了"镰仓造"，因此，在日本至今仍完好地保存着一些唐代以来的漆器珍品。日本人除了将镜子用于照面之外，还将镜子作为镇邪宝物，埋藏于塔基、金堂之下，悬挂镶嵌于寺庙之中，中国的铜镜从汉魏时期就不断传入日本，并带动了日本和镜的生产。日本中世纪社会经济从物物交换发展到货币交换，全仗中国钱币参与流通，后来还在日本形成了将钱埋藏在地下的"备蓄"风气，因此流入日本的中国铜钱数量是相当巨大的，仅新安海底沉船一船所装载的铜钱就有近 27 吨之多。宋代发生"钱荒"，与铜钱大量流出国门有密切关系。日本出土的中国铜钱，几乎都是小钱，可知包恢所说："台城一日之间，忽绝无一文小钱在市行用。"流往地主要就是日本。中国文物的大量出口，不仅影响到中国国内的商品生产和社会经济，也对日本的相关产业和社会经济带来相当多的影响。在频繁的物质文化交流背后，是中日两国人员在各种层次上的相互交往，这些交往在不同时期的情况如何，路线是否有什么变化，内容有什么不同等等，这一系列的问题都需要在掌握考古材料的基础上进行探讨。芇岚将7—14世纪的中日文化交流分为了三个不同时期，在607—894年遣隋唐使阶段，其贸易形式实际上是一种朝贡贸易，日本"务求多得文书宝物"，范围仅限于天皇及少数权贵和高级僧侣；9世纪中期到11世纪中期的鸿胪馆阶段，在平安政府的直接干预下，在太宰府鸿胪馆进行的官方贸易，已经出现了官方管理下的民间交易活动，但也尚未普及到一般的庶民；在博多阶段，随着武家势力的兴起，双方的贸易已经深入普及，村落性质的遗址中出土了大量的贸易陶瓷，分布范围也非常广泛。在博多还形成了中国商人聚居区的"宋人百堂"。而在整个博多阶段，华北地区的产品非常少见，说明中国国内情况也在不断地发生着变化。不同时期受东亚国际形势变化的影响，交通路线也不相同，14世纪琉球王国的中继贸易，也是值得引起重视的新情况。交流总是相互的，中日之间的交往固然以日本引进中国文化为主，但日本对中国某些方面的影响，也有必要引起足够的关注。如螺钿工艺本为中国的传统工艺，但在宋代，反而是认为"螺钿器本出倭国，物象百态，颇极工巧"，呈现倒输入的状态，并直接导致了元代中国螺钿工艺的复活。又如日本的一些物资也曾大量输入中国。宋代火器制造业快速发展，而制造火器所需要的硫磺，中国曾经从日本大量进口，元丰七年（1084年），仅明州知州一次购买的硫磺就达五十万斤，它们对中国火器制造业究竟起到了什么程度的影响，都还是有待深入探讨的问题。

日本现存与中国有关的考古材料很多，这些材料对中国的考古学研究有重要的价值。举例来说，中国现存的唐代木构建筑只有4座，而且都是唐代后期的，日本现存隋唐时期的建筑则有25座之多，这些建筑对研究中国南北朝至唐代的建筑规律弥足珍贵。大的建筑尚且如此，小的文物更是不胜枚举。最近读到Michael Flecker对近年来在印度尼西亚勿里洞岛（Belitung）附近海域发现的一艘9世纪沉船的介绍文章，这艘沉船满载了约6万件中国唐代文物，其中包括3件完整的唐代青花瓷器。世界各地发现的与陆上丝绸之路和海上陶瓷之路有关的遗物，对于研究中国考古学无疑是具有重要意义的，但研究的基础首先是材料的掌握。苌岚对日本出土的7—14世纪的中国陶瓷、漆器、铜镜和铜钱的情况做了详细的统计，以大量的篇幅列出了表格，这是一项看似容易实则艰难的工作，也是中国学者在今后相当长的时间必须做的基础工作。

原载《中国文物报》，2002年7月12日

《武威行》导读

宿白先生被誉为"历史考古学一位百科全书式的学者",他具有深厚的史学功底,但是所撰述的文章都集中在考古领域,均以考古发现的遗迹遗物为研究对象。举凡城市、墓葬、建筑、手工业、宗教遗迹,都有专门的系统研究。

他为人低调,治学谨严,曾经不止一次抄写西藏《萨迦格言》"山涧的小溪总是喧闹,浩瀚的大海从不喧嚣",极少谈及自己。所以,要想了解宿白先生的研究思路,只有通过他的论文和讲义。两者的体例有很大的差别。前几年,文物出版社将宿先生的讲稿以"宿白未刊稿"的形式加以出版。先生的讲稿均经过多次修改,基本用的是讲课时的语言。在论文中《武威行》是比较特别的一篇,最初发表在1992年的《文物天地》第1—3期上,宿先生的很多论文是针对某一个专门领域的,而这篇《武威行》分为四个部分,涉及了墓葬、馆藏重要文物、西夏蒙元遗迹等材料,很好地体现出宿白先生见微知著、融会贯通的大家风范。

武威即古凉州,自汉武帝设郡之后成为"河西一都会",佛教经这里东渐,"凉州模式"成为佛教考古研究的重点问题。迨北魏陷凉,"徙凉州民三万余家于京师",凉州佛教对北魏佛教又做出巨大贡献，成就了"云冈模式"。但汉晋以来的这一河西重镇，在乾隆时期修志的时候已经"城郭基址不可考"。宿白先生利用发现的这一时期的墓葬和墓表资料，框定出一个横长方形的区域，进而结合凉州以东西交通为主的地理条件，认为《水经注》引王隐《晋书》中所记"凉州有龙形，故曰卧龙城，南北七里，东西三里"应该为"南北三里，东西七里"之讹，这南北三里、东西七里的横长方形区域，就是汉晋时期凉州故城所在的范围。

论文的第二部分采用同样的思路，考证出唐代武威城与今武威旧城之间的关系，以及明清武威城对唐城的改造。唯隋唐时期凉州"诸胡种落繁盛"，有"凉州七里十万家，胡人半解弹琵琶"之说，故留下了一些与昭武九姓相关的遗物，对中亚粟特人的研究，近些年来成为显学，而宿白先生对凉州昭武九姓的关注，不仅限于遗物，甚至注意到当地的俗语。"武威多旧户，彼地现今犹谓认识纷杂为'天宝大乱'。此俗语之产生，疑即出自天宝末年变乱印象深刻的陷蕃后幸存之凉民及其后裔。"他同时指出武威博物馆所藏"唐故明威府队正纥单府君墓志"中的纥单端来自于东北的鲜卑纥单一族。

凉州多存蒙元遗迹。1235年，窝阔台次子阔端开府西凉，在这里，阔端与萨迦第四祖、《萨迦格言》的作者萨班举行了历史性的会晤，宣告西藏正式纳入中国版图，而萨班后来也在凉州圆寂，凉州四面的白塔寺、海藏寺、金塔寺、善应寺相传都是萨班所建，在文章的第四部分，宿白先生特地指出阔端父子在凉州"不仅亲结畏兀儿，亦联姻萨迦，且又肩负安抚、卫护两方之重任。在蒙元一代，特别是蒙元前期，阔端一系镇抚河西，在维系西部与西南诸族和安宁边境等方面都起了重要作用。因此，有关他们的遗迹、遗物，亦应进行系统的调查，予以重视"。而藏传佛教其实在西夏后期已经流传于武威地区，在文章的第三部分，宿白先生讨论了凉州两座用以盛放骨灰的八面单层佛塔，塔的顶部做出一典型藏传佛教流行的嘎当觉顿式小木塔。

《武威行》一文运用多种考古资料和历史文献，以武威城的变迁为主干，将考古材料置于历史背景中加以阐释，如讨论赵家磨魏晋一号墓出土的单只马镫具有原始性，这与汉以来"凉州兵马，横行天下"的情况是相符合的；同时，又不局限于文献，而是证之以考古材料，补之以考古信息，显示出先生宽广的史家情怀和深厚的学术素养。

石窟寺考古报告的诸问题

——读《莫高窟形》有感

《莫高窟形》是中国现代考古学的主要奠基者之一石璋如先生（1902—2004）参加西北史地考察团期间，于1942年6—9月在敦煌进行考古调查的基础上整理的记录。1996年，《莫高窟形》作为台湾"中央研究院"历史语言研究所田野工作报告之三公开出版，全书分为本文、窟图和图版三册。尽管时隔多年，但是，无论是工作思路，还是记录本身，至今对我们开展石窟寺测绘、编写报告等工作，尤有不少帮助。

一、石窟寺考古与中国文化传承

从1900年敦煌发现藏经洞，直到20世纪40年代，敦煌的珍贵文物屡遭浩劫，所剩仅八千余残卷，有学者认为劫后残余的材料难有重大学术价值，故谓之"吾国学术之伤心史"。陈寅恪先生曾转述此语，但认为残卷仍有研究空间，唯当时中国学术界的研究状况令他扼腕："自发见以来，二十余年间，东起日本，西迄法英，诸国学人，各就其治学范围，先后咸有所贡献。吾国学者，其撰述得列于世界敦煌学著作之林者，仅三数人而已。"

这种情况到了20世纪40年代有了较大改观，其中最大的变

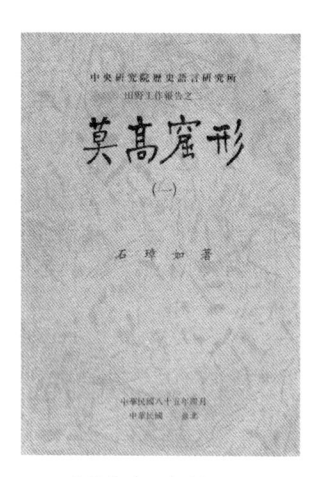

《莫高窟形》封面图

化，是开展了敦煌史地的实地调查。樊锦诗先生在《敦煌石窟研究百年回顾与瞻望》中总结说：

> 总之，这一阶段国外集中于对敦煌石窟的资料和照片公布，我国有关敦煌石窟研究的专论文章较少，主要是侧重于敦煌遗书的研究，石窟内容只是连带论及，到40年代我国对石窟的研究才真正开始兴起。

石璋如先生于1942年参加西北史地考察团在敦煌的考察，这种工作既是以往学术研究的延续，同时也受到当时开发西北热潮的影响。在学术研究的延续方面，清末以来，中国西北的考古由于莫高窟藏经洞的发现、安特生在甘肃的调查与发掘、居延汉简的出土，以及中瑞西北科学考察团的调查等成果而备受中外学术界瞩目。

开发西北的热潮与抗日战争的全面爆发有关。七七事变之后，时局多艰，西北作为抗战大后方的地位受到重视，敦煌也

莫高窟外景　　　　　　由左向右为石璋如、劳幹、邹道龙、雷震诸先生

西北史地考察团由兰州赴敦煌的途中

再次纳入学者和艺术家的视野。1938年冬，画家李丁陇先生（1905—1999）率领一支探险队来到敦煌，在莫高窟花了八个月的时间临摹壁画。1939年，张大千先生在成都看到李丁陇先生临摹的壁画。1941年2月，张大千赶赴敦煌考察。

　　国民政府方面，蒋介石也早已意识到西北在政治上的重要，并警惕着屯兵新疆的盛世才与苏联的关系，1941年德国进攻苏联，蒋介石趁机解决新疆问题。1941年10月12日，国民党中央组织部部长、中央研究院代院长朱家骅，发表了《西北建设问题与科学化运动》，鼓动科学工作者"到西北去开辟一个科学的新天地"。1941年中秋节，民国政府监察院院长于右任在甘肃省军政官员的陪同下，专程来到敦煌莫高窟看望张大千。

《石璋如先生口述历史》记述西北史地考察团的组团经过时，就涉及上述大的时代背景："民国三十一年的春上，李庄的史语所、中央博物院筹备处、重庆中华教育基金会辖下的地理研究所三个机关合组'西北史地考察团'。这时政府跟民间都弥漫一股西北热。民国三十年（1941年）于右任赴敦煌考察，归后盛赞敦煌景致，另外也有与我们关系不大的艺术考察团去，而更早些时候张大千已经去敦煌了，各界因此纷纷组团去西北。史语所由傅斯年先生派劳幹跟我去，派劳先生是其专精汉简，可以考察当地最主要的汉简，只是他没做过田野工作，我的田野经验正好可以补强，碰到史前遗址即可发掘。"

西北史地考察团分为历史、地理和植物三组，历史组主任是中央博物院聘请来的西南联大教授向达，组员有石璋如、劳幹。向达先生后来在《西征小记》中说："近年以来开发西北之论甚嚣尘上"，"然欲言开发西北，几无在不与史地之学有密切之关系"。考察团"其用意于纯粹的学术研究而外，盖亦思以其所得供当世从事西北建设者之参考"。由此可见，敦煌虽然地处偏远之地，但不论是对它的学术研究还是艺术探求，无不牵扯到风云涌动的时局。

吾侪所学关天意。中国有大量与佛教有关的遗迹、遗物，做好石窟寺考古的基础工作，对于我们保护文化遗产、弘扬传统文化都有重要的现实意义。

莫高窟总图（四）　　　　　　　　　　　　《莫高窟形》图六
南大段 C44—C65、C253—C260、C304

莫高窟北端茶房子全景（田野测量） 　　天王堂之窟顶（《莫高窟形》图四二八）

二、石窟测绘应该怎么做

石璋如是按照张大千的编号去进行测绘的。

西北史地考察团来敦煌的时候，与由国民政府教育部组织、艺术家王子云担任团长的西北艺术文物考察团在途中不期而遇，他们一同来到敦煌，遇到了已经在这里工作了一年多的张大千先生。

张大千先生有侠义之风，热情好客，先是安排两个团团员的吃住，后来又带他们参观洞窟。"张大千很热心地安排我们住的地方，张大千住屋子比较讲究的上寺，帮忙我们的艺术考察团住在比较宽大的中寺，我们因为去感谢艺术考察团的协助，双方商谈后就安排同住中寺，不过是分住在两边的厢房，不在一个屋子里。"当时，张大千"已将莫高窟各洞窟编号，他就领着我们看过每个洞窟"。

但是，石璋如只跟着队伍听了一天，就单独去做测绘工作了，原因是："张氏因为是专业画家，很重视画的技法讲解，如果洞窟的画坏了或墙上无画，就跳过不看。我看了一天之后决定退出，跟劳幹说：'艺术考察团是看画的……我是要来测量窟形、地形的，所以我不跟着你们看了。我准备第二天进行测量。'"

石璋如先生是考古出身，他所关注的重点就自然与从事美术史研究的学者不同。徐苹芳先生在《中国石窟寺考古学的创建历程》一文中，以20世纪50年代为界，将中国石窟寺的研究划分为两个大的阶段："这两个阶段的本质区别在于是否以考古学的方法来调查记录和研究中国石窟寺遗迹……20世纪50年代以前，中国石窟寺的研究，不论外国人还是中国人，基本上都是从美术史的角度来研究中国石窟寺遗迹的，只能记录（主要是照相和测量）现状，临摹壁画。历史遗迹在不同的历史时期是有变化的，这种变化是历史发展实况的记录，考古学便是研究和揭示这些历史遗迹变化的学科。因此，把石窟寺是否纳入考古学的范畴，便成了现代中国石窟寺研究是否符合科学的唯一标准。"

石璋如先生在20世纪40年代初已经尝试将考古学的方法应用于石窟寺调查，可以想象如果没有时局的动荡，这项工作会取得更多成果。

石璋如对莫高窟的具体测量时间是1942年6月21日至9

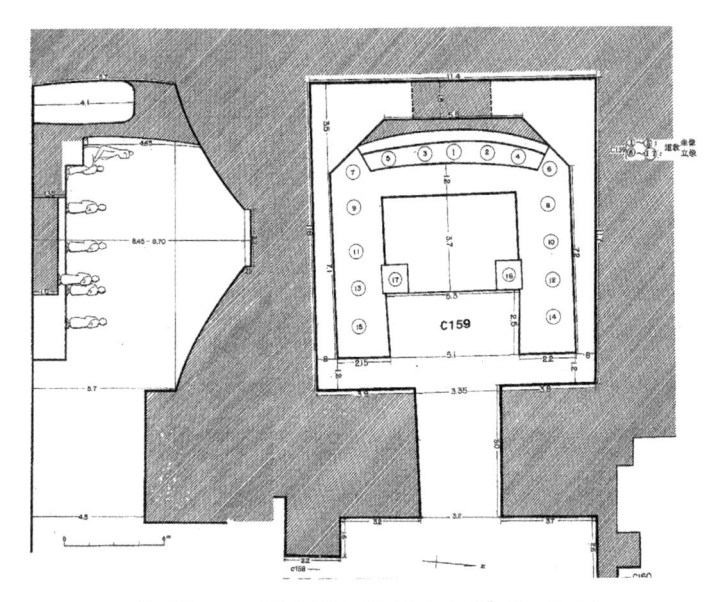

莫高窟 C159 平面及剖面图（《莫高窟形》图一三五）

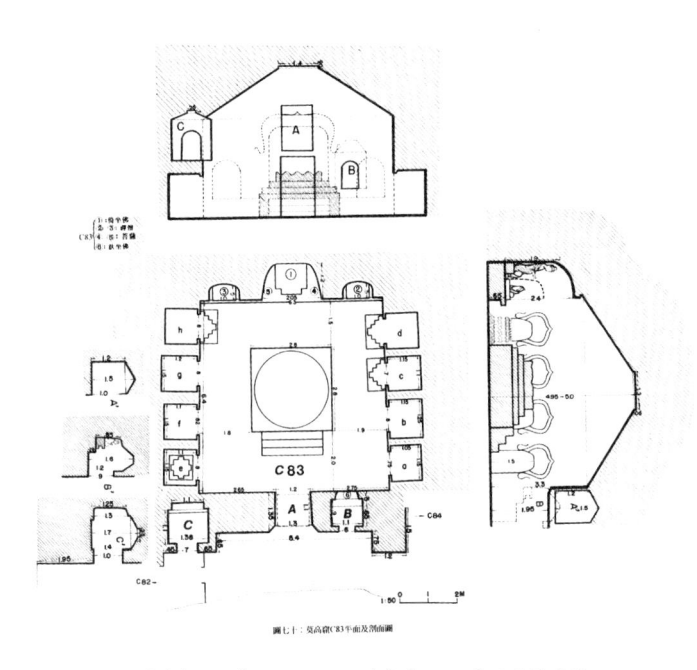

《莫高窟形》图二四一：莫高窟 C83 平面及剖面图

263 源头活水

月6日，当时张大千先生已经将南段的洞窟编号、龛号写在洞窟的门上，共计305窟，"故本编采用张大千的编号，也依照他的诸窟序列编排"。张大千先生将大窟旁的小洞称为耳窟，石璋如先生考虑到二者多为空间关系，并非全为主从或同期，故称为附洞。在写作《莫高窟形》时，石璋如先生已经看到大陆通行的敦煌文物研究所（原国立敦煌艺术研究所）的新编号，"故在张氏编号之后列以该所编号，张氏以C代表，敦研所以T为代表"。

大型石窟群的编号，在一定程度上反映了研究者对于洞窟的理解，所以，洞窟的编号并非易事。宿白先生在谈到龙门石窟编号工作时说："龙门石窟的编号应该是所有石窟中最难的，因为附龛多，情况最复杂。一个窟或龛不能编一次号就给一个新号，这样对参观者、研究者来说太麻烦了。敦煌莫高窟是一个例子。那里四百多个洞子有三种编号，伯希和、张大千和敦煌艺术研究所各编一个号，都在使用，西方人用伯希和编号，台湾用张大千编号，大陆用研究所编号，结果出现了许多不应有的差误。又如云冈主要洞窟一直沿用日本人的编号，中间有多次重新编号，但编完之后无人使用。"

《莫高窟形》中"主洞窟309，附洞为147，共计456窟"，既名《莫高窟形》，故特重洞窟形制，石璋如先生对此456个洞窟的窟形都有详细的测绘。台湾学者颜娟英在《石璋如先生著〈莫高窟形〉介绍》一文中指出，迄今发表的敦煌石窟测绘图依然非常有限，"以具有西魏大统四年（538年）题记的285窟（张大千编号83）为例。简单比较石先生、阎先生（阎文儒）与敦煌文物研究院的测绘图之不同处，三者之间的最大区别是，两位先生都尽量在图上详细标示出尺寸，而敦院则仅题示全图缩小尺标，而不在图上详细标示尺寸。据请教石先生所知，阎先生的做法与他相近，应该是由夏鼐先生指导的史语所考古测绘方式。不过以285窟的实测图为例，石先生实际的数字比阎先生详细得多"。

石窟寺的测绘是为了给研究提供详细的基础数据，《莫高窟形》对于洞窟形制有比较多的测绘数据。石璋如先生对于洞窟的分期，就是基于洞窟形制："洞窟断代，除少数有年、月、题记的诸窟无争执外，其余大多数的窟，诸家的意见颇不一致。断代划分有根据画风的，有根据画技的，有根据供养人装饰的，有根据故事的，有根据经变的，有根据壁画结构的，有根据窟形的，还有总和的。"只是根据窟形断代的局限性，石璋如先生是意识到的，他说："本编的断代是根据窟形，不过窟形断代，不像朝代划分那样明显，一种窟形可以延续很长且可以超出朝代以外。"因此，石窟寺的报告中，还需要有全面的文字记录、照片、拓片等资料相互配合，以构成完整的报告，其中也应包括石窟开凿过程中留下的诸多遗迹。

《莫高窟形》中对于具体洞窟的记述，还特辟窟级和窟积两项，"窟级为本编特有的项目，为使读者一看即可了解本窟的大小，故特设此目，以该窟全窟的面积为标准，并算出平方公尺×0.3025，作成坪数，每五坪作为一级，三级作为一等"，这样，石璋如先生将敦煌洞窟分为特、甲、乙、丙、丁五个等级。"窟积一项，为本编所特有"，计算窟积说明石璋如先生认真考虑过敦煌莫高窟的开凿工程问题，其中一个大的结论是"本编所记诸窟之容积，逐一加起，则为66119.83立方公尺，这个数字为出乎意料之外的少，盖由于小窟太多之故……从以上数字显示，丁等窟占大多数，也就不怪了。这个66119.83立方公尺的数字说明了一件事情，即1942年莫高窟的上寺、中寺、下寺所占向东凸出的一大块较高之台地，就是由窟中所挖出的土方堆积而成"。

三、文字记录所需达到的要求

《莫高窟形》的文字记录在"本文"即第1册，由劳幹《序》、石璋如《自序》、编辑说明和洞窟记录等组成。文字说明部分，举 C1 窟（T131）为例，包含测期、坐向、时代、窟室、龛坛、画题、窟积几项内容。石璋如先生对于测绘时间非常看重，"关于说明部分，拟有固定规格，各窟一致。首先记录测量时日，为各家著录所未具。因本编为历史记录，特重时期和现实。此种形制为该时的实在现象，日后或增修，或损毁，或保持原状，变化情形，不可预料"。石璋如先生在编辑说明中举了数例说明测绘日期对于学术研究的重要性，如"在藏经洞以北之 C159 窟（T4），在 1907 年斯坦因所测量时，其窟仍为五代时的中坛型，后有背屏，其上为佛像九尊式，而现在所存者则为王道士所改造"。联系到日后莫高窟的一些变化，可以看出石璋如先生的远见。

但是，总体而论，《莫高窟形》中对洞窟的文字说明是简略的。2004 年 9 月在龙门石窟举办的"石窟考古报告培训班"上，宿白先生提出："对洞窟开凿的过程大体了解后，才能到手做文字记录，越详细越好，但要尽量客观，不能加入个人的主观推测，纯粹研究和主观分析得出的推论都不应当记录在档案里，更不用说从档案中提炼出来编写到报告里。文字记录首先从洞窟外面开始，其他记录顺序一般不宜做硬性规定，要根据洞窟的具体情况而定。"

四、图版的重要性

图版一方面保存了真实影像，另一方面也方便别人检查文字和测图正确与否。《莫高窟形》中发表了 407 幅图版，由于条件

所限，石璋如先生一行采用了黑白片，"带了三种照相机，一种大型的，照 118 大胶卷，两种中型的，一长方，一正方，照 120 胶卷"。为了获得比较理想的照相效果，他们付出了许多辛勤的工作，"量了洞窟之后觉得哪些值得入镜，就要拍照……在千佛洞一带，因为河流流经盐滩，使水质呈碱性，不利照片冲洗。我们必须在夜晚十二点之后，天气凉爽，流经盐滩的水尚未被日晒蒸发出盐分之前，取水储存水缸内。庙内饮用水也是在夜晚取用，人若是饮用白天取的水则会腹泻"。

王惠民先生在《石璋如〈莫高窟形〉出版》的简介中指出："第 3 册是黑白照片，共 400 余张。其中窟区对岸原有数塔，现多毁，而《莫高窟形》中有二泥塔的塔内顶部壁画照片各一张，还有一张天王堂内顶壁画照片，相当珍贵。"

宿白先生在《张彦远和〈历代名画记〉》一书中，论山西猗氏城的年代问题时就涉及唐代的天王堂："如果再考虑天王楼旧址位于东西大街的北侧，我们知道相传各地天王堂的兴建，是由于平息安史之乱后，唐肃宗诏令而创建的话，那猗氏县城这样的布局，也许可能开创于 8 世纪后期了。"

选取哪些照片反映了照相者的取舍和认识，有些角度大家都觉得重要，就会有重复，有些则是个人关注点不同，所以，客观记录洞窟全部信息的考古报告在佛教考古的研究中才显得尤其重要。宿白先生强调："在基本资料未公布前，所有的研究都是初步的，绝不能认为是结论，这也是我们强调考古报告的重要性，不强调在石窟工作的同志做个体研究的原因。"

我国石窟寺最早的考古报告，是日本在 20 世纪 50 年代出版的《云冈石窟》。1949 年之后，中国佛教考古工作者虽然陆续出版了《新疆克孜尔石窟考古报告》（第一卷）、《义县万佛堂石窟》《麟溪桥与慈善寺——佛教造像窟龛调查研究报告》《天龙山石窟》《莫高窟第266—275窟考古报告》等石窟寺考古报告，但大型石窟群比较全面的考古报告，依然只有这部《云冈石窟》，所以，2004年宿白先生在河南龙门石窟讲述石窟档案和考古报告编写工作的时候说：

  可以选读水野、长广的《云冈石窟》这部大书的一、二卷如第一、二窟或第十九、廿窟，该报告是用两种文字（日文、英文）编写的，英文不是提要，且其内容也有与日文不同处，因此也要看看（哪怕涉猎也好）。此书不考虑云冈所在国的文字，甚至连中文提要也不附，这是对我们最明显的蔑视和侮辱！但他们的工作方法和报告的编版都可供我们参考，当然这并不能改变它——《云冈石窟》，仍然是文化侵略的产物。

  宿白先生多次强调考古报告对于佛教考古研究的重要意义，从2004年到今天，又是十几年过去了，情况却并没有得到根本性的改变。一些科研单位也意识到考古报告的重要性，采取了近景摄影、多视角三维重建、三维激光扫描等先进的测绘手段，希望加快考古报告的出版，但是这些工作仍然存在不同程度的问题。其中的一个重要问题是，石窟寺考古报告的编写是一项综合性的工作，研究者认识不到的迹象，仪器并不能帮助我们辨识出来。因此，加强佛教考古研究人才的培养，是目前的当务之急。

原载《中国文物报》，2016年4月22日

教育乃养成人格之事业

这里有一群让人感动的老人，这里有一段我们不应该忘却的历史。

2004年夏季的一天，雷士德校友会的几位先生冒着酷暑来到上海市历史博物馆，他们带来了一个雷士德工学院的盾形奖牌前来咨询，因为他们了解到我们单位的专业人员写过介绍雷士德学校的文章，所以他们希望能够从我馆得到更多关于雷士德学校的信息。当得知我馆还藏有雷士德工学院扩建纪念铭牌时，他们的兴奋之情溢于言表。交谈中，雷士德校友会的沈定良会长、石宝仁先生等给我们绘声绘色地介绍了许多雷士德其人和雷士德学校、雷士德校友的情况，他们的言语与动作神态，让我体会到雷士德学校是一所让他们引以为豪的学校，是一所在他们的生命中留下了深刻印记的学校。

当我们了解到2004年校友会将要举办纪念学校成立70周年的活动，而目前校友已经人数不多，年纪最小的也已经七十多岁了的时候，我脑子里掠过一个念头，为什么不能借校友会纪念学校成立七十周年之际，举办一个特别的展览呢？这个念头后来在校友会、上海市历史博物馆和海员医院的共同努力下由设想变成了现实。至今我都清楚地记得开幕那天感人的场景，雷士德的校友们都已经年迈，有的甚至是坐着轮椅而来，他们在那些发黄了的照片前驻足凝视，他们在一件件展品前痴痴流连，展览让他们仿佛重新回到了那个意气飞扬的年少时代，展览也让这些 Lester Boy 与上海市历史博物馆的因缘延续到了永远。

1934 年在上海建立的雷士德学校和雷士德工学院，是第一所按照英国模式教学的全日制技术学校，这个学校的时间不长，毕业的人数也不多。但是，就是这样一所学校，走出了中国工程院院士顾懋祥，城市规划设计专家陈占祥，曾任国务院港澳办主任的鲁平，曾经担任过大使的钱嘉东、梁于藩、田进、现任海牙国际法院院长的史久镛，冶金部副部长钱传钧，著名翻译家草婴、任溶溶，还有医生、律师以及工商界的重要领导人士如万邦集团董事长曹文锦、普华永道会计师事务所主席容永道等许多卓有成就的人士。利用特展举办的机会，我们抓紧时间对一些老校友进行了采访，他们的谈话中给我印象最深的，一是雷士德学校的教学方式，比如学校的授课和学生的笔记都是用英文的，所以这些学生中出现外交人员、出现翻译家都不是偶然的；二是因为强调职业教育，他们的动手能力都很强，鲁平先生介绍他直到今天，都还尽可能地自己动手修理收音机、自行车，他们认为这些习惯，都是在雷士德学校就打下了基础的。还有一点给我印象很深的，就是这些老人的敬业和团结，我所接触到的这些老人，都彬彬有礼，儒雅翩翩，他们都极为珍视他们之间的校友情义。

由这些我想到的是教育对于一个人的深刻影响。蔡元培先生在《一九零零年以来教育之进步》中曾经说过："教育者，养成人格之事业也。"雷士德学校虽然是英国人创办的，但是它的校训却选择了中国的古训"苦心志，劳筋骨"。实际上，只要是真正的教育，其目标都是相近的。黄炎培先生终身为中国的职业教育付出了极大的心血，他强调的职业教育，是"用教育的方法，使人人依其个性，获得生活的供给，发展其能力，同时尽其对群之义务"，他把职业道德教育的基本要求概括为"敬业乐群"，他强调职业教育的第一要义是"为群服务"，要有"利居众后，责在人先"的服务精神。我们需要铭记蔡元培、黄炎培、马寅初、邹韬奋等一大批杰出的人士在近代中国从事教育救国所付出的艰辛，和这些艰辛泽惠后人的成果，同时，我们也不应该忘记，民国的教育史上，也还存在过像雷士德学校这样的教学机构。

博物馆最基本的工作就是存真，如今，当年举办特展时的照片和实物，校友会都全部无偿地捐赠给了我馆。房芸芳同志的这本书中，将汉语文献、外文文献、口述采访、实物资料尽可能地结合在了一起，希望能够最大程度上为雷士德学校留下记忆。这项工作仅仅是上海市历史博物馆计划进行的近代上海教育资料的收藏与研究的开始，上海的教育对于近代中国的影响实在太重要了，我热切希望我馆的同志能够静得下心来，耐得住寂寞，"苦心志，劳筋骨"，扎扎实实地继续做好这项非常有意义的工作，也扎扎实实做好其他为上海这座城市保存记忆的工作。

原载《遗产与记忆：雷士德、雷士德学院和她的学生们》，上海古籍出版社，2007年

六千岁，正青春
——读《年方六千：文物的故事》

郑岩、郑琹语父女合作出版了图文并茂的新书《年方六千》——人类的历史有数百万年，六千年以来中华文明的进展突然加速，社会的复杂化发展让世界越发多姿多彩，这大概是作者起书名时的考虑。对于个体的生命而言，百年已难逾越，但是，相较于人类的历史，六千岁尚属青年，就如二八之于少女，正是豆蔻年华。所以，书的扉页上写有这样的话：

> 五六千岁
> 还算年轻
> 在爸爸的文字中
> 女儿的画笔下
> 文物继续生长

书中的一些图文在作者的微信朋友圈里发过，每每引来围观。记得我还曾经起哄，说是可以办展览、出书，现在书已经出来，展览也乐见其成，不过这些都是我"多余的话"，想必他们都已经有系统的考虑。《年方六千》有篇《写在前面》的话，讲述了这本书的来由——郑岩本科是考古专业出身，在文博界浸润多年，所以他很熟悉考古的语言，自述第一次写田野报告的时候，用的是这样的文字：

  背壶 10 件。分三式。
  Ⅰ式：2 件。AL：36，泥质灰陶，侈口、方唇、粗颈、广肩，颈肩转折明显，收腹、平底。肩部有一对带状斜竖耳，偏于腹壁较平的背侧，另一侧有一下勾的突纽。口颈 10 厘米，通高 22 厘米，最大腹颈 14 厘米，底径 7.8 厘米。

  如同病历般的文字，详细、客观，但是，这样的文字很难被考古界之外的学者所理解，更遑论普通的读者，所以，《读书》杂志专门组织了不同学科的学者，讨论如何突破考古的"围城"。一方面，我们面对的是连续不断的中华文明给我们留下的丰厚的文化遗产资源，理应在文化自信建设过程中发挥更大的作用；另一方面，这些资源与现代社会有着时空的隔阂，普通民众难以理解其内涵。"谁谓古今殊，异代可同调。"在古今之间，在专业和大众之间，我们需要搭建桥梁，需要有"译语者"，但是在现在的学科分类体系下，我们没有培养这种"译语者"的教育机制和课程设置。郑岩是学界为数不多的能够从容地在古今之间自由穿行的学者，这与他在博物馆系统工作过的经历分不开。如果说考古可以是象牙塔里的研究，博物馆就是要将这种研究的价值尽量展示给公众，努力使其成为公民素质教育的一部分。

  本文不是书评，写书评太累，写浅了内行觉得你学术功力不够，写深了我们缺少学术批评的氛围，书介只要把书中打动你的感受写出来就可以。比如美国学者艾郎诺的《才女之累：李清照及其接受史》，让我想读下去的，实际是从南宋到当代的李清照的接受史，包括 20 世纪下半叶围绕李清照是否再嫁问题的争论，艾郎诺指出:"这场论战迅速转换为'再嫁阵营'与否认'再嫁阵营'之间热烈的辩论,从而展现了传记体历史的可塑性、清代的考据学并非完全客观的研究方法,特定人物的虚构形象有强大而持久的感召力等诸问题,而道德公论有时仍会左右着学术研究。"这样书里涉及的就不仅仅是关于李清照事实的考证,于是,我的书介文字以"才女都累,生前活在自己不时的纠结里,身后处于他人永远的议论中"起头,只是为了让读者有读下去的兴趣。

《年方六千》的文字汪洋恣肆却不失根基。不失根基很重要,深入浅出从来都是很难达到的境界,在自媒体的时代,考古似乎比以前热闹很多,但许多文字是浅入浅出,甚至是剪刀加糨糊的产品,所以,我相信传统的纸媒在经历了一轮大潮的冲击之后,仍有它存在的价值,这种价值体现的是大浪淘沙后社会认可的价值。汪洋恣肆需要学识、才情和文笔,就如一个学者所言:"任何一个考古队员,从他第一次挖开封土或表土以后,就长久地陷入了一个苦苦的思索,绝对真实的遗物和遗迹沉默着,逼迫他也诱惑他想破译、想解读、想洞彻这恼人的历史之谜……从田野发掘出来,又从整理中揭示出来的,沉默的古代真实太不可思议了,它太辉煌、太费解、太深沉。没有一个考古工作者能够完全摆脱它带来的苦恼,但也很少有人能坚持思考并企图作答。"郑岩就是这很少的坚持思考并企图作答的人,他想透物见人,"我在田野和博物馆的全部感受,却无法用这种文字(考古报告)完整地表达出来","一块泥巴,生长为一件器物,其背后有一双富有创造力的手,一个富有想象力的活生生的人。诗比历史真实,艺术离人心更近"。

于是,在郑岩笔下,历史延伸开来。一件沿海地区出土的彩陶,却画着黄河中游的纹饰,"考古学家关心的问题是:谁,什么时候,为什么,怎么样把它们带到这里?"

他替古人设计：一件青釉盖罐装饰了三重莲花瓣，如果是这样，也许就太单调了，于是在腹部出现了一条忍冬纹，"忍冬的叶子嫌花瓣的队列太齐整，追逐着波浪，从花瓣的缝隙间跑过，被惊扰的鱼儿逃得无影无踪。雨过后，浓浓淡淡，天地全是一色"。他为主人扼腕，"不要赞叹她此刻的美妙，我们已经错过她最好的年华"。

在郑岩的文字里，文物的基本信息都得以表现，但是换了表述的语言；观众在观看一件器物的时候，看到的不再只是知识，而是会顺着作者的视角，去与古物对话，引发自己的思考。当你思接千载，与古人神游的时候，无形之中就拉长了我们自身的生命，这就是郑岩说的，文物在继续生长吧。

书中的配图全部出自女儿郑琹语之手。在测绘技术日新月异的今天，考古绘图是不是还需要手工进行，是近年来争论的话题。其实考古绘图不仅仅是数据的采集和外观的描绘，手工绘图的过程是一个研究者对于器物了解的过程，绘图者会强调自己观察到的特征，而不是像仪器那样看似"客观"的记录。郑琹语的绘图不是考古报告中的绘图，不过，和考古绘图一样，她一定会把一件文物感动她的地方描绘出来，在这个过程中加深对这件器物的理解，更在润物无声中，提高了自身的素养。父亲的文字和女儿的绘图所强调的点，并不一定相同，但在图文相配的过程中，对器物的理解、对人世的感受，一定是共同在升华。

书中的文字并非篇篇都好，这样说并不是为了显示我的"客观"，而是文物是有个性的。生活中我与郑岩最大的差别，在于我喝酒，他不喝酒。写酒器，他估计没有我写得摹声绘色，意乱情迷，文物是有温度的，出自内心的才能够打动人心。

原载《光明日报》，2019年7月20日

《云冈石窟的营造工程》
专家推荐意见

真容巨壮、气势雄浑的云冈石窟，在中国佛教艺术发展过程中有着十分重要的地位。宿白先生在论述云冈石窟的重要性时说："云冈石窟是新疆以东最早出现的大型石窟群，又是当时统治北中国的北魏皇室集中全国技艺和人力、物力所兴造……它所创造和不断发展的新模式，很自然地成为魏国领域内兴造石窟所参考的典型。所以，东自辽宁义县万佛堂石窟，西迄陕、甘、宁各地的北魏石窟，无不有云冈模式的踪迹，甚至远处河西走廊、开窟历史早于云冈的敦煌莫高窟亦不例外。""云冈石窟影响范围之广和影响延续时间之长，都是任何其他石窟所不能比拟的。这种情况，恰好给我们石窟研究者提供了对我国淮河以北的早期石窟（5世纪后半叶到7世纪前叶）进行排年分期的标准尺度。因此，云冈石窟就在东方早期石窟中占有极重要的地位，对它的研究在很大程度上成了研究东方早期石窟的关键；对它研究的深入与否，直接影响一大批石窟的研究工作。"正因为云冈石窟所具有的价值，自20世纪初云冈石窟重新被发现以来，学术界对于云冈石窟做了大量基础性的调查、发掘和学术性的研究工作，在洞窟的分期、造像的内涵与雕塑艺术的成就等方面取得了许多重要的成果。如何在前人工作的基础上，将云冈石窟的研究再深入一步，则是我们需要认真加以思考的问题。具体而言，每一个石窟群由于地理位置、气候条件、地质情况、信奉群体等的不同，需要我们用不同的方法去区别对待，加以研究。如龙门石窟，由于石质条件比较好，保存了大量的题记，这些题记成为我们研究龙门石窟时的重要依据；敦煌石窟的壁画和榜题，为敦煌石窟的研究提供了丰富的材料。云冈石窟历史上也存在不少碑刻和题铭，但是，随着岁月的侵蚀，这些碑刻和题铭大多已经消失了，所以，我们在研究云冈石窟的时候，就需要根据遗迹现象，找到进一步研究的方法。

大型石窟需要耗费大量的人力、物力和财力，尤其是云冈石窟这样的皇家工程，整体的设计和具体的施工都是有组织地进行的，而石窟开凿过程是以前学术界探讨得比较少的一个问题。彭明浩在多次实地考察的基础上，对石窟外部的山体崖面、不同时期的斩山遗迹，石窟内部的开凿遗迹、壁面龛像的打破以及避让关系，和许多未完成窟龛的情况进行了细致的记录，在此基础上，从宏观、中观与微观三个层面，提出了自己对于云冈石窟开凿过程的一些看法。在宏观层面上，他认为云冈石窟前临平城和盛乐交通的道路，窟前没有过多的空间建造寺院，北魏时期的许多寺院建造在窟顶的山上，近年来已经不断有重要的发现，龙门石窟其实也有类似的情况；从中观层面上，他基于对石窟的外部崖面，包括斩山遗迹的考察，认为石窟开凿利用了河流下切形成的阶地断崖，这样可以减少石窟开凿的工程量；在微观层面上，他根据每座洞窟残存的开凿遗迹，和龛像之间的组合、打破、避让、依附关系，梳理各种营造活动的先后次序，进而探讨整个石窟的开凿过程及其背后的规划设计思想。提出第一期的大像窟施工依就大像头、身、腿每一部分的设计高度，从上往下分层开凿，同时在不同高程的空余壁面开凿小龛；二期洞窟强化了外部立面形象的设计，多模仿木构建筑空间设计前室，并以竖向的塔、碑分隔各窟崖面。云冈一期至二期，石窟总体虽按组群整体规划，但各洞窟的空间形式却由马蹄形的大像窟向长方形、多具前后室的洞窟形式转变，开凿工程也渐由分层施工过渡到统一施工，对工程的控制力度逐渐加强，这些变化都影响到洞窟的施工结果。基于此，他还对洞窟的排年提出了自己的看法。

  本文从石窟营造工程的角度，分析不同遗迹之间的关系，考察洞窟空间、形式的历时性变化，阐释各种变化的产生原因，可视为考古层位学和类型学在石窟研究中的具体应用。新的研究视角所得出的新观点，深化着我们对于云冈石窟的认识。

    原载《云冈石窟的营造工程》，文物出版社，2017年

《北宋西京城市考古研究》专家推荐意见

唐宋变革是史学界讨论的重点话题之一。自1910年日本学者内藤湖南发表《概括的唐宋时代观》，"唐宋变革论"就成为史学界共同关注的话题，至今不断有学者发表与之相关的研究成果。实际上，唐宋之间的巨大变革，古人早已注意到，如明代史家陈邦瞻说："宇宙风气，其变之大者有三：鸿荒一变而为唐虞，以至于周，七国为极；再变而为汉，以至于唐，五季为极；宋其三变，而吾未睹其极也。"这种巨变影响到社会的不同方面，其中在城市方面的变革，被美国学者施坚雅称为"中世纪城市革命"（The medieval urban revolution）。这样的"革命"，自然以都城最为显著。北宋东京开封因为有《东京梦华录》和《清明上河图》等资料，我们能够从文献和图像的角度得其仿佛，但是，由于黄河的泛滥，相关的许多重要遗迹埋藏在泥土深处，而且开封由地方城市逐渐升格为都城，因此，从考古学的角度而言，宋代的西京洛阳是值得特别关注的对象。宋代西京叠压在隋唐洛阳城之上，隋唐洛阳城的田野发掘工作同时也为我们提供了一些研究唐、宋洛阳嬗变的资料。其中《隋唐洛阳城：1959~2001年考古发掘报告》《隋唐洛阳城天堂遗址发掘报告》等是我们对北宋洛阳城以及北宋与隋唐洛阳城之间变化展开研究的基础材料。

对于这些材料的解读，不同学科背景的学者会有各自不同的侧重角度。王书林是北京大学考古文博学院文物建筑方向的本科生，她的解读自然会带着建筑考古的视角。至于什么是建筑考古，不同的学者也会有自己的理解。在我看来，建筑是人为营造的空间，这种空间现在以地上和地下两种形式存在，所以，建筑考古的研究对象自然也应该包括地上与地下遗存两种对象。对于地下的建筑遗存，考古的发掘工作不仅仅是清理清楚建筑遗迹的平面，挑选标本之后将建筑构件进行类型学的排比，还要尽量揭示出这一空间营造、使用和损毁的过程。比如一座寺院建筑，它可能遭到人为的破坏，也可能废弃时间久了之后，因为西北风的长期侵蚀，西北部分首先出现塌陷，不同的原因形成的遗迹现象肯定是不一样的，建筑构件如鸱尾的出土位置就会不一样。这种过程有可能会表现为复杂的叠压和打破关系，而这种复杂的关系很多时候却被我们简单化对待了。最近几年北京大学考古文博学院文物建筑方向的老师利用暑期带领学生开展了古代建筑的实验考古，这种实验是基于具体的田野发掘报告所揭示的遗迹现象所做的复原，其主要目的并不是为了展示，而是研究其构造的过程。毋庸讳言，这种复原会带有推测的成分，尤其是建筑的上部，可能并不能够完全符合当时建筑的原貌，但是这种复原会促进学术的研究，甚至反观我们以往发掘工作中可能遗漏的信息。记得有一位新石器时代考古方向的研究生在参加了这样的工作之后说，以前的发掘每天都是关注所刮的平面，参加了实验考古的收获之一，就是今后发掘建筑遗迹，在关注平面的同时会时时考虑它的立面构成。如果我们将建筑看作是人为营造的空间，而人类的大部分活动又是在这种空间中进行的，那么，我们的建筑考古工作就应该视为考古田野工作的重要组成部分，面对地下考古遗存所进行的建筑考古研究就有大量的工作有待于我们去做。

以梁思成、刘敦桢等学者为代表的营造学社对于中国古代建筑进行了许多居功至伟的调查和研究，他们的工作方法和研究思路启迪了后来的建筑史研究者，但是，如果将建筑视为人为营造的空间，地上建筑遗存同样有许多工作有待我们去开展。以往的工作侧重在建筑的年代和建筑结构、建筑技术方面，建筑师开展的建筑史研究，其目的"是为建筑创作（设计）服务的，是为今天的建筑实践做借鉴的，是古为今用的"（宿白《中国古建筑考古》）。这些研究在很大程度上是为了"在实际的操作中建立一个现代的中国建筑风格"（巫鸿《美术史的形状》），这种对中国建筑风格的追求本身所反映的是"中国知识精英对于现代民族国家发展和建设所持的理念"（赖德霖《中国近代建筑史研究》），因此，以往的建筑史研究对于古人的行为本身关注不够，也鲜有将建筑的使用作为一个持续的过程加以对待，所以许多维修过程忽视对不同时期建筑遗迹的保留。虽然我们现在对于南禅寺大殿的维修有了一定的反思，但这些反思还多是从"真实性"的方面去进行的。我们今天再发现一座新的古代建筑已经很难，对一座具体的建筑及其构件进行更精细的断代研究当然仍很必要，但是，"见物见人"是更重要的，从这个意义上说，很多地上建筑遗存的考古工作也有待我们去开展。在我们现在的分类管理中，地上地下的遗存分属不同的部门管理，一座古代的庙宇很可能只剩下一座大殿了，我们若要认识这座大殿所产生的环境和建筑在不同时期的历时性变化，地上和地下遗存都需要我们进行统一的考虑。

王书林受到过建筑与考古专业的系统训练，她自然会从建筑考古的视角去看待洛阳城的发掘材料。她运用GIS技术将以往的资料进行定位，通过安喜门位置的讨论，认识到"隋唐时期洛北里坊应与洛南里坊一样，均按边长 300 步规划，然至北宋时期，洛北里坊重新列布之后，则出现了坊的大小差异，从而出现街道不对位的情况，考古勘探所见街道布局应该反映的是北宋以后的面貌"。这种北宋街道与唐代门址之间的变化过程，反映的其实是北宋洛阳城外郭城的重心向东转移，偏于长夏门以东区域，坊墙被破坏、街道格局发生变化的史实。同样是基于建筑考古的视角，书林将具有建筑等级意义的琉璃材料和龙纹瓦当标示出来，根据它们在宫城内的分布，进而讨论宫城内布局的变化，得出新的认识。

　　城市是一个复杂的整体。美国学者凯文·林奇在《城市意象》中提出，道路、边界、区域、节点和标志五者构成了一座城市必不可少的要素，这些要素之间又会产生相互影响，共同形成了我们对于一座城市的印象。凯文·林奇对于城市要素的提取是基于对波士顿、泽西城和洛杉矶的研究，是否适合中国的城市，或者怎么样与中国的城市研究相结合另当别论，但是，城市的研究一定需要考虑诸多的因素则是可以肯定的。王书林将洛阳周围的墓葬材料、宗教遗迹等也纳入宋代洛阳城市的要素进行研究，所得出的个别结论当然可以进一步讨论，但这种思路应该是正确的。

　　没有一座城市在建造之初是为了留给后来的考古学家去发掘，中国古代的城市大多是政治性的城市，它们的建造目的是为了防卫，这种防卫既有外防，也有内防。建造它们是一种建筑行为，使用它们具有很强的军事防御性，因此，对于古代城市的研究，我们需要去看看建筑学家怎么说，军事学家怎么想，如读一读工程兵工程学院主编的《中国筑城史》，对于宋代的重城结构也许有不同的思考角度。当然，地理学家、历史学家的研究都是重要的。统计一下学界对于城市考古的研究，不难发现其他相关专业大量引用考古界的文献（当然有原始材料的因素在内），但是，考古界对其他专业的关注就要少得多。本书对于不同学科的研究成果尽量予以了关注，这一点也是可取的。

原载《北宋西京城市考古研究》，文物出版社，2020年。

读《第五次开始——600万年的人类历史如何预示我们的未来》

1918年11月7日,一位年近六旬的长者与他二十五岁的儿子有这样一次对话。

长者问儿子:"这个世界会好吗?"儿子回答道:"我相信世界会一天一天往好里去的。"

"能好就好啊!"老人说完,就离开了家。

三天之后,长者留下一篇《敬告世人书》,在积水潭投湖自尽。

那个二十五岁的儿子,就是后来被称为中国最后一个儒家的梁漱溟,当时是北京大学哲学系最年轻的教师。

梁漱溟的父亲留下的这个疑问,现在在不断地被重新提起,是的,这个世界会好吗?

在科技飞速发展,人心却越来越浮躁的当今社会,有这样的疑问是必然的。究竟应该怎样去认识人类未来的发展?一位来自美国,从事史前考古研究的著名考古学家罗伯特·L.凯利透过600万年的人类历史,给予未来谨慎的乐观,这种乐观不是盲目的,而是基于"理解过去,这样就能帮助创造未来"。

考古学的魅力之一,就是可以通过物质文化遗存去长时段地观察人类社会。罗伯特·L.凯利认为,人类已经经历了四个临界点,他称之为"开始","按照时间顺序,它们是技术、文化、

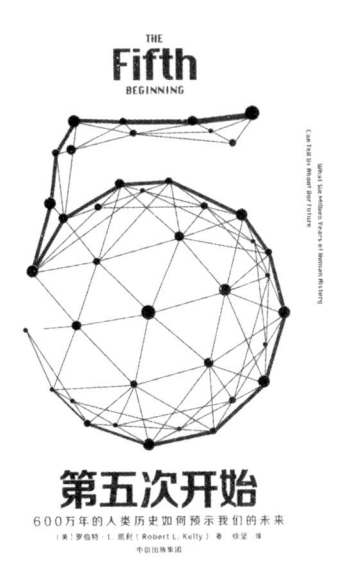

《第五次开始》封面图

农业和被称为'国家'的政治组织"。以往的历史告诉我们,"使用石器的更新世祖先战胜了不用者;拥有文化能力的战胜了缺失者;农夫最终超过了狩猎—采集者;酋邦和部落臣服于国家社会,后者迄今仍然主导世界"。而这一切,似乎都印证了"适者生存"的逻辑。但是,"尽管竞争有力,进化研究者们也意识到,利他主义和合作也是进化过程的基本因素",所以,在作者看来,我们正处于第五次开始,而这一次开始,"可能标志着基于合作竞争的时代"。

面对当今世界的种种乱象,我们是生存还是毁灭?也许,只有第五次开始,人类才能够延续下去。

全书十分好读,作者想"有意保持本书短小、愉悦,有时甚至是轻松",他希望的是写一本"大家真的会认真阅读的书",而不是"一本充斥了拖沓冗长、涩滞不便的大段引文的书",虽然"这样的书俯拾皆是"。可以说,作者在书中做到了希望自己做到的那样,"我关注宏观格局,因为我认为这才是考古学的最大的贡献"。

是的,这正是考古学能够带给人类的福祉,恰如古埃及法老图坦卡蒙金字塔的铭文所说:"我见逝日,我知来时。"

读《古物的声音：古人的生活日常与文化》

一、古物是有声音的，如果你与它凝视

当你与它凝视，你就会发现制作者的心，使用者的情。一件物品经过了岁月的磨洗，成为了古物，它就有了王国维先生称之为的"古雅"。在《古雅之在美学上之位置》一文中，王国维先生认为："古雅之能力，能由修养而得之，故可为美育普及之津梁。"

要获得古雅的能力，就有必要了解不同时期古物的设计思想。设计体现的不仅仅是物的形式之美，也体现着物与人的关系。《古物的声音：古人的生活日常与文化》第一篇是《史前席地起居用陶器的装饰艺术——漫谈新石器时代彩陶图案花纹带装饰部位》，这篇文章中的"史前人与现代人观看器物示意图"首次发表于1977年《文物》第6期上，至今被学界广泛引用。杨泓先生在这篇文章里首先阐述了一个现象，即新石器时代彩陶图案的分布，"看来是有一定规律的，它们都绘在盆的里壁，而且是分布在靠近盆口的上半部的地方；在盆底中心的部位，反而常常是平素无纹的。同时，和光滑的里壁相反，这些盆的外壁却是粗涩的。可以看出，当

《古物的声音：古人的生活日常与文化》封面图

时陶器制造者的匠心所在，重点是里壁靠上侧的装饰花纹带"。新石器时代的人们"不论在室内或户外，都是席地起居，用做主要日常生活器皿的各种类型的陶器，自然也都是放在地上使用的。这样一来，不论这些器皿的形体多高，它们往往都是处在席地蹲着或坐着的人们的视平线之下，更何况对站立的人而言，要看这些器物就只有俯视了"。这也就是苏轼在《私试策问》中所谈到的"古者坐于席，故笾豆之长短，簠簋之高下，适与人均"。由于那时的人们在使用陶器饮食或盛物时，"常处于坐着或蹲着的姿态，这就引起主要花纹带的布置，选取在人们蹲、坐时视线最集中的部位"。

二、大家小书的启示，请静下心来

《古物的声音：古人的生活日常与文化》一书除了《开头的

彩陶纹饰带位置举例

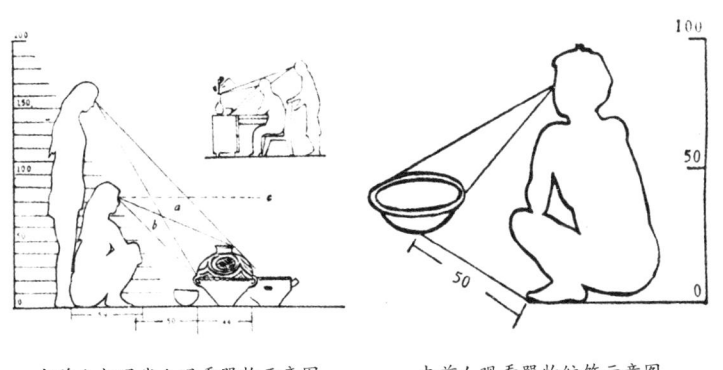

史前人与现代人观看器物示意图　　史前人观看器物纹饰示意图

话》和《后记》，共收录20篇文章，这20篇中有原来用"易水"的笔名发表的，至于易水之名的由来，杨泓先生在《忆王世襄》一文中做了说明：《北京晚报》的编辑曹尔泗先生约杨泓先生写"通俗短文"，这种文章要将艰涩的考古材料用普通读者能够理解的语言表达出来，其实并不好写，所谓的深入浅出从来都是一种难以达到的境界。但是，这种文章即使在现在提倡公众考古的语境下，也算不得是正经的学术成果，在杨泓先生年轻的时候，更有出力不讨好的境遇，但是杨泓先生还是坚持下来了，"后来同在考古所工作的另一位北大的师哥知道后，跟我说别写那些报屁股文章，那是半个人干的事。因此，我就取'杨'字右边的一半及'泓'字的偏旁，凑成'易水'的笔名，也就是半个杨泓的意思"。

民国时期流行大家写小书，北京大学的袁行霈先生在介绍民国时期"大家小书"的时候说："大家小书"是一个很俏皮的名称。此所谓"大家"，包括两方面的含义：1. 书的作者是大家；2. 书是写给大家看的，是大家的读物。所谓"小书"者，只是就其篇幅而言，篇幅显得小一些罢了。若论学术性则不但不轻，有些倒是相当重。其实，篇幅大小也是相对的，一部书十万字，在今天的印刷条件下，似乎算小书，若在老子、孔子的时代，又何尝就小呢？

不知道从什么时候开始，写这样的大家小文，被看成了是半个人做的事情，考古学更有点"自绝于人民"，以至于《读书》杂志专门组织讨论考古的"围城"。其实，文章不应该有固定的写法，就如苏轼在《与谢民师推官书》所说："所示书教及诗赋杂文，观之熟矣。大略如行云流水，初无定质，但常行于所当行，常止于所不可不止。"文章也不在于长短，《老子》只有五千言，谁又能超得过呢？

现在考古学正在走出象牙塔，大众对考古材料感兴趣的人也越来越多，考古知识的传播形式和途径也越来越多样化，但是，海量的信息里面鱼龙混杂，有许多不是深入浅出，而是浅入浅出，甚至于是剪刀加糨糊的拼凑，这个时候静下心来，看看杨泓先生如何把深入的研究用另外一种语言表达出来，也有方法论的启发。

什么样的展览是一个好的展览

源流运动"观展"栏目结集出书了。从 2016 年 1 月 30 日在源流运动的微信公众号上刊发第一篇文章《回不去的异乡——评国家博物馆"大象中原"展》，到 2019 年 9 月 12 日的《以爱为名——中国民族博物馆"爱的密码"展览对谈录》，"观展"栏目到我写完这篇序为止已经发表了 38 篇文章。为了写序，我把这些文章又看了一遍，这些文章的作者主要是研究生和青年学子，真欣喜于他们观察问题的细致与思想的批判性。

受限于篇幅等各方面的原因，本次结集出书时没有选择全部的 38 篇文章一次性推出。但是我还是希望借这个机会，借这数十个展览，说一些我在"幕后"的故事和想法。

《回不去的异乡》是"观展"栏目的第一篇文章。这次出书时，为了文章主题的均衡性，暂时没有收录。但是这并不影响这篇文章的意义。它评论的是河南博物院在国家博物馆举办的"大象中原"展。馆长致辞中说，展览旨在"在漫长的岁月沉淀中成就了早期中原文明的大气象"，最终使观众感受到"中华文明的源远流长和博大精深"。为了实现这种宏大叙事，在有限展厅中使用了集贾湖骨笛、彩陶双联壶、妇好鸮尊、莲鹤方壶等河南博物院镇馆之宝在内的 105 件（套）精品文物，时间跨度上也从新石器时代一直延伸至唐宋时期。展览分为"家园""寻根""天工"和"文脉"四个单元,每一个主题单元内再辅以时间线展开叙述。但是在作者的眼中,四个单元并未能构筑起我们当代人的"家园","一道玻璃隔开了当下与过去,二者有何联结?"所以,作者追问:"它更似将过去打造为了一个美好而又封闭的世界,这个世界对于当代观众而言却更像大卫·洛温塔尔的书名——过去宛如异乡。""大象中原"这个展览名称是在我和现任河南文物局局长田凯(当时他还是河南博物院院长)的一次聊天中聊出来的。那个时候我的一个纪录片导演朋友正要拍《安阳》,她很努力,买了很多关于安阳的书,纪录片准备从甲骨文的发现入手。这是一个尽人皆知的故事。但我说,为什么不能尝试从大象入手,河南的简称"豫"的本意就是人牵象,在商朝,安阳那个地方比现在湿润温暖,有大象在那里生活,所以殷墟出土有象牙,还有一个坑里埋葬着一头小象和一个驭象奴。她问我,这些材料在哪里可以找到?我回答,考古报告。但后来我发现,她虽然购买了大量的材料,但大多都是发行量比较大的读物,她也无法分清哪一个说得好,哪一个有问题,只能根据自己的需要选择使用。而我们作为考古学家其实也要反省。我们的问题是,为什么考古报告中丰富的内容,却很难让公众了解。于是,我推荐她看伊懋可著的《大象的退却:一部中国环境史》。在和田凯的聊天中,我也建议河南博物院能不能从环境史的角度,串起河南早期的考古发现,做一个有趣的而不都是"一级品"的展览?

当时和田凯聊的还有"风雅·宋"。田凯是开封人,对宋代考古做过细致的研究。这个我们俩一拍即合的题目,到今天也没有做出来。有道是,"题好一半文"。当然,有些后来议的题目倒是做成了。有一次路遇陈建立教授,他是冶金考古方面优秀的领军人才,他的课题要做一个有关青铜铸造方面的展览,我说那就叫"模范·中国"吧。

2019年,为了庆祝山西博物院百年华诞,源流运动工作组和山西博物院、中央美术学院设计学院等单位合作,在山西博物院推出了"玉·见你——周代与当代关于玉的对话"的展览,源流运动以后也会用系列的小展览来探索源流的发展理念。这个展览探讨玉在经历了青铜时代、铁器时代的磨砺和蜕变之后,如何与我们当代人相遇。

而就如同"观展"栏目的开篇词当中所提到的:观看,是展览与受众之间最为传统和主流的沟通形式。无论知识背景和价值倾向,有所"看"之后必有所"感"。当我们想要去反思和推介一场展览之时,这种"感"都是不可忽视的。一千个读者便有一千个哈姆雷特,我们希望有一千个观展者,便有一千篇宣扬着自我独立视角的观展文章。

"玉·见你"引起了一些讨论。主策展人王佳月在源流运动"创艺"栏目的推送《玉·见你——当代玉文化可以被定义吗》发出时写了一段话:

> 不少人看到展览问,你们认为当代玉文化是什么?展览是否有解答?对此我想说的是,我们是无法定义当代的。我还记得初一历史课上老师就提到过真正评论一个人唯有在盖棺定论之后(当然实际情况更加复杂,历史会被不断讨论),所以处于"当代"洪流中的每一个人都无法定义他们的时代,他们能做的唯有抓住自己想抓住的,表达自己想表达的,做自己认为正确的事,这才是展览的意义,世界是由事件而非物体组成的,时代自会在一切洗练逝去后定义自我。

这些故事其实都反映了我和我的同行们、同学们这些年的一个不间断的疑问，什么样的展览是一个好的展览？

"观展"栏目的 38 篇文章、本次集结出书所选择的 13 场展览，也不见得能完全回答清楚这个疑问。但是，它至少为我们提供了更多看问题的视角。

例如，在这 38 篇文章中有 17 篇是与国内外举办的外国文物展览有关的，现在的学子们外语好、眼界宽，其中有几篇是在外的留学生写的。其中有一篇本次集结出书时也被收录了其中。

2016 年 9 月 10 日至 2017 年 2 月 26 日，英国伦敦维多利亚和阿尔伯特博物馆举办了"你说你想要一场革命"的展览，展览的名字"You Say You Want a Revolution"来自于披头士乐队歌曲 Revolution 中第一句歌词。

1516 年，托马斯·摩尔《乌托邦》问世，描述了一个美好的理想国。2016 年是《乌托邦》出版 500 周年，特展选在这个有纪念意义的节点也是希望借此应和展览主旨"想象一个更美好的世界和一个更好的生活方式"。序厅中也挑选了王尔德《社会主义下人的灵魂》中有关乌托邦的句子进行放大："一幅不包括乌托邦在内的世界地图根本不值得一瞧，因为它遗漏了一个国度，而人类总在那里登陆。当人类在那里登陆后，四处眺望，又看见了一个更好的国度，于是再次起航。所谓进步，就是去实现乌托邦。"

展览以 20 世纪 60 年代后期发生在六个领域的革命为主角，期望由此告诉人们这些革命是如何改变我们今天的生活并同时影响我们对未来的态度的。展览中讲述的六个革命来自于相对独立的六个领域，将它们串联起来的是贯穿展览始终的 20 世纪 60 年代的音乐。可以说这不仅仅是来"观看"展览，更是来"听"一个展览。

展览引起了很大的轰动。我去参观时，在入口处领到一个舒适度很好的耳机，一路听着不同流派的流行音乐（和每个单元主题相合，当遇到马丁·路德·金等人的讲演时，音频会自动切换）看完了展览。展厅里不时会有一些名言警句，如 Never doubt a small thoughtful, committed citizens can change the world，醒目而点题。所以，展线虽然比较长，但是却没有所谓的"博物馆疲劳"。我也是 20 世纪 60 年代生人，展厅里的一些展品，很容易引起我们的共鸣。当我看到森海塞尔（Sennheiser）全程提供语音导览设备，李维斯（Levi's）与 V&A 的合作款牛仔裤时，感慨于英国的文化创意产业。

这次收录的文章里面还有一篇是在北京大学赛克勒考古与艺术博物馆举办的展览，也就是获得全国十大考古发现的致远舰的首展。这个展览涉及我对高校博物馆定位的认识。

在展评人的访谈中我说：

> 作为一所高校博物馆，我们在策划展览时会更突出学科背景。我们曾举办过一次"权力与信仰：良渚遗址群考古特展"。倘若社会上做良渚题材的展览，可能偏重展示精美的玉器文物，而我们则完整再现了文物在墓葬中的考古单位信息。做致远舰的展览，我们也想体现对于水下考古学科的重视，不仅展示文物，更要体现文物背后的学术研究及学科发展的过程。水下考古方兴未艾，涉及很多新的理念、技术，目前专业人才非常稀缺，而这个学科背景是大部分观众甚至是考古学生都不了解的。另外，我们会利用学科优势举办活动，比如社会上的博物馆，讲座主题更偏重科普性，而高校博物馆基于学术的目的，更适合展开前沿性、针对性甚至争议性的讨论。

那么，什么样的展览是一个好的展览？

这个问题其实并不好回答。

在我看来，一个好的展览一定要有学术支撑，一个好的展览可以表达不同的学术争论。展览一定不是"一级品"的堆砌，展览不只是传达知识，还要能够启发心智。而这些问题的讨论，我在本书中都看到了。看了这些文章，我向年轻人学到了很多，有的时候禁不住自己的眼泪，因为源流运动一路走来，并不容易。为生存做证的，只有时间。

如果将来我有什么值得骄傲的，一定是我的学生。

原载《观看之外·十三场博物馆展览的反思与对话》，文物出版社，2019年

《价值与权力：中国大遗址展示的观察与反思》序

《价值与权力：中国大遗址展示的观察与反思》一书基于王思渝的博士论文修改而成。

这篇论文一直是我所期待的，期待的原因是因为这篇论文所讨论的问题，在我看来是中国考古学的最核心问题之一。2005年出台的《大遗址保护专项经费管理办法》中，将大遗址界定为："包括中国古代历史各个发展阶段涉及政治、宗教、军事、科技、工业、农业、建筑、交通、水利等方面历史文化信息，具有规模宏大、价值重大、影响深远特点的大型聚落、城址、宫室、陵寝墓葬等遗址、遗址群及文化景观。"这样的大遗址数量约有500个，它们是"中国考古学的重中之重"。这些大遗址给我们提供了多样化的学术命题。在这些命题当中，大遗址的展示与当代社会的发展密切相关。

具体来说，一个遗址的发掘，过去常被认为就是考古专业人员自己的事情。现在出于公众考古的需求，一些工地会在发掘期间选择性地组织公众参观。即便如此，考古专业人员与社会的接触也还是有限的。但是，当我们讨论一个大遗址的保护规划的时候，就会发现情况要复杂得多，似乎谁都可以置喙。而当这个规划进入实施环节之后，涉及的利益相关方就更多。

我一直不认为考古学是纯书斋里的学问。不论中外，考古学的产生都与当时的社会背景密切相关，它的发展也离不开现实的土壤。我们时常可以听到关于考古纯洁性的讨论，甚至有人觉得考古学就是象牙塔里的学问。但是，果真如此吗？试想如果我们连大遗址都保不住，又何谈将来考古学的发展呢？举例来说，殷墟的学术价值毋庸多言，成为世界遗产之后进行了规划、保护和展示等一系列工作。实际效果如何呢？据李晓莉、申红田在《商业时代下的殷墟遗址保护区发展研究》公布的数据，殷墟小屯村集体收入申遗前为 60 万元，申遗后为 2 万元；花园庄村集体收入申遗前为 200 万元，申遗后为 5 万元，"申遗十多年来，社会民生发展水平急剧下降。内部矛盾不断激化，引发系列社会问题，甚至出现村支书带头盗掘的恶劣现象"[1]。

在大遗址的相关问题中，展示是一个核心的问题。既然遗址有巨大的价值，那么，怎么样才能让公众理解其价值所在？展示是最直接的方式。问题是这个展示是"谁的展示"？不同的利益相关方对于展示的诉求并不相同。所以，王思渝选择大遗址的展示作为研究的中心，进而发问：这些我们日渐熟悉了的"文化遗产"，它们是生来便理应被理解为一种保护或展示对象吗？抑或，"文化遗产"也更类似于一种身份，是由隐藏在其背后的主体所赋予的呢？

王思渝想探讨的问题让我想起了英国学者 Rodney Harrison 的论述："把遗产放到一个特定的历史情境下，作为一种社会、政治与经济现象考察，我希望不仅能探讨自 20 世纪 70 年代实施《世界遗产公约》以来遗产与我们之间发生了什么样的大变化，同时也表明，遗产最重要的不是关乎过去，而是我们与现在、未来的关系。"

Rodney 认为："当我们在考虑当代地理政治问题时，遗产问题就变得十分紧

[1] 见《从考古遗址公园 1.0 到 2.0 的创新实践——殷墟国家考古遗址公园规划》，"清华同衡规划播报"公众号，2019 年 4 月 30 日

要。遗产不能仅仅理解为对存留至今的古物进行被动地保护，它还是一种将物、场所与实践主动聚集起来的过程，其中，我们的选择犹如一面镜子，映照着我们在当代所持并希冀能带进未来的某种价值体系。"也就是说遗产是客观存在的，但是，对遗产价值的认知是我们主体做出的。比如对于"红色文物"的认知，其实代表着我们的一种价值选择。而对于价值的展示和利用，又因为各个主体的认识不同而会采取不同的行动，大遗址的展示实际是不同的利益相关方在一定时期"共谋"的结果，"共谋"的过程是不同的主体对于价值认知和利用进行博弈的过程。所以，王思渝将"价值"与"权力"作为讨论大遗址展示问题的切入点。在他的研究中，"价值"指代的是不同主体所具备的价值倾向或价值动机，它代表了主体们想要做什么；"权力"指代的是主体所处的权力位置或权力关系，它代表了在一种彼此约束的背景下主体们能够做什么。作者希望通过"想要做什么"和"能够做什么"来共同建构起主体们在大遗址展示问题上最为核心的行为逻辑。对于文化遗产的问题，中国的学术界更多的在讨论术，而不是道，讨论"怎么做"，却甚少回应"是什么"和"为什么"；学术界也少以一种学术化的语言来对这些问题建构出一套话语框架。这种现象不仅意味着诸多对现实社会饶有启发的话题被粗糙地掩盖了，也意味着学术本身的发展缺乏了"踩在前人的肩膀上"的传统，这些问题的讨论如果没有学理层面的根基，很容易陷入"各执一词"的浮泛当中。另外，"本书的写作时间正好是业界希望在此问题上能重新寻找到新方向的时期，传统在大遗址问题上所惯有的大规模投入、移民搬迁、话语垄断等做法开始受到新思想、新行动的挑战，是否能够找到新的合作方式、发展出新的运营方向，业界需要在总结经验的道路上继续前行，因此，这也是本书的一份希望"。

从上述问题的讨论当中，不难看出作者企图建立起对于大遗址展示问题的宏观认识的雄心，为此，作者参阅了国内外相关学科领域的大量文献资料，也实地考察了许多遗址展示现场。在此基础上，论文重点讨论了各级政府、考古学家和在地社区在大遗址展示方面所起的作用和存在的问题。阅读全文，时常可以感受到一个年轻学子的学术敏锐和事业心与责任感。我们经常感叹现在的学术生态。1998年我毕业的时候，有一天在未名湖畔陪宿白先生散步，说起当时学术界的一些乱象，宿先生说"大浪淘沙"。现在学术界确实存在许多泥沙俱下的情况，但是，披沙拣金，我们也看到有许多年轻的学子在学术的道路上孜孜以求，这是我们未来的希望所在。

此书并不易读。我想可能是三方面的原因：一者就如同作者所言，针对大遗址需要有一套学术的话语框架；二者作者所讨论的问题涉及考古学、文化遗产、哲学、社会学、人类学等不同的学科领域；三者作者的语言表述还需要再锤炼。记得在答辩的时候徐天进老师说作者的有些句子太长，理解起来费劲，读起来是一种"折磨"。我笑言："王思渝同学才折磨您几天，他已经折磨我好几年了。"

此书还有一个明显的问题是大遗址涉及的利益相关方中，规划设计人员和企业也应该是很重要、需要加以研究的对象，作者在文中仅有所涉及而已。我也理解是由于时间等方面的因素，文中讨论还不充分，使其结构不够完整。不过，也正是因为有这些不足，作者的未来还有很大的发展空间。

原载《价值与权力：中国大遗址展示的观察与反思》，上海古籍出版社，2019年

后 记

敝帚自珍。

这本集子中的52篇文章，其中47篇已经公开发表，散见于报纸和书刊，因为散，所以有编辑在一起的想法。我很喜欢王羲之的"群籁虽参差，适我无非新"，曾经想起名《适我集》，朋友们在聊天的时候，徐天进老师说叫《参差集》吧，有朋友说参差总让人想起"参差不齐"，似乎有点贬义。我想集子中的文章确实参差不齐，发表的时间早晚跨度不小，水平不一，之所以还愿意集中出版，一是有些观点现在看来，觉得尚有价值；二是虽然做文章有"悔其少作"的说法，但是有些句子，现在未必还能写出来，就像苏轼所说"作诗火急追亡逋，清景一失后难摹"。

取名《参差集》的另外一层意思，是罗素有句名言："参差百态，乃生命之源。"生命的可贵，就在于生命的多样。泰戈尔说："小草啊，你的脚步虽小，但是你拥有脚下的土地。"人的能力有大有小，能够尽力把自己的潜能发挥出来，人就没有白活。就像契诃夫说过的那样："有大狗，也有小狗，小狗不该因为大狗的存在而心慌意乱，所有的狗都应当叫，就让它们各自用自己的声音叫好了。"

在编辑稿子的期间，逛书店看到朱光潜先生的《谈美》。《谈美》1932年写于伦敦,那个时候的中国多灾多难,"在这个危急存亡的年头,我还有心肝来谈风月么?"朱光潜先生自己所问,想必也是读者之问。但是,朱光潜先生认为:"我坚信中国社会闹得如此之糟,不完全是制度的问题,是大半由于人心太坏。"如何拯救人心?朱光潜先生认为:"一定要从怡情养性做起,一定要于饱食暖衣、高官厚禄之外,别有较高尚、较纯洁的企求。要求人心净化,先要求人生美化。"正因为有如此的认识,朱光潜先生才疾呼:"是的,我现在谈美,正因为时机实在是太紧迫了!"文章合为时而著,文集中有一篇《我有一个梦想》,是希望考古所见的美好,真正能够成为公民素质教育的一部分,这是我们发起"源流运动"的初心,其实,也是想继续做朱光潜先生们所希望做的事业。

《谈美》是经典之作,近百年来不同的出版社不断再版,我新买的这本《谈美》扉页上写着一行诗:"群籁虽参差,适我无非新。"看到这行诗,我毫不犹豫地买了新版《谈美》,集子的名称也就此确定。

集子的名称定下来之后,又叨扰徐天进老师题签。徐老师是良师,也是益友。他睿智而有趣,时常给我以启发和帮助。有一次我比较焦虑,觉得所做的事情是在浪费生命,徐老师慢条斯理地说:"时间不就是用来浪费的吗?"讨论北京大学如何建设世界一流大学,徐老师幽幽地说:"多养几个闲人!"做文化遗产的讲座,徐老师发问:"文化遗产真的有这么重要吗?"他的这些话,我听来每每有醍醐灌顶的感觉,促使我更多地思考。

校对完书稿,难免有白驹过隙的感叹。近来整理资料,看到过去读书时的一些笔记,恍如完全没有看过的感觉。书是好书,所以需要再读,随着自己阅历的增加,虽然记忆力大不如从前,但是再读的时候,会有与年轻时不一样的感受。我也相信"庾信文章老更成",所以给自己制订了一个读书和写作的计划。人生已过中场,既要有活到老、学到老的精神,也要有苟日新、日日新的活力,生命才有意义。

感谢给我鼓励和帮助的人们,也是因为你们,生命才有意义。

图书在版编目（CIP）数据

参差集 / 杭侃著 . —北京 : 北京联合出版公司，2020.11
ISBN 978-7-5596-3915-8

Ⅰ . ①参… Ⅱ . ①杭… Ⅲ . ①考古学—通俗读物②文物工作—通俗读物③博物馆—工作—通俗读物 Ⅳ . ① K85-49 ② G26-49

中国版本图书馆 CIP 数据核字（2020）第 006738 号

参差集

出 品 人：	赵红仕
责任编辑：	章 懿
出版 / 发行：	北京联合出版有限责任公司
	北京联合天畅文化传播有限公司
社　　址：	北京市西城区德外大街 83 号楼 9 层
邮　　编：	100088
电　　话：	（010）64243832
印　　刷：	北京富诚彩色印刷有限公司
开　　本：	787mm×1092mm　1/32
字　　数：	236 千字
印　　张：	9.75 印张
版　　次：	2020 年 11 月第 1 版
印　　次：	2020 年 11 月第 1 次印刷

ISBN 978-7-5596-3915-8
定　　价：68.00 元

文献分社出品
未经许可，不得以任何方式复制或抄袭本书部分或全部内容
版权所有，侵权必究